幸福隧道

曹怀宇 著

中国商业出版社

图书在版编目（CIP）数据

幸福隧道 / 曹怀宇著. --北京：中国商业出版社，2017.5
ISBN 978-7-5044-9846-5

Ⅰ.①幸… Ⅱ.①曹… Ⅲ.①幸福—哲学思想—通俗读物
Ⅳ.①B82-49

中国版本图书馆CIP数据核字（2017）第086215号

上架指导：社会科学

责任编辑　朱丽丽
封面设计　姚　磊　张晓伟
版式设计　华世万象·刘兰梅

中国商业出版社出版发行
010-63180647　www.c-cbook.com
（100053　北京广安门内报国寺1号）
新华书店经销
世纪千禧印刷（北京）有限公司
＊＊＊＊
787×1092毫米　16开　18印张　200千字
2017年7月第1版　2017年7月第1次印刷
定价：49.00元
＊＊＊＊
（如有印装质量问题可更换）

/ 序 /
Preface

苦难，照亮幸福的路

　　百川印月，千声因秋。这本书，是当代哲学界的一本《红楼梦》，是曹怀宇的理论之光对幸福学荒野的一次关照。2017年的幸福学收成，即使只有这一本书，也是个丰年。

　　掩卷回味，想起闻一多《唐诗杂论》中的话：灵机既已触发，弦音也已校准，从此轻拢慢捻，或重挑急抹，信手弹来，都是绝调。

　　曹怀宇指出的幸福隧道，白纸黑字在，读者自己看。这里，说点儿感慨。

　　人与人之间的缘分，人与职业之间的缘分，似乎是前生预订的契约。今生的相爱相许，今生的全部努力，今生的全部意义，好像就是为了某个前生契约的兑现。

　　似乎是前生冥冥中的约定，曹怀宇的今生今世，这辈子所做的一切，就是在痛苦中追寻幸福，为今天的苦人，为后世的苦人，找到通往幸福的隧道。

　　想起《约翰福音》中的话：我的国度不属于这世界，我的使命是为真理作证，我为此而生，也为此而来到世界。

　　想起泰戈尔的话：世界以痛吻我，要我报之以歌。只有经历过地狱般的磨砺，才能练就创造天堂的力量；只有流过血的手指，才能弹奏出世间的绝响。终有一天，你的负担将变成礼物，你受的苦将照亮你的路。

　　曹怀宇的生命跨度太大，坎坷经历太惨，生存处境太卑微；实在不可思议，他为什么痴迷幸福学研究？想起黑格尔《自然哲学》中的话：因果关系在这里失效了。

　　吃药后遗症，曹怀宇神神叨叨的。读曹怀宇的这本书，也会认为他是个自美狂。

　　天才与疯癫，往往是芳邻。

　　茨威格《一夜天才》：一支不朽的旋律将振动它那无形的双翅飞向人类的现代，同时代的人也很少有一眼就能识出一个人的伟大或一部作品的伟大。

　　狄更斯《圣诞故事集》：在地球上，没有一样东西在开始出现的时候，不被一些人笑得死去活来。

　　芥川龙之介《侏儒的话》：天才和我们只有一步的间隔。为了理解这一步，我们必须懂得百里路的一半是九十九的超数学。同代常常不明白这一步有千里之遥，而后代人又对这一千里的一步全然不解。同代因此而扼杀天才，后代则又因此而在天才面前焚香。

　　韩少功《光荣的孤独者》：孤独是孤独者的光荣。孤独者有一颗遍及天下的大心，因此在更广阔的世界和更久远的年代里，必有自己成千上万真正的亲人和朋友。

　　苏轼：君子之泽，百世不斩。

　　莫洛亚：时间是唯一的批评家，它有着无可争辩的权威：它可以使当时看来是坚实牢靠的荣誉化为泡影，也可以使人们曾经觉得是脆弱的声望巩固下来。

　　人类真正的阐释者总是享有恒星的命运，需要多年的时光，它的光芒才能被人看到。

　　谨以普希金《纪念碑》的诗句，为曹怀宇祝福：他为自己竖立了一座非人工的纪念碑，芳草不会淹没后人朝圣他的小径。

何玉兴
2016年10月28日于国务院发展研究中心

/ 序 /
Preface

寻找幸福的码头

　　30多年前，我有一个非常特立独行的学生，他叫曹怀宇。无论是读书还是体育锻炼，他都很疯狂，同学们给他取了个绰号叫"曹癫子"。他和其他同学不一样的是，总喜欢问一些奇怪的问题。有天晚上他跑到我宿舍讨论问题，不经意就聊到凌晨，我怕他回宿舍影响其他同学，就让他在我的单人床上"屈就"，他也不客气，倒头就睡，没几分钟就鼾声如雷；加上睡相不好，叉手叉脚的，满床占尽，我只好在椅子上坐着打瞌睡。

　　我很欣赏他的勤奋、认真和纯朴，我们是亦师亦友的关系。无论他后来大学毕业在省重点中学教高中，还是到电视台当记者，抑或考上律师和高级营养师，或者到外地各大媒体漂流，他一直和我保持着联系，快乐前行。后来，他发来《幸福隧道》书稿一再请我作序，我反复阅读后发自内心地感慨：现在，他可以当我的老师了。我回复说："幸福之道长守，幸福之术常新。我已经在活学活用你的理论，现在知道你的书的影响力多么强大了吧！书出来后，我一定会写一篇读后感。不敢为师，故不敢写在前面；不敢忘学，读后一定要有感言。"

　　曹怀宇是读懂了生命的，所以他总能将他人的忐忑和沉重化为无形，给人快乐，他貌似"疯癫"的言行总含有深厚的智慧。他说："老师言重了。生命就是用来玩的，您别太当真。我不过是想找几个人帮着鼓吹一下多卖几本书。"豁达和诙谐的性格跃然纸上。

/ 幸福隧道 /
Happiness tunnel

排除个人情感,就算是陌生作者,能写出这么好的书,我也是很敬重的。他话已至此,我也释然:只要有益于社会,让我当当吹鼓手又有何妨?吹鼓之意不在他这个人,而在于他的学问;他的学问,寓之于书本,有益于人生。他的幸福观是可捉摸可实践的,也是独特的。一部人类社会发展史,其实就是一部幸福追求史。追求幸福,不但要付诸实践,还需要理论探索;曹怀宇就是一个虔诚的探索者。

从古到今,幸福被当作一种无法言说和具体衡量的个人感受,幸福学研究始终没有公认的权威理论;包括当今时髦的哈佛大学幸福学课程,也只能算零碎指导人们创造幸福生活的心灵鸡汤。

古希腊德谟克利特、阿里斯提普和伊壁鸠鲁为代表的快乐学派,倾向于用纯粹生物学或心理学的观点来解释人的行为与需要,认为快乐就是道德的标准,就是善。

但这带来了一个悖论:道德是维护多数人利益的行为准则,如果一个人的快乐是建立在他人的痛苦之上,利己损人,还是不是善?还是不是道德的标准呢?

于是,在伦理学或道德哲学上,对幸福的理解和主张基本可以划分两个派别:

一是目的论。柏拉图、亚里士多德提倡的幸福主义认为,幸福在于理性、德性,有德终究有福;反对以满足欲望为快乐,主张以理性去控制欲望,或者强调中道、适度。后来的休谟、斯密、边沁、密尔等功利主义认为,满足大多数人的最大利益、欲望就是道德。

二是义务论。康德反对目的论(幸福主义、功利主义),认为道德不在欲望之满足(幸福、利益),而在法则之遵循(义务)。越快乐,离道德越远;越痛苦,离道德越近。

无论是目的论还是义务论,都是根据自己的需要在重新定义快乐和幸福,已经偏离了快乐和幸福的本来面目;出发点是为了维护大多数人的利益,维护道德,但客观上把快乐和幸福的本质搞模糊了。

作者认为:你承认或不承认,你反对或提倡,都不影响快乐和幸福是它们本身。损人的快乐是快乐，只是属于不道德的快乐，是损人利己的快乐，是危害他人的快乐，你不能因为危害他人就不承认它是快乐；损人的幸福也是地道的幸福，只是属于不道德的幸福，是损人利己的幸福，是危害他人的幸福，这种幸福也不会因为被道德反对而消失。比如强盗占山为王，每天心想事成、喜笑颜开，你能说他不快乐？你能说他过的不是幸福生活？

因此，经过了1000多年的争论，卢克莱修、霍布斯、洛克、伽森狄以及18世纪法国唯物主义者和英国功利主义者的伦理学说，又回归了古希腊的快乐主义，承认人的本性就在于追求幸福。

但是，强调快乐和幸福的本质有可能误导青少年，因为不受节制的快乐必然成为快乐的屠刀，带来社会隐患。

本书在大量吸取前人成果的基础上，对人生各种心理状态的生理成因进行了剖析，构建了一套全新的幸福学理论，包括需求的全新分类、需求优越论、优先需求、神经通道猜想、自信度、痛苦强度、快乐强度、自控快乐和他控快乐、生活指数的计算公式等。

如何战胜痛苦？如何创造自控快乐而不伤害他人？如何创造幸福的生活？作者从生理和心理上提出了建议，很有启蒙价值。

这本书，便是一个大码头；里面的每一个关于幸福的内容，便是一个小码头。谁停泊，谁就会找到那个方面的一些幸福的内容。每个人都有自己的幸福码头。有的人找到了，有的人还在找。而且，每个人都是幸福的码头，有的码头，张开双臂，拥抱一切到来的幸福；有的码头，却迟迟不让幸福靠岸……

读读这本书，是一个让幸福靠岸的好办法。

熊平凡

理论贵在创新

前些年，我到海南参加一个学术会议，期间与曹怀宇先生相识，得知他是湖南益阳的小同乡，交谈中更知他对生理、心理、病理颇多独到之见；于养生、养心不光善于言，亦且敏于行。因乡谊、学谊、友谊之故，遂与他时有交往。近来，他将大作《幸福隧道》电子稿发给我，邀我作序，我答应了。

幸福问题，前几年炒得很热，记者举着麦克风满街跑，拦人便问："你幸福吗？"回答者自然是五花八门。每个人的确都要面对幸与不幸的人生境遇。我们总说为人民谋幸福；倘若对幸福的内涵模模糊糊，说不出个道来，那我们为人民谋幸福到底谋什么呢？我作为马克思主义学院的一员，应该对此问题有所认识。

然而，若真把幸福作为一个学术问题来探讨，道理还真不是那么容易说得清楚。古往今来，中西文化，多少鸿儒硕彦，对心性问题、人生问题、苦乐问题、幸福问题，思索审问；观其结论，大多见仁见智，歧异纷呈。

当今谈论幸福的书，数不胜数。我对此没有下过工夫，对学术前沿不甚了了。仅凭书稿而言，曹先生真乃好学深思之士，他对人生苦闷、感情纠结、快乐缘由、幸福密码，究之深，辩之细。许多层面，许多幽暗、许多矛盾，我从前未之思、未之想。他把快乐与幸福这对核心概念，既区分又统一，突破了以往快乐即幸福或快乐不能等同幸福的认知困局。以往多说幸福是一种主观的感受，很难界定出一个客观公认的标准。曹先生坚定地认为，幸福的产生必有客观的规律可循，是可以用统一的标准去衡量的。站在唯物主义的角度，我认同快乐和幸福应有客观的标准。

曹先生作为一个非专业学者，做了一件许多专业学者该做但没做好的事。因此，我作为幸福学外行，还是愿意为他鼓鼓劲。

我一直认为：一个人是不是幸福，受很多可变因素的影响，不能单从孤立的个人去谈这个标准，也不能从抽象的概念去说这个标准；人的自然性和人的社会性是统一的。每一个人的言行，都有其历史的、具体的情境。脱离历史和具体的情境谈幸福，是永远谈不清的。

曹先生理论的可贵之处就是考虑了生活各个层面的变数对幸福的影响。

他认为，人活着需要满足基本需求，过程和结果会带来具体的生理反应，也就是情绪。或紧张、焦虑、不满、痛苦、很痛苦；或冲动、兴奋、满意、快乐、很快乐。在此状态中，又伴生有羡慕、嫉妒、仇恨、失望、无聊、喜欢、讨厌等诸多情绪变化。但不管是何种情绪，其神经反射的结果应该不超出三大类型：有助于幸福的正面情绪和破坏幸福的负面情绪以及跟快乐和痛苦无关，也不影响幸福的稳情绪。有人觉得无聊很难受，那只是无所事事时有了新的欲望带来了负情绪引起的神经反应，跟无聊本身无关。正面情绪和负面情绪都是外界刺激或思维造成的神经反射；虽然瞬息万变，但其存在是客观而可以捉摸的，可以在级数、时长、强弱等方面进行量化，简称快乐度和痛苦度。快乐度是欲望的级数、正情绪的级数、时长比例、自信级数的乘积；痛苦度是欲望级数、负情绪的级数、时长比例、自卑级数的乘积。

因此，曹先生把幸福定义为单位时间内快乐度大于痛苦度的生活状态，量化表现为单位时间内快乐度之和除以情绪总量的百分比。当百分比大于50%时，属于幸福，指数越高越幸福；而低于50%时生活属于不幸福，指数越低越不幸福。

这样，就可以具体衡量一个人某个时间段比如一天、一周、一月、一年甚至一生是否幸福。

从作者研究的手段来看，是以人具体的情感变化、尤其是神经反射等生理反应为基础，在哲学研究上属于科学哲学的范畴。

VII

这种精细计算快乐和幸福指数的方式，据说历史上英国边沁、密尔等哲学家也做过。但曹先生在前人的基础上，以医学尤其是神经学的常识作为研究的基础，是有说服力的。毫无疑问，这是科学哲学这个流派在研究上的一个新进展，在理论创新上十分有价值。

曹先生的善意在为每个普普通通的人指明求得更多快乐与幸福之道。我以前认为，从信仰、道德和法规上去判断，该做的事、愿做的事，戮力为之就是幸福的；这符合我个人的幸福观。但其他人的幸福是如何获得的，我没细想，也没深究。曹怀宇不光是思考了他自己，也思考了跟我类似和不同的人该如何寻找幸福，这就是哲学的普遍规律。当然，这个标准的真理性，也许还需要更多像曹先生这样孜孜以求的人深入研究。是为序。

蔡乐苏
2016年6月于清华善斋

/ 序 /
Preface

幸福的道与技

在广为接受的观念里，幸福，诚如普罗泰戈拉式的存在，你感觉它存在它就存在，你感觉它不存在它就不存在。犹如热和冷，对于感觉热的人，存在热；对于感觉冷的人，存在冷。我们习惯的说法是"冷暖自知"。

因此，有人认为幸福是不存在的，存在的是幸福感。但这并不意味着幸福或幸福感是纯然主观的。它有客观性；但它的客观性却不是自然客观性，而是社会客观性。这就是说：虽然幸福是人们的感觉，但这种感觉却有社会约定性。因为人们不是原子人，而是社会人；所以幸福不是伊壁鸠鲁式的构成肉体与灵魂的原子之间的"和谐"状态，而是为特定社会环境和文化传统所制约，是人们不断生产和再生产的感性的产物和表现。

中国人是以"福"为人生终极目的的。其中最为流行的说法是"五福"："一曰寿，二曰富，三曰康宁，四曰攸好德，五曰考终命。"（《尚书·洪范》）"寿、富、贵、安乐、子孙众多。"（[汉]桓谭：《新论》）大致是将长寿、富裕、尊贵、身心健康、安宁、快乐、仁德、善终、多子多孙列为基本幸福指标。原本有人称中国文化为"耻感文化"，但更有人称中国文化为"乐感文化"。"天伦之乐"也好，"与民同乐"也罢，中国文化在总体上具有乐观气质，中国人在总体上属于乐天派，天生懂得享乐，享福。在对于快乐和幸福的追求中，儒家的家庭（伦理）本位、道家的自然（审美）本位约定了中国人的快乐感和幸福感。这种感觉并非在每一民族中都会得到表现。印度文化就是一种"苦感文化"，无论婆罗门教，还是佛教，都将人生理解为苦难，更将人生的目的理解为从苦难中的解脱：这种解脱不是想方设法满足人们的欲望，而是想方设法灭绝人们的欲望。但是，当佛教传播到了中国，为中国人所接受时，它也为中国人所改造；尤其禅宗淡化了印度佛教的苦难气质，变成了"瞬间永恒、刹那终古""活在当下、平常是福"的人生态度。

希腊人（以柏拉图和亚里士多德为代表）构造了以幸福为人生终极目标的伦理学。他们的基本观点是：幸福在于理性和德性的生活。这种人生态度反映了一种贵族的生活方式。但是，当基督教传播到了罗马世界，为欧洲人所接受时，幸福就不再属于世俗世界了。希伯来文明就是一种"罪感文化"，基督教将人生理解为罪恶，将人生的目的理解为获得上帝的拯救，从而否决了世俗的幸福，将幸福寄托于天国。

直到文艺复兴、科学革命、宗教改革、思想启蒙，在西方近代化和现代化的浪潮中，幸福重又降临世俗世界；并且不是简单重复古典时代，而是鲜明地举起了人性的旗帜，吹响了人道的号角。个体的和肉身的人在社会网络和观念幽灵中获得解放。其中的主流思想是功利主义（休谟、斯密、边沁、密尔）。他们以"最大多数人的最大幸福"为旗号，并将幸福归结为效用等价值尺度和快乐等情感体验。功利主义重新确立了幸福的伦理正当性，同样是一种目的论伦理学。而真正批判目的论伦理学的则是康德义务论伦理学；他强调对于实践理性的道德法则的无条件尊重和无条件服从，从而再次否决了幸福的伦理正当性。按照康德的观点，不是享有幸福，而是履行义务，才是道德行为，甚至在履行义务中，越感觉不幸福，行为也就越道德。

本书对"幸福"进行了独树一帜的学理阐释，也暗含了作者思考"幸福"的前提：幸福是善的，是好的，是合法的，是正当的。而对于"幸福"的理解，作者也反对了现时通用标准并提出了他的个人见解。**本书最可贵的是没有停留在仅仅论述幸福之"道"，更提出了幸福之"技"。**以幸福为主题，集中笔墨，传达人生经验和智慧，这就更接近日常生活，利于在大众中传播并为大众所接受。

程广云

2016年11月于首都师范大学

/ 序 /
Preface

诚实思考生命

什么是幸福？每个人对这一问题有不同的看法。如果我们认为幸福有一个相对客观的标准或者答案；那么，我们就需要以一定的方式对千差万别的幸福进行比较、排序，借助学术的概念论证，并在此基础上得到以理性的方式可以说服别人的理由。

千百年来，无论是基于个人的幸福，还是基于族群或者城邦的幸福，古今中外的哲人在不同的文化传统中都不同程度地关注着这个问题。之所以这个问题能够永恒被重复讨论，是因为对于每个时代的每个人而言，无论你如何理解幸福，或者愿不愿意直接地讨论自己的理解，你都在某种意义上以自己生活的方式呈现着自己的理解。既往的哲人流传下来的关于幸福的认识和理解作为一个对象化的知识，如何转化成生命的样态，实在是个人抉择和践行的过程。

只要活着，无论是有意识的思考、抉择，还是无意识的禀赋、接受，"什么是幸福？"都现实地或者潜在地被讨论着。在此意义上，幸福可以说是生命哲学无法回避的基本问题。

但是，学术发展昌明的今日，这个传统生命哲学的议题似乎被主流哲学界略有遗忘。技术化主导的学术研究使得我们对这个最为朴素真实的问题有所忽略。当然，这不只是学术异化过程中偏离人本中心的研究导向。在技术层面上，日益分科细化的研究已经使得幸福的问题难以用"专业"的方式直接上手讨论。

在这样的情况下，整合管理学、心理学等等具体学科的量化研究参照对幸福的讨论显然已经成为一个科学主义主导下的研究潮流，《幸福隧道》应当也被归属在这个潮流之中。但是，不同于生硬的技术文章，《幸福隧道》每个章节都能够独立成篇、以轻松明快的语言与读者交流作者对幸福相关问题的看法。如果稍加留意可以发现，**这本书不只是作者个人知见的陈述和泛泛的议论；如同烈酒般直接、热辣的文字呈现着一个血气方刚的男人在诚实思考生命。**《幸福隧道》的讨论很大程度上也在逼迫读者直接面对自己、拷问自己：面对生活的境遇，我们如何清醒地看清自己与周遭世界的关系，并且勇敢地抉择自己的路，过自己想要的生活。

本书提出了问题，也回答了问题。顺着提问，我们也可以有不同的答案。但是，作为一个普通读者，读完这本书，或多或少，会更加明白自己的人生之路应当如何前行。

孙　晶
2016年12月于中国社科院

/ 序 /
Preface

心存一盏灯　快乐向前行
——我所认识的曹怀宇

　　十多年前，我在一家新闻周刊社任总编辑。我们做一个选题，让一个女记者去采访。女记者拿回了稿子，还领回来一个小伙，他是女记者的采访对象，因为2002年度"中国十大新闻事件"之一的李尚平枪杀案，跟他有关联。

　　我就是这样认识曹怀宇的。

　　他"打蛇随棍上"，是为了找工作。而那会，我招的基本是北大、清华的高材生或资深记者。他只在地方台搞过电视，没发表过平面作品；年龄偏大，我担心他胜任不了。白沙烟倒是抽了他几支，但没有松口。后来，他的一句话打动了我：他说他是苦出身，能吃苦，不怕吃苦！

　　我是军人出身，见过太多靠吃苦耐劳的品质改变命运的例证，我相信只要刻苦努力就能成事，我就要了他！

　　事实证明，曹怀宇的确能吃苦。别人工作8小时，他工作18小时。他就住在我办公室的沙发上；我的一件军大衣他当被盖，几个月都不回家。也好养活，一份盒饭，永远是四五块钱一包的白沙烟。一杯浓茶，一桌烟灰；极富战斗状态，不知疲倦地日夜写作。写到兴奋处，就拉同事过去，读给大家听听。大家一声好，他就人来疯，把我也拉到电脑前，用湖南普通话高声朗诵给我听。

　　事实也证明，曹怀宇是有着文字与思想天赋的；尤其是当他乐于并善于把吃苦这把利器用于其中，在苦的沃土上，是能结出甜的快乐之果的。他很会写

/ 幸福隧道 /
Happiness tunnel

故事，活灵活现。我就给他建议，专报故事性强的选题，专写故事性的稿子。一招鲜，吃遍天。把这个练好，就能在编辑部立住。他就这么做了。几个月之后，曹怀宇就成了故事王。他的东西，现场感极强。加上他有过基层工作的经验，有一定的生活阅历；这点，也是其他从学校到编辑部的记者、编辑所不具备的。他写的东西接地气，通俗易懂，颇受读者欢迎。在编辑部，他渐渐成了某一体裁的大咖。

编辑部主任是北京大学哲学系的高材生，文章以观点见长，宏观大气。但曹怀宇还是蛮有性格的；刚进编辑部那会儿，认为编辑部主任"太学院气"，不太服气。有一次，编辑部主任把曹的稿子改了；但等主任一走，曹又偷偷把主任的稿子改了，这在媒体算是犯了"死罪"。刊物印出来了，主任报告出了责任事故。我认真读了一遍，曹在主任的基础上继续修改，确实更为精准。处罚是免不了的，但我还是承担责任留下了曹；因为制度是用来保障做好事情，如果违反制度能把事情做得更好，偶尔网开一面也有必要。由于文字功底扎实，做事认真刻苦，不久后他就成了编辑部副主任。刊物有一个言论专栏，作者在国内都有些名气；曹怀宇想开专栏，我当然不会冒险同意。但他写稿是快手，做完自己的选题后，主动加码，再"买一赠一"地交上一篇言论；几次通不过，他也不灰心，还是继续写，还快乐得不行。

我都劝过他，做文章有一门绝艺就行了，很少能成为写作全才的。言论、评论、社论一类的文章，是新闻写作的最高峰；而这个高峰不是靠吃苦就能闯上去的。意思很明显，劝他不要搞。曹怀宇还真是见过世面的，就是要搞。要不说曹怀宇还是有灵气呢，时间不长，专栏言论稿就成了他在刊物的另一块招牌。

我不知道是不是这些新闻经历，给了曹怀宇宏观布局、微观说事的纵横能力，为他著书立说搭上梯子，打开天窗。但我知道，这十多年来，无论生活多么艰难，他都没有放弃对幸福生活的追求，心存一盏文字的明灯，在写作的道路上快乐前行！

有梦想谁都了不起，有勇气就会有奇迹！后来，《幸福隧道》就搞出来了：**这是苦难涅槃，这是坚韧成功**，被一些业内专家评价为填补了学科空白的好书。

　　还得实话实说，对于幸福，我只是有体会有感悟，没有理论研究；但对于幸福，我认为找到一些必然规律，解析一些密码，让拥有的人珍重，让痛苦的人获取，让幸福传递，让幸福常在，让更多的人都能幸福，是一件十分有意义、有价值的事。

　　经过严冬的人，更知道春天的温暖；经过苦难的人，更知道幸福的滋味。曹怀宇是经历过许多生活磨难的人，也是遇到过许多贵人和幸福的人；我相信他潜心研究多年的幸福理论，是带着问题去研究去发现，是高度接地气的。起码，他业已过去的人生，就是一部关于幸福追求的写实，是有故事的。值得我们读读。

胡洪波

2016年6月21日于海军大院

自序：终结痛苦

痛苦各异，可觅其踪；快乐相似，可求其成。几十年在人生隧道里痛苦突围，我自以为摸到了幸福之门。

……

家父曾是教师，在政治运动中多嘴，遂成"反革命"。我和弟弟的童年就是跟着父母到处流浪：倒卖粮布票、刷油漆、补鞋、卖唱、烧炭、削竹筷、采草药……虽然颠沛流离，生活艰辛，但父母的庇护让天真的我不以为苦，反以为乐。唯一有点紧张的是经常被打骂。因为我从小体弱，天天遗尿，每天醒来不敢起床，想把床单睡干。母亲不懂医学，总以为我是故意。幼小孩童初识的痛苦只是觉得委屈。

弟弟长得高大漂亮，招人喜欢，是我的好伙伴和保护伞；但十岁时得白血病死了，母亲当场晕倒的场景至今仍在眼前。我握着弟弟的小手告别，那种让人胆怯的凉，我一生都无法忘记。生离死别，让一个孩子尝到了失去亲人的恍惚和悲痛。

改革开放后，父亲挣了点钱，一家人回到湖南老家定居。父亲被打压一辈子，希望儿子替他争口气，对我学业要求很严格，脾气也暴躁。从他身上，我理解了不公平遭遇给人的压抑。

初一时体检，说我有血吸虫，不得不休学治病。后来和一个同学吵架，他嘲笑我无能。为了证明自己，我坚持冬泳；为了磨练意志，越是暴雨越往操场冲。为了洗刷休学导致的留级耻辱，高一学期末，我找校长跳了级。虽然十分努力，然而到了高三除语文能拔尖，其余平平；考大学无望。认真思考后我痛下决心降级到高一从头再来。一个少年，在学业上初尝了挫折的失意。

重上高一后，我却突然得了脑膜炎。出院回到学校，连老师和同学的姓名都忘得一干二净，更不用说读书。又休学了。父亲给我剃了光头，让我穿着短裤天天晒太阳、干农活。那时我就是个傻子，机械般任人拿捏。当然，这种疾病的痛苦，只是一种麻木的印记。我常想：如果我脑膜炎无法康复，那个湖南乡下少年，在荆楚蛮荒的原野，在后羿留下的最后一个太阳里，究竟会有什么样的生命轨迹……

有一点康复后，我继续读书，仍然拼命锻炼和洗冷水浴；但记忆力太差，成绩不好。我的倔强和勤奋吸引了一个女同学的关注，我也如少年维特般爱上了她。开始的一年多时间，只是写信跟她谈谈我的理想和苦闷，根本没有约会过；但产生的蝴蝶效应就是天天自慰多次，在极度亢奋和疲惫中，感觉自己就像是抱着"风月宝鉴"的贾瑞，对着镜中影子索取痛苦。

过度的运动后狂喝开水，加上频繁的自慰，终于把我击倒了：结核性胸膜炎，从后背抽出来的血水有半痰盂。

再一次休学。病好些去上课，因为抗痨药雷米封的神经毒性，我的举止有些反常。女朋友看不惯，对我冷言冷语，我又赌气弃学。那一年我二十岁，跟父亲说想出远门，父亲同意了。我拿着三百块钱，直奔北京。在1988年春天的一个中午，我坐在茅盾故居前吃牛肉罐头，把手割破了，忍不住嚎啕大哭。不是手痛，是难以言表的孤独。

……

京城除了给这个湖南青年一点眼界，没有赐予更多的机会。我又回到湖南家乡的小城。后来的几十年，我成为教师、公务员、媒体人，在一路狂奔的生活中因爱情经历了两次自杀，因车祸撞得昏迷，创业开酒店又破产，从湖南小城辗转北上广开始漂泊生活……不论在别人羡慕的时候，还是在别人惊讶的时候，我总是痛苦不堪。努力上进却无法得到公正回报的愤懑，财富匮乏造成的自卑，婚恋受挫的悲凉，车祸后遗症的烦闷，生活漂泊的迷惘，诸多现实和理想胶着的沮丧……这些成了我人生隧道的凌乱风景。

期间，我的好友李尚平，因为反映教师工资拖欠问题接受媒体采访，随后不到一个月被不明黑枪杀害；而此案至今悬着。这是2002年"中国十大新闻事件"之一。他喜欢练健美，一身腱子肉，像一匹矫健的野马，一下子就没了。我亲手把骨灰放进他家的菜地，突然明白了生命是多么的脆弱；而生之痛苦却顽强的难以摆脱。

生活于我渐行渐远；太多的弯路让我不得不放慢脚步；死亡和新生让我更加珍惜生命，也促使我开始思考——我为什么会有那么多的痛苦？怎样才能最大程度满足自己的欲望，又不侵犯他人的利益？怎样才能让痛苦的人生更有意义？

……

"我不是我，我只是我的研究对象。"我把自己浸在痛苦中放弃逃生，就是想为自己，也为天下和我一样的苦人找到终结痛苦的良方。

人为什么来到世界？按米勒的观点，在光、热、辐射、酸碱作用下的化学反应产生了蛋白质，随后进化为各种生命。

人活着有什么意义？从化学的角度说没有意义！一切尘埃、泥石、细菌、真菌、细胞、植物、动物，本质上都是元素的偶然组合，一切平常和超凡的生命都只是元素的组合过程；40多亿年前是泥土，死后还是。

从生物学角度看，蝼蚁和草木，人和畜都是向死而生，抗争和索取只是生存的自然法则。生命的本能需要战胜痛苦，努力生存，争取更大的进化。人是制造万物悲剧的元凶，也是生命进化和探索的主角。

从社会学角度看，人作为最高级的动物，为了赢得更大更多的生存空间，在欲望驱使下，破坏并改造着环境，并在其中体验喜怒哀乐、爱恨情仇。人在破坏和建设中不断自我学习和改造，成为目前世界的统治者。但作为个体的人，都很渺小；大多数人无力主宰自己的快乐，始终在欲求中痛苦。

以玄学思维看，就像史铁生在地坛的轮椅上慨叹的那样：生存和死亡、健康和残疾基本是命运做主，活着只是别无选择的选择。人面临的只有具体而微的生存方法和痛苦煎熬。

/ 序 /
Preface

从生理基础看，痛苦或快乐，根源是神经和大脑的活动。每个人的痛苦和快乐，都与本"我"的神经和大脑的活动息息相关。

我是谁？这个命题，佛家的回答是"无我"。但"无我"是一种无力的自欺和空洞的说教。作为凡人，需要的是有可操作性的路径。人生苦短，就算"无我"成佛，也浪费了今生。何不尽量让自己的生命闪光，不枉此生？

人的一生离不开两个炉子：一个是生理炉子，一个是心理炉子。生理炉子里有三把柴：生存、性、健康。心理炉子里是四把柴：成长、审美、爱、尊严。每个人都想达成欲望和幸福的和谐；但经历不同，印记不同，选柴也不同。

对于社会整体来说，人都一样可怜。广义上，无法定义好人和坏人、君子和小人、英雄和懦夫。人的位置和立场，是在各种冲突和交锋中形成的，有的是主动的，有的是被动的；一时一地的生理和心理及环境的影响，会让人的善恶或窒息或萌芽，或超越限度走向反面。

既要赞美个体力量包括自己的独特存在，也要理解和宽容人类的卑微；这样才能战胜痛苦或终结痛苦。——假想你以上帝之眼俯瞰这个蓝色星球上的生命，包括他们中间的那个你；他们熙熙攘攘，他们努力奋斗，他们成功失意，他们痛哭流涕，他们得意忘形……所有得失和所有哀乐，都只是你心中的人生百态，输赢都只是一瞬。

……

几十年的痛苦炼狱，我发现自美的人生态度可以战胜痛苦，快乐更多，给幸福加分。

自美，是发现自我闪光的手段。——强调并认知自我存在的独特和独立性，在自己的王国里自强不息，并醉心其中；面临挫折也不怀疑和否定自己，以笑看云起的态度面对一切不幸与欢欣，在"我"的王国里做自己的国王和臣民。理性审视"我"国的国王和臣民，痛苦便成了一个客观存在并可以解决的问题；而不是挥之不去的阴云。当以自美让自我发光后，人生就赋予了积极意义。

一个人的自美精神确立之时，他能以一个真正的"我"掌握两个炉子的规律和选柴的诀窍，不让痛苦拥堵人生隧道。

……

幸福隧道
Happiness tunnel

最近这些年，我参与了一些学术活动，激发了对幸福学研究的兴趣，想厘清"痛苦"与"快乐""幸福"的关系，并使之理论化。随着学习和思考的深入，我发现痛苦学或者快乐学涉及的学科非常广，涉及脑科学、生物、物理、化学、心理学、伦理学、哲学、美学、文学、艺术等诸多领域。

惟其深奥，值得探索；惟其艰难，弥显珍贵。

我本质上是个常识和思想的侏儒，只是偶然爬上了学习楼梯；和牛顿一样，我踩着的，仍然是他人的肩膀。给我肩膀的巨人都不在了，但他们的名字我永远记得，他们是德谟克利特、亚里斯提卜、赫格西亚、柏拉图、亚里士多德、孔子、庄子、伊壁鸠鲁、孟德斯鸠、康德、叔本华、弗洛伊德、洛克、荣格、尼采、马斯洛、罗素等等为了人类的幸福执着探索的哲人。我希望可以像他们一样，挖掘通向幸福的隧道，在黑暗中寻找光源；即便无人跟随，也为寻找光明提供一种可能，对曾经像我一样无助的人提供一点帮助，使他们尽早终结痛苦，得到想要的幸福。

这本小册子，是我对痛苦之门的敲击。大门里还有很多小门，而我敲开的小门背后，究竟有什么样的藏品，我还需要继续追问。

我期待，之后有更多更强的敲门者，找到斩断痛苦的利刃，打开幸福路径，穿越人生隧道。

目 录

苦难，照亮幸福的路 / 何玉兴 / I

寻找幸福的码头 / 熊平凡 / III

理论贵在创新 / 蔡乐苏 / VI

幸福的道与技 / 程广云 / IX

诚实思考生命 / 孙晶 / XI

心存一盏灯 快乐向前行 / 胡洪波 / XIII

自序：终结痛苦 / XVI

第 1 编　幸福导论 / 001
　　幸福是可解之谜 / 002
　　决定幸福的关键 / 009

第 2 编　生命的需求：人生七关 / 011
　　马斯洛需求层次理论异议 / 012
　　人生需求新解读 / 015
　　人生欲求的十个神秘按钮 / 025
　　Q18管理测评法 / 031

需求优越论 / 033

可怕的优先需求 / 037

人生三大悲剧 / 041

欲求基线的变化规律 / 047

第 3 编　需求的矛盾：苦乐迷宫 / 051

情绪的三驾马车 / 052

苦乐六大生理猜想 / 056

痛苦警钟 / 065

快乐号角 / 067

快乐三高 / 070

危险的快乐 / 076

屠刀困境 / 081

第 4 编　生活的天平：情感炼狱 / 087

情感的钟摆 / 088

衣食住行为何可怜？ / 092

如何做健康的动物？ / 096

  疾病的本质 / 100

  自我治病记 / 107

  我给父亲治中风 / 117

性为何叫人难为情 / 131

  动物繁殖的悲剧 / 139

靠什么长大？ / 144

为什么我讨厌你喜欢的？/ 150
　　善与恶的较量 / 159
爱你我容易吗？/ 166
　　亲亲我的宝贝 / 168
　　逃离亲情的绑架 / 171
　　爱情的本质 / 175
　　婚姻的背后 / 183
　　朋友的面具 / 192
　　习惯很要命 / 197
自己是最好的 / 200
　　知识没多大力量 / 206
　　为何死要面子活受罪？/ 208
　　马屁是无辜的 / 211
　　他人即地狱 / 215

第 5 编　活好的方法：幸福密码 / 217

幸福在哪里？/ 218
幸福的方法 / 228
如何拓展痛阈 / 231
跟痛苦开个玩笑 / 237
减少痛苦的方法 / 240
如何弱化痛苦？/ 243
快乐六法 / 249
让自美给幸福加分 / 256

• 第 1 编

/ 幸福导论 /

Introduction of happiness

幸福不取决于主观判断，它有客观基础：每分每秒的神经反射表现出来的具体痛苦和快乐，它们有强弱、长短、多少。这些客观事实决定幸福的走向。

/ 幸福隧道 /
Happiness tunnel

幸福是可解之谜

——客观存在必然有普遍规律，幸福也不例外

穷人对山珍海味津津乐道，富翁对粗茶淡饭情有独钟；艳妇喜欢华衣珠宝，尼姑习惯素装布衣；道德君子崇尚安贫乐道，凡夫俗子渴望富贵荣华……

凡此种种，每个人的生存条件不同，需求重点千差万别，具体欲望包罗万象；生活带来的痛苦和快乐感受不同，是否幸福的结论也大相径庭。

什么是幸福？至今没有标准答案。

西方最早研究幸福的是公元前7世纪古希腊的梭伦。他的幸福观是：物质有保障（中等即可），生活可持续发展，身体健康，少生病，远离不幸，有好儿女，有好归宿（善终）。

中国最早论述幸福问题的是春秋时代的《尚书·洪范》。文中记述箕子为武王陈述了治理天下的九条大法，其第九条是"向用五福，威用六极"。所谓"五福"，指寿、富、康宁、攸好德（爱好美德）、考终命（善终）；所谓"六极"，指人生不幸的六种表现，包括不得好死、多病、忧愁、贫穷、貌状丑恶、志力懦弱。

此后，幸福的争论是一场乱仗。据说早在公元4世纪，欧洲已有289种幸福定义。14世纪，中古英语由运气衍生出happy、happiness两个词，快乐和幸福基本就混为一谈了。

西方幸福学影响深远的主要是四大主流观点：快乐主义幸福观、宗教幸福观、理性主义幸福观和感性主义幸福观。中国古代对幸福的研究停留在社会学的个人主张；只有零星感悟，没有系统理论。**东西方都停留在主观感觉，忽视**

了痛苦、快乐作为幸福的原材料，是一种客观的神经反射；幸福的普遍规律，几千年来一直是个未解之谜。

快乐主义的审美盲区

最早对幸福有明确主张的是古希腊的德谟克利特、亚里斯提卜、伊壁鸠鲁等为代表的快乐主义，倾向于用纯粹生物学的或心理学的观点来解释人的行为与需要，认为人们以求得快乐为生活目的，快乐包括肉体与心灵的快乐。趋乐避苦、追求快乐是道德的基础和内容，是善，是人类一切行为的动因，也是人生的目的。因为"快乐状态令人惬意，痛苦状态令所有人反感"。

亚里斯提卜的观点最极端，认为肉体的快乐比精神的快乐更迫切、更强烈，肉体的快乐优于精神的快乐；而且，肉体的快乐既不在过去、也不在未来，只在眼前。

德谟克利特和伊壁鸠鲁比亚里斯提卜的观点更全面：虽然强调感官快乐对于幸福的重要性，也要求人们追求精神快乐。伊壁鸠鲁认为："当我们说快乐是终极目标时，并不是指放纵者的快乐或肉体之乐。我们认为快乐是身体的无痛苦和灵魂的不受干扰。"

客观说，快乐主义对痛苦和快乐的理解更接近事实；但这只解释了人的动物本能，忽视了文化尤其是审美对情绪的影响。人是社会化的人，痛苦和快乐往往与他人利益相关。

快乐主义最大的问题是两个：一是将快乐等同于幸福，把二者的关系解释得过于直接和简单；二是无法兼顾道德上的善恶。

快乐只是幸福的原材料，不等于幸福。快乐可能带来幸福，也有可能带来不幸。当行为无害他人时，追求个人的快乐当然是道德的，是善的。当个人快乐是以他人痛苦为代价时，必然会产生恶，就不道德；如果遭受良心煎熬和他人谴责，又会带来新的痛苦，很可能不幸福。

快乐主义类似战国时期杨朱的享乐主义，在反对宗教道德和学说扭曲人性的斗争中曾有一定的进步意义；但把人仅仅看作自然的生物，漠视有的快乐会给他人带来痛苦，被禁欲主义骂惨了，说那是"猪的生活"。

后来，霍布斯、卢克莱修、洛克、伽森狄、爱尔维修、休谟、斯密等人陆续为快乐主义堵漏洞。而边沁、密尔等人则将快乐主义修正为功利主义，承认幸福的个体特质，但加了前置条件："追求最大多数人的最大幸福"。这样，既承认了快乐主义的朴素真理，又堵了道德理性主义的嘴。

边沁对幸福进行了量化；认为只要了解一个人的痛苦与快乐的程度，就可以计算出他的幸福程度。评价幸福程度的要素包括感受苦与乐的强度大小、时间长短、是否确实以及确实的程度、影响范围等七个方面，开启了幸福感指数研究的先河。但其量化的对象过于单一，不能涵盖人生的全部；量化标准仍然是主观判断，不能适用所有人，其可信度也遭到质疑。尽管密尔对边沁的理论进行了补充，加入了快乐质量、高级低级快乐等主观变量，但从生理特点尤其是神经反射上仍然无法具体细分。

宗教幸福观的自欺

早期理性主义与纵欲主义对立的禁欲主义，认为痛苦越多越幸福，是宗教幸福观的基础。从中世纪阿奎那的经院哲学，到当代以马里坦为代表的基督教幸福观，观点基本近似；号召人们通过信仰上帝来实现自己的幸福。

不承认没道德的快乐也能主导幸福，显然是强词夺理。快乐是幸福的前体，整体上的好情绪就是幸福。只要符合道德，对坚定的宗教徒和以苦为荣的审美人群，通过战胜所能承受的痛苦获得审美愉悦和脱俗的优越感而得到快乐，从而感觉幸福有可能；但对没有坚定宗教信仰的普通民众甚至道德低下的人群，痛苦越多越幸福只是个笑话。幸福失去了快乐这个根基，只是自欺欺人。

宗教幸福说，必定让今生充满矛盾和失望，只能加个来世幸福的尾巴。问题是：来世的幸福又是由什么构成的？跟快乐有什么关系？难道只能用无休止的来生给出答案，那于今生又有何意义？

理性主义的矛盾

理性主义幸福观强调理性而贬低感性与情感的作用;它主张抑制欲望,追求道德的完善和精神的完美就是幸福。代表人物古希腊有赫拉克里特、苏格拉底、柏拉图等,近代有笛卡儿、康德、黑格尔等人。

理性主义认为人的幸福必须在理性指导下才能实现,强调人的精神快乐和理性能力;主张抑制欲望,追求道德完善。从赫拉克利特到柏拉图,都主张道德优先。

赫拉克里特认为:如果幸福在于肉体的快感,那么就应当说,牛找到草料吃的时候是幸福的。苏格拉底提出了幸福的等式:理性=美德=幸福。柏拉图一直倡导节制的美德;他认为一个真正幸福的人,应该是生活在理性世界里,通过节制自己的欲望和享受,用智慧去追求最高的善。如果只追求感观快乐,一旦快乐满足后,更大的苦恼便会随之而生,因此感观的快乐必须遵循理性的指导才可得幸福。斯宾诺莎和柏拉图类似,认为幸福不是别的什么,而就是德性本身。

康德则在此基础上有所改进,将德性提升为理性,认为人和动物的区别不在于感性欲望,而在于理性;但人绝不能将理性用作满足感性需求的工具,理性有其更高的用途,即要考察行为动机的为善或为恶,强调是动机而不是效果决定行为的善恶。他认为,幸福存在于至善之中。

理性主义的立场是道德优先,这让个人的幸福变得空洞和不可捉摸。理性主义无法定义幸福本身,只能迂回解释怎样才能幸福。连幸福是什么都说不清,却告诉人怎样才能幸福,这显得强词夺理而虚张声势。

理性主义根据群体利益重新定义幸福,强调个人幸福不得危害公众幸福,这本无可厚非。但否认幸福的本质,属于"为赋新辞强说愁",反而让人类在幸福的迷宫里找不到出路。

如果为了公共利益压制个人的快乐,痛苦不会减少,而快乐却要减少;还能幸福么?这种道德说教虽然冠冕堂皇,却很难让人发自内心地认可:我连自己的快乐都可以不要,别人的快乐关我啥事?难道我的快乐跟我的幸福无关?那幸福究竟跟什么有关?

感性主义的割裂

避开快乐主义的道德把柄和理性主义的自欺,还是从个人的主观感受出发,现当代产生了欲求满足论、生活满足论、情感状态理论等感性主义幸福观。尽管分歧众多,但基本的出发点还是强调个人的主观感受是幸福的来源。

《辞海》对幸福的解释是:"人们在为理想奋斗过程中以及实现了预定目标和理想时感到满足的状况和体验。"这符合欲求满足论,但这只能解释快乐,定义不了幸福。显然,这还是将快乐与幸福混为一谈;因为那些为理想奋斗失败了的人不可能快乐,但照样满足,死而无憾,自以为幸福。

欲求满足论、生活满足论的误区在于忽视了欲求满足能带来快乐,但后果可能带来更多痛苦,不一定就幸福。因为,**快乐是构成幸福的重要材料,但并非所有快乐都能带来幸福**。当行为有悖个人审美标准时,平时能快乐的欲望满足比如生理刺激也不能给人快乐,勉强为之可能遭受良心煎熬和舆论谴责,带来更多痛苦;变成了快乐越多,痛苦越多。如吸毒、赌博等恶的欲望满足虽然能带来暂时的快乐,但可能导致好逸恶劳、危害健康、丧失社会竞争力、陷入经济困境甚至走上犯罪道路,带来不幸生活。

而情感状态理论虽然有心理学依据,但因为人的情感受外界影响变幻莫测;幸福与否,没有客观的评价标准。

中国古代的幸福碎片

和西方比较,中国历史上的幸福观,藐视人的动物本性,感性主义式微,理性主义占主流;但对什么是幸福,只是一些零碎的人生感悟。

诸子百家中,孔子主张物质兼顾享受与精神快乐,但偏重后者;孟子主张发展"仁、义、礼、智"四种美德,通过"思诚""养气"达到幸福境界;荀子提出通过"化性起伪",去掉人恶的本性,发展善性,达到幸福。

儒家的幸福观始终在中国占统治地位,重视理性与道德的作用,强调没有理智和美德就不会有幸福，强调社会幸福重于个人幸福。宋儒发挥到极致就成了"存天理，灭人欲"。

这些理论漠视人的物质生存基础，将幸福的内涵缩小了，显得片面而虚伪。

道家和儒家比较，提出的是创造幸福的途径：老子主张"无为"，庄子提出"无情""无己""无用"是幸福人生的标准。但这个标准引导人们远离世俗生活，对创造幸福生活显然于事无补。

我的幸福观

几千年来各种幸福观各执一词，谁也不服谁，核心误区是四个：一是始终把幸福当成主观感受，从而使其变得无法捉摸；二是把快乐和幸福混为一谈；三是把不道德的快乐排除在幸福之外；四是把人的动物性和社会性割裂开来了。

历史上关于幸福的主流立场，都强调主观，是我反对的；我强调快乐、痛苦的客观性决定幸福不能依赖主观感觉做出判断；否则，要么判断片面，要么自欺。

感性主义尤其是快乐主义重视人的动物本能，揭示了快乐的本质；但把快乐和幸福混为一谈，同时忽视了人的社会性——审美教化和做人的尊严可转换痛苦和快乐。宗教幸福观和理性主义同样将快乐和幸福混为一谈；虽强调了人的社会性，但把不道德的快乐排除在幸福之外，忽视了人的动物本能。

首先，快乐只是一种神经反射，是情感的即时评价；而幸福是某段时间的情感的整体评价，一时一事的感觉不叫幸福，叫快乐。幸福和快乐不是一回事。

其次，不道德的快乐可能损害他人利益，同时产生新的痛苦，快乐的后果可能破坏幸福；但必须承认，不道德的快乐仍然是幸福的原材料。

我承认，一个强盗头目，在被抓捕砍脑袋之前的那段时间，对他个人而言，是幸福的。因为人生的大部分基本需求及其衍生的欲望他都能够得到满足，他的快乐多而强，痛苦少而浅；尽管不道德，但他的情绪整体上自我感觉良好，当然幸福。

再次，人是社会的人；审美取向和做人的尊严，是人和动物最大的区别。动物般的痛苦和快乐会受审美和尊严的影响随时转化。因此，痛苦过后可能制造新的快乐，快乐之后可能带来新的痛苦。

我也承认，一个饱受苦难的英雄也是幸福的。英雄为了群体利益甘愿忍受贫穷和寂寞，甚至不惜抛头颅、洒热血，表面看他物质满足不够，生理痛苦更多，快乐很少。但是，因为他的道德水准高，审美需求是他的优先需求；而审美的自我认可带给他做人的尊严和强烈的快乐，他以自己的牺牲为荣，整体上他的情绪是好的，当然幸福。

芸芸众生，大多不愿做没有道德的强盗，也无缘做道德高尚的英雄。每天，我们只想活出自我、生活幸福。

因此，揭示快乐、幸福的真相并理性承认，是实事求是的态度。避免其中无道德的快乐给他人造成痛苦，这是维护大多数人幸福的有效选择；如何找到合理的路径，调和个体与群体的快乐和幸福的冲突，是破解幸福之谜的关键。

决定幸福的关键

——痛苦一定是世界给的，快乐大多是自找的

什么是幸福？怎样才幸福？一万个人心中有一万个哈姆雷特。哲学界几千年的人生感悟，只是主观的心灵鸡汤，没有涉及幸福的客观本质。

我不熬幸福鸡汤，只研究幸福配方。

作为生活质量好坏的评价标准，幸福不是空中楼阁，必然有所依托；人生的基本需求及其衍生的具体欲望、外界刺激造成的痛苦、快乐等原材料的客观性决定幸福必然以客观为基础。

除生理刺激带来的苦乐，基本需求、欲望是否满足，由此产生的痛苦、快乐等原材料的数量、时长、强度决定人整体情绪的好坏，决定某段时间幸福或不幸福的走向和程度。这是人生幸福与否的共同规律。

需求永在，无法抛弃；欲望无穷，无法泯灭；痛苦相伴，无法逃避；快乐短暂，稀少珍贵。

生存、健康、性、成长、审美、爱、尊严是人生的七大基本需求。基本需求的满足，有的只需一己之力；有的必须他人配合。

生存的挣扎、健康的保障、性的满足、成长的坎坷、审美的升华、爱的完善、尊严的实现无时不让人深陷矛盾。如何化解生活的矛盾，是情感炼狱的过程。

除了外界直接的生理刺激外，不管是先天本能还是后天形成，基本需求会催生无数具体欲望。在满足欲望的过程中，也会带来各种痛苦或快乐的情绪。苦乐迷宫，烟雨濛濛。

明代吕坤说："能至于无乐者无不乐矣；无不乐，则极乐矣。"那只是自欺欺人。人是情感动物，每分每秒的人生遭遇都会带来情感上的苦乐波动；真

/ 幸福隧道 /
Happiness tunnel

正的快乐和痛苦是无法伪装的。你承不承认，它都在那里。

痛苦和快乐本质都是刺激和大脑思维后的神经反射。一个神经鞘膜漏电或大脑生病的人，痛苦或快乐的体验是紊乱的；幸福于他，只是无本之木。

痛苦是神经接收信息后的条件反射或大脑处理信息后产生的神经紧张反射，是伤害或失败的警示信号。

痛苦包括生理痛苦和心理痛苦两类。生理痛苦是外界威胁或危险带来的神经反射；心理痛苦是事件信息通过神经传递给大脑，大脑思维后产生的神经反射。

快乐是欲求得到满足或习惯得到保护时的神经放松反射，是满足或成功的奖励信号。

痛苦一定是世界给的，快乐有些是别人给的，但大多是自找的。因此，痛苦无法回避，快乐可以自己创造。

痛苦和快乐的阀门是褪黑素和神经递质多巴胺。痛苦是危害、危险存在或欲求无法满足时，神经紧张导致褪黑素增多、神经递质多巴胺减少，神经报警；快乐是威胁解除、欲望满足或无欲望刺激带来的褪黑素减少、多巴胺增多，神经放松，感觉舒适。

历史上对幸福认识最大的误区，是把快乐等同于幸福。快乐是具体的神经反射，是生活状态的即时反映；幸福是抽象的评价，是生活状态的阶段反映，是某段时间内神经反射的整体评价。

有人认为痛苦也照样幸福，那是痛苦时伴生了别的快乐。比如：身心遭受摧残时审美需求优先，坚持信仰有审美愉悦或自尊满足；带来的快乐和痛苦对抗，整体上情绪好。

如何减少和战胜痛苦？怎样创造和增加快乐？怎样才能让自己幸福而尽量避免伤害他人？从生命科学的常识出发，就能找到合理的路径。

任何人都有与众不同的宝贵潜质。发现它，壮大它，把它做到极致，打造最好的自己，你就能进入自美的境界。这样，无论面临什么痛苦；你都能做一只骄傲的公鸡，想办法摆脱厄运。**这是本书的核心：自美着创造无害他人的快乐，给幸福加分。**

我神经质的凿了条隧道，对面是幸福；洞内虽无日月，但可烛亮你的人生。

• 第 2 编

/ 生命的需求：人生七关 /

Happiness of life

作为衡量生活质量的标准，幸福必然与人生的基本需求密不可分。

/ 幸福隧道 /
Happiness tunnel

马斯洛需求层次理论异议

——人生需求无层次，只有主次、先后

要研究幸福，必须从幸福的源头开始。

需求、欲望、痛苦、快乐等是幸福的原材料。人生的基本需求是一切行为的动机和情感的基础。因此，研究幸福，必须从需求入手。

我们先从生理和心理层面探讨需求存在的状态：

神经受外界刺激得到的信息传输到大脑经过思维就是意识。意识包括弗洛伊德所说的"潜意识"和荣格概定的"集体无意识"。潜意识是人的行为动机，更多保留了动物的本能；集体无意识是群体性盲从，更多受文化的影响。

意识的积累和固化形成稳定的情感；情感是紧张、焦虑、不满、痛苦，冲动、兴奋、满意、快乐以及伴生的厌恶、嫉妒、仇恨，羡慕、喜欢、无聊等诸多心理状态的总和。

和动物不同的是，人的情感受文化的影响；基于认知的审美标准、相对固化的好恶取向，都能左右人的情感。同样的事情，不同的人情感表现会不同甚至相反：你快乐的，我备受煎熬；你痛苦的，恰是我快乐所在。

人的稳定心理是潜意识主导的欲望满足和集体无意识的审美取向共同构建的，这些欲望和审美取向抽象概括就是人生的需求。

为了满足需求，思维后的神经冲动就是欲望。欲望指引行为带来新的神经反射，构建新的情感状态。

历史上讨论人生需求的观点很多，比较权威的是美国著名心理学家马斯洛的需求层级理论。马斯洛认为，人的基本需求分为五个层次：生理需求、安全

需求、社交需求、尊重需求和自我实现需求。求知需求和审美需求，居于尊重需求与自我实现需求之间，不单列为需求层次。

需求层次理论有两个核心观点：一是人人都有需求，某层需求获得满足后，另一层需求才出现；二是在多种需求未获满足前，首先满足迫切需求。该需求满足后，后面的需求才有激励作用。

需求层次理论抓住了人在社会生活中的功利目的，被现代企业管理奉为圭臬；其核心是围绕管理的行为动机，即管理要达到什么目的，要先满足被管理者的哪些需求。需求层次理论用在管理上的最大的障碍是：管理目的是追求公利最大化；但被管理者的需求却是私利最大化，两者是天敌。

实际上，人生需求没有高低贵贱，无所谓层次。人们会根据生活需要随时变换主次和先后；也就是说，不同的人，不同时期的优先需求是千变万化的，不是说非要吃饱喝足了才需要性交。

比如一些上流人士在公开场合是儒雅君子，但在无人关注的私人场合，照样会偷情嫖娼。显然，上至王侯将相，下到平民百姓，公开场合可能是审美、尊严需求优先；私人场合可能生理需求优先，在同一个人身上，需求层次可能相互矛盾，这才是真正的人性。生理需求、审美需求、尊严需求，能说谁比谁的层次更高？

尤其是对于审美需求强烈的人，生理需求无法成为第一层次的需求；乞丐、穷人中照样有道德高尚的人。许多人宁愿放弃生命也不放弃自己的信仰；不然就没有柳下惠坐怀不乱、伯夷叔齐饿死不食周粟，更没有耶稣自愿钉死在十字架上。

需求层次理论的遗漏和矛盾也很多：例如好奇心和自由，是人与生俱来的天性，儿童的需求尤其强烈，马氏没有归类。例如他把社交当成需求，但社交只是满足爱、尊严等需求的手段，谈不上是人的基本需求；那些优越感缺失的人，是不愿意社交的。一项研究精神病人的资料显示，在有压力的情况下，男性会避开他人的接触，退回自己的世界。例如他尊需求、成就需求和自我实现需求大多数情况是同一个需求，这些需求的满足所带来的优越感都是社会认可的结果。

如果没有文化的熏陶，人生需求及其衍生的欲望都是行为目的，本质是一个东西；需求是抽象概括，欲望是具体细化。需求是行为的潜意识，是同类具体欲望的总和。欲望是大脑思维后将需求转化为具体行为时的神经冲动，是即时产生的需要，需求是持续稳定的需要；有什么样的需求，就有与之对应的诸多欲望。

一个大的需求可包含多层次的子需求，也可以带来许多具体的欲望。一般而言，需求和欲望的变化如影随形、始终同步；欲望的增减、强弱和需求的增减、强弱变化完全一致。在分类上，有什么样的需求，就有跟它同名的欲望存在。需求细化到某个具体层次，就等同于欲望。例如生存需求包括衣食、住、行等小需求，具体到吃的需求时，等同于吃的欲望。

受文化的熏陶，人比动物的本能需求多了一种可以和欲望无关的需求，那就是审美。满足审美欲望一定能满足对应的审美需求；但满足审美需求时，可以不存在对应的审美欲望。如想到一个陌生地方旅游，是欲望，而中途偶遇的美景趣事或丑景恶事不是你的欲望带来的；但同样会影响你的审美需求，让你痛苦或快乐。这就是常说的"成见"和"先入为主"。

人生需求新解读

——生存、健康、性、成长、审美、爱、尊严，
是人生无法绕过的七道鬼门关

基于需求层次理论的不足，我花了两年多时间，在马斯洛的基础上，对人生需求进行了重新分类，以便让幸福研究的起点更加清晰和完整。

一、按生理和心理分类

人的基本需求无外乎生理和心理上的需求，包括生存、健康、性、成长、审美、爱、尊严七种，涵盖了人生的全部。一个需求无法满足，人生就残缺；但都要满足谈何容易！因此，这七种需求就是人生炼狱的七道鬼门关。

（一）混合生理需求

人的生理需求，除了一无所知的婴儿，不再和动物一样纯粹，还混合了复杂的心理需求，要得到审美愉悦和做人的尊严。累死累活一辈子，让生理满足与众不同，就为了高人一等。

在这点上，人比动物要愚蠢，也更可怜，动物的生理需求直截了当，人的生理需求既有动物的本能，很多时候被打回动物原形；但文化让人有了审美，不愿做纯粹的动物，都想证明自己是人，始终矛盾着找罪受。人的吃喝不只是饱肚子，还要看场合、讲档次；睡觉不只是休息，要选地方；排泄要分场合，不是想拉就拉。

在性交上，人与其他动物最大的不同是：动物有"性生物钟"，发情受季节控制。否则，胡乱交配在缺少食物的季节生育，后代会饿死。人的食物不再被季节左右，性交就随心所欲。另外，人的性交比动物更复杂，需要附加很多条件，也在乎彼此心理上的感受；狮子只要发情就可交配，人要考虑生育后果和回报。

除了繁殖的本能，人类的性交也有多种动机和方式：以繁殖为目的，选择合适交配对象叫爱情；以金钱为目的和手段是卖淫、嫖娼；以生理发泄为目的是淫乱或偷情；一厢情愿属强奸；半推半就属诱奸；非婚叫同居；婚内叫同床。

不管贴上何种标签，人的性交是个复杂的生理和心理混杂的过程；合理正常的性交既有生理上的满足，也有情感上的审美愉悦。

因此，人的生理需求是一种混杂了追求优越感的心理需求，所以叫混合生理需求。

混合生理需求包括三个方面：生存需求、健康需求、性需求。

生存需求是作为生命存在的基本需求，是活着的需求；健康是作为生命正常存在的需求，是正常活的需求；性是生命延续的需求，是继续活的需求。

1. 生存需求：包括呼吸、衣、食、睡眠、排泄等。
2. 健康需求：包括舒适、安逸、放松等。
3. 性需求：包括勾引、挑逗、诱惑、自慰、性交等。

（二）心理需求

心理需求也叫精神需求，是人类进化的一种智力游戏；这让人比猴子更聪明，也保证后代保持这种优势。**心理需求包括四个方面：成长需求、审美需求、爱需求、尊严需求。**

成长需求是文化和技能的自我提升，为人类体能的锻炼和知识的积累提供了可能。审美需求保证了人类竞争的相对公平，让优秀后代不被恶性淘汰；也保障个体和群体的利益互惠。爱需求是情感上的等价交换和温暖，为人类创造了面临苦难的避风港。尊严需求将人的实际才能充分利用并将潜能发挥到极致，实现人生追求的完整；通过名誉、地位、权力、财富的拥有为自己的生存，也为后代的繁衍打下物质基础，同时为种群的生存和延续树立标杆。

审美需求和尊严需求是人类社会区别于动物世界的最大差异；文化带来的审美和做人的尊严是人之为人的标志。

1. 成长需求

包括好奇需求、自由需求、安全需求三个子需求。

好奇心是进化的遗传本能，驱使人学习和进步。

奇怪的声音、新鲜的颜色、任何以为能吃的"食物"、任何没有摸过的玩具，都是婴幼儿的最爱。户外活动如体育、旅游、逛街等，哪怕下水道出现大老鼠，成年人都会不由自主、格外兴奋。

自由也是人的天性，能最大程度挖掘潜能，保障成长最科学。因为遗传基因不同，个人能力也不同。爷爷是老土豪，算盘比谁都精；但是，很抱歉，我是舟舟。尽管那7个音符我不认识，不会唱也不知道啥意思；但它一直长在我的灵魂里，我知道它是哭还是笑。因此，尽管先天不足，我做不了爱迪生，也做不了巴顿，但我是天生的指挥家。

要健康成长，任何潜在的危险和伤害都会剥夺我的安全感；让我吃不好，睡不香。成长顺利需要安全的环境，这是和其他动物相同的本能需求。

因此，好奇心的满足，自由天性的保护，安全的保障，是人尤其是儿童健康成长的关键。

2. 审美需求

从出生的弱小到成长的艰辛，文化告诉我们普遍认同的游戏规则，并指导我们的行为。我们自觉让行为符合自己学习并认可的美的标准，就是审美需求。审美需求的形成和发展涉及天性、道德、伦理、法律、宗教、民主、普世信仰、文学、艺术、哲学等诸多方面，是利益取舍的结果。

文化教养不同，审美标准可能相异甚至相反。比如：婴幼儿可以光着屁股到处爬；但道德将穿衣纳入了行为规范，成人无故光屁股暴露在众人面前会受到谴责。

3. 爱需求

审美需求往往带来悲剧。世界不会因为你独特的审美而改变，该膨胀的你

无法阻挡，要腐烂的你无法保鲜；你会有孤独的恐慌，你需要力量帮助你驱散寂寞，这就是爱。爱是先天的遗传和后天审美的自动选择，包括亲情需求、爱情需求、友情需求、爱好需求四方面。

亲情的本质是自私，爱情的本质是选购，婚姻的本质是合作，友情的本质是利用，爱好的本质是寄托。爱的原则是等价交换。

亲情大部分是天性，小部分是审美教化。天性中的亲情需求和动物近似，但受其他需求的影响，如果别的需求成为优先需求时，亲情就可能让位；这一点比动物更可怜。动物的亲情是纯天然，基本不受外界影响；但人的亲情有时会被生存和名利左右，发生父子反目、兄弟阋墙甚至遗弃和虐待，这叫"禽兽不如"。

爱情是性成熟后才产生的需求，爱情本质是选择最佳基因和健康后代的心理状态；爱情的归宿是婚姻，婚姻的本质是平等合作养育后代过日子。

友情是对安全感的弥补，也是审美和自尊的成见。或物质、或精神，朋友本质是利用的工具。

亲情、爱情、友情是对人的情感，爱好是对事物的情感。无论是对物还是对事，谁都有合适的个人爱好，寄托精神。

4. 尊严需求

尊严需求是人对自身价值肯定的需要，包括自尊和他尊。自尊是人之为人的自我认可；他尊是社会对我的认可。

（1）自尊

自尊需求是个体的自我认同，基础是个人的身体、出身、知识、技能。自尊需求包括自我需求、自信需求、公平需求三部分。

在成长过程中，你希望张扬个性，区别于同类，就是自我。你希望自己与众不同，在群体和同类中找到优越感。哪怕身体有缺陷，也希望跟别人不一样，有超越常人的个性和优势。因此，成长需求得到充分满足后，青少年最大的需求是自我需求，喜欢特立独行。

自信是个体在成长过程中对自身潜力的预测。自信是自由成长的延伸，人们找到自己的强项后，会对自己与众不同的优点自鸣得意。说人不自信那是误解，没有人认为自己不行；所谓自谦或被人评价为不自信，那是对欲望无法满足带来的痛苦的掩饰和不甘心。

随着知识和能力的提升，自信的巅峰是自美。自美能让人理性对待失败，荣辱不惊，是尊严需求的"免疫器官"，可以弥补生活中失去的所有优越感，让人坚定、平静地走完生命历程。

偏执狂热、愈挫愈勇、穷且益坚、淡泊名利、返璞归真，活在自己的世界里，对外界不管不顾，均是自美之人。

人生而不平等，但人生而认为应该和比自己优越的人平等。人们对公平的渴望，就像对水和空气一样。因此，欺压别人是一种自尊的满足，有优越感，可以乐此不疲；但如果别人欺压自己，就绝对要反抗，不反抗是装的，是"敢怒不敢言"。

"臭不要脸"是其他需求强烈而打压了自尊需求，退而求其次。

（2）他尊

作为社会的人，需要他人或群体的认同，这就是他尊；也就是平时说的"面子"，面子带来的成就感靠个体与群体的比较。"死要面子"是他尊需求强烈，舍不得众星捧月带来的快乐。

他尊需要别人说了算，因此受他人的左右。很多人慨叹找不到自己，是认为别人对自己的评价不合理；是他尊伤害了自尊。

他尊的来源包括名誉、地位、权力、财富等。

有他尊是快乐的，但要艰辛劳动或恶毒争斗；或谨守本分自强不息、或丧尽天良不择手段，又叫"个人奋斗"或"坏事做绝"。

没有人不爱面子，但面子经常被审美或利益绑架。官要做大，权要显赫，财富越多越神气；哪怕当土匪，也希望做老大，被小弟们膜拜。每个人骨子里都是汪精卫：不能流芳千古，就要遗臭万年！默默无闻，被人不当回事很不爽。

在面子里，需求超越实际是虚荣。为了虚荣，穷人要装阔，教授要剽窃。为了他尊，人总是放弃自己真实的灵魂活在矛盾中，患得患失，失去自我。在卑微的虚荣驱使下，谁活得不累，谁不是小丑？

这里有一个问题，那就是美名和臭名的关系。美名能赢得他尊，臭名会遭到贬斥；但为什么很多人不在乎呢？应该说，臭名带来的不是他尊；而是自我膨胀的另类自尊，是一种他尊被扭曲的补偿。

很多人的名片有密密麻麻的头衔，其实很多时候他在街头没人认识。但这是社会地位的象征，是他尊的证据。

地位是个体在群体中的被认可度。地位在等级社会被推崇，就是地位高有优越感，能给人快乐。官员在主席台坐着就不想挪开话筒，就是在享受地位带来的快乐；而下面听的人味同嚼蜡，就是没地位，在受煎熬。

有地位不一定有权，权力是他尊的硬通货。在等级社会，官做大了，比下去一大批，有优越感；别人有求于你，必然点头哈腰给你他尊或捎带给点好处。同时有权力，可以享受特权；腐败官员上餐馆可以签单，"轧死母猪一头"变相由公家报销。不完全是为了钱，而是为了他人的羡慕，很有面子！

当然，权力也是个让人委屈的活：在上司面前要奴颜媚骨，放弃自尊。还好，在下属面前可颐指气使，主宰和支配他人；毕竟下属多，上司少，自尊的付出和他尊的回报是只赚不赔的买卖。

权力和金钱往往捆绑。有人自己有钱，选择做清官，为民做主，收获名誉和审美感动；有人家贫又升官无望，选择做个贪官，捞点钱换别的优越感，这就是官场比较常见的"59岁现象"。

财富是人一生孜孜以求的东西。早期的财富积累是为了满足生存，但超越生活所需的财富追求则完全是为了心理满足，得到优越感。

钱多了不是用来消费，是用来浪费买面子。

在竞争惨烈的国家和社会，自我丧失，公平缺失、自信不多，自尊必然扭曲；追求名誉太难，地位、权力被垄断，他尊十分稀少。普通人如果不在追求财富上找点乐趣，哪里还有做人的尊严？因此，当代一切朝钱看是有必然性的。

二、按性质分三类

1. 同属需求

同一需求范畴内的子需求，也叫模糊需求。

(1) 生存需求的同属需求：呼吸、食、睡眠、排泄等。

(2) 性需求的同属需求：勾引、挑逗、诱惑、自慰、性交等。

(3) 健康需求的同属需求：舒适、安逸、放松等。

(4) 成长需求的同属需求：好奇、自由、安全感。

(5) 审美需求的同属需求：道德、伦理、法制、宗教、信仰、艺术等。

(6) 爱需求的同属需求：亲情、爱情、友情、爱好。

(7) 尊严需求的同属需求：自尊、他尊。

(8) 自尊需求的同属需求：自我、自信、平等。

(9) 他尊需求的同属需求：名誉、地位、权力、财富等。

2. 同类需求

同一类型的具体需求。如想吃饭、想吃鸡、想吃鲍鱼等需求都属于生存需求中吃的需求。同类需求已经具体化，等同于欲望。

3. 同质需求

同一性质的需求。如赚一万块的需求和赚一个亿的需求。

三、按特点分五类

1. 冲突需求

又叫矛盾需求。需求的满足以牺牲自己的某个需求或者剥夺他人的基本需求为基础，也就是说冲突需求的满足是以自己的其他痛苦或他人的痛苦为代价。

常见的强迫剥夺自由，压制妨碍自我，侮辱侵犯自尊，失德扭曲审美，遗弃削减爱，爱绑架自由，自我减少他尊，都属于满足自己欲望的同时，扼杀了他人的需求，制造了他人的痛苦。

"拍马屁"是典型的牺牲审美和自尊试图换取名誉、地位、权力、财富等**他尊的冲突需求**。

自尊和他尊是一对矛盾需求，受外界的影响，其中一个的满足往往造成另一个的缺失。

2. 双赢需求

欲望的满足是以能够满足他人其他需求为基础。比如乞讨，既满足自己的生存需求，也满足了对方的审美需求和他尊需求。赞美、表扬满足了自己的审美需求，也满足了他人的他尊需求。

3. 自强需求

需求的满足以提升自我技能为目的，主要是自我需求下的各种子需求。

4. 迎他需求

需求的满足是以迎合世俗的认可为目的。主要是审美、爱、他尊需求下的各种子需求。

5. 互补需求

某个需求的满足能够弥补另外一个需求的无法满足。如自尊和他尊就是一对互补需求，其中一个的满足能够弥补另一个的缺失。

四、按产生时间分两类

1. 先天需求

是与生俱来的天性，又叫本能需求。你压制不压制，它都在，这是先天需求。如生理需求中的生存、健康、性，心理需求中的成长、亲情、自尊都是人的天性，是先天需求。先天需求可以产生欲望，也可以不存在欲望，是一种本能的需要。

2. 后天需求

成长过程受环境影响不停产生并变化的需求，也叫环境需求。你坚持不坚持，它都变，这是后天需求。如自信、审美、爱情、友情、他尊都是后天利益取舍的结果，是文化的产物。

五、按主体关联性分类

1. 自控需求

需求的满足只需个人参与即可实现，受自己控制，无需他人配合。如生存需求、健康需求、自尊需求、爱需求中的爱好。

2. 他控需求

需求的满足需要他人配合或其他事物参与才能实现，受他人、他事物影响和控制。如性需求，审美需求，爱需求中的亲情、爱情、友情，尊严需求中的他尊。

六、按存在状态分两类

1. 纯需求

是单一的生理需求或心理需求。如小孩随地撒尿是纯生理需求，审美是纯心理需求。

2. 混合需求

是生理需求和心理需求的混合需求。如成人去公共厕所小便是满足混合生理需求，炫富是满足混合心理需求。

七、按强弱分两类

1. 优先需求

迫切需要满足的需求，如困了要睡觉。**优先需求有强大的力量，可以成就一切，也可以毁灭一切。**自尊膨胀成为优先需求后，他尊就被弱化；因此，世界的任何评价，杀人恶魔希特勒不管不顾。

2. 滞后需求

暂时可以不满足的需求。如生病了又想见朋友，但会滞后见。

八、按强弱变化分两类

1. 递增需求

懵懂无知的时候，人不太珍惜健康，所以青少年往往做出一些有损健康的行为；但经历伤害、病痛的折磨后，成年人会越来越关注健康。健康需求随着年龄的增长，会越来越强烈，属于递增需求。

2. 递减需求

性发育成熟，性需求就伴随人一生，跟吃饭穿衣一样成为自然。受激素分泌的影响，青年后性需求随着年龄的增长、激素水平下降，整体是减弱的，属于递减需求。

人生欲求的十个神秘按钮

——明白了需求变化的规律，就能掌控人生苦乐

根据需求和欲望的同一性，需求的基本规律同样适合欲望的规律。所以下面通称"欲求十律"。这十个规律涵盖了人生七大需求及相关欲望的基本特点，掌握好以下十个按钮的特点，人生就可自由掌控，任取所需。

一、完整律

人生的七大需求没有高低贵贱，都需要满足。一个不满足，人生就残缺；其他满足得再好，也会让人深陷痛苦。

2017年，世界上最长寿的人、印尼146岁的戈多（Mbah Gotho）终于去世了，20多年前，他就称自己活够了，并不想一直活下去。事实上，他尽管子孙满堂，但生存、性、健康、成长、爱情、友情、爱好、自尊等诸多需求基本无法满足，他尊也顶多是晚辈口中的几句好话和"世界第一寿星"的名声，没什么成就感；活着没有多少快乐，甚至痛苦更多，活着就意义不大。这也是基本需求大多无法满足的人选择自杀的理由。

二、优先律

每个人的基本需求大体类似，但不同时期的需求强弱有变化，相应的具体欲望也会随之增减：你迫切想要满足并快乐的东西，他人可能不屑一顾；你当

垃圾的别人又可能当宝贝。**在所有需求里，迫切想要满足的需求，叫优先需求。** 优先需求包括两类。一是满足得最多、快乐最多、最强烈的需求。如帝王享受惯了被人拥戴，谁要反对他就六亲不认！因为这是他人生最大的快乐；你让他痛苦，就要灭你。普通人的习惯行为和上瘾也是优先需求带来的。二是满足得最差、痛苦最多、最深的需求。如穷困潦倒的人总渴望天上掉馅饼、一夜暴富；最缺什么最想要什么，誓死捍卫、无法释怀都是优先需求惹的祸。

三、弥补律

这和器官功能补偿类似：盲人的耳朵、聋人的眼睛格外好就是功能上的弥补。

（一）同一需求下的子需求得不到满足时，其他子需求会自动增强。这一规律在尊严需求中表现尤为突出。

有人先天不足，在容貌上不自信，自尊需求就存在缺陷，自尊的子需求自我和公平需求就增强，用来弥补自尊，就可能格外偏执或标新立异、哗众取宠。因此，世界上的丑人有两个极端：要么卑微的外表下有颗世俗认可的金子般的心，因为外界对他人品的认可能弥补先天不足，照样有自尊并带来优越感；要么丑陋的外表下是扭曲的灵魂，或狭隘偏激，与世界为敌。或特立独行、骇世惊俗，证明自己与众不同。

萨特属于后者。他相貌丑陋，这让他选择强化突出自我。存在主义的滥情以及和波伏娃的契约婚姻，都是炒作。包括拒绝接受诺贝尔奖，是渴望更多赞美的喧哗。从成就的角度看，他做梦都希望能得到这个奖。但是，一旦得到了，他需要更个性的行为弥补相貌带来的自尊缺陷：接受诺贝尔奖能够有一批人被历史记住，能拒绝诺贝尔奖的只有我一个！

还好，萨特后天的努力弥补了他先天的不足。他有才华，有世人认可的特立独行的个性，这让他有优越感，也变得自信。因此，个性越强带来的优越感越多，外貌丑陋的自卑就被赶得越远，他当然要往死里整，打造一个世界上独一无二的自己。

一个人的权力、地位、名誉需求无法满足时，他尊需求下的财富需求就格外强烈。很多没文化、没地位的人特别在乎钱，就是他强烈追求财富的数量弥补优越感，找到做人的尊严。

（二）某种需求得不到满足时，其他容易满足的需求会自动增强。如一个人他尊需求无法满足时，自尊需求、审美需求、爱需求中某种优越感多的需求可能格外强烈。巴尔扎克说：一清如水的生活，诚实的性格，在无论哪个阶层里，即使心术最坏的人也会对之肃然起敬。在巴黎，真正的道德，跟一颗大钻石或珍奇的宝物一样受人欣赏。这是通过道德审美的满足赢得他尊获得成就感。

因此，克己让人、见义勇为、为信仰赴死、为爱殉葬并不是痛苦的事，为者当时一定有成就感，有快乐。事后也许后悔和痛苦，那只是没有得到潜意识中的回报，认为不值得，是公平需求无法满足造成的。

（三）某种需求的满足能够带来其他需求的同时满足。如爱情是人类最复杂的需求，可同时满足性、生存、安全、亲情、尊严需求。

四、交换律

需求的满足如果需要他人的配合，必须以满足他人的需求为前提。

关于这点，卡夫卡在《城堡》中有一段精辟的论述："努力想得到什么东西，其实只要沉着镇静、实事求是，就可以轻易地、神不知鬼不觉地达到目的。而如果过于使劲，闹得太凶、太幼稚、太没有经验，就哭啊、抓啊、拉啊，像一个小孩扯桌布，结果却是一无所获，只不过把桌上的好东西都扯到地上，永远也得不到了。"

理解、体谅他人就是考虑别人的需求；否则，你使劲闹腾让他人有一种被胁迫感，让他的自尊需求无法满足，给他造成了痛苦，他会配合你、满足你的需求才怪。

五、增减律

（一）增强律：自信时欲望遭到打压会增强；逆反心理、"得不到的是最好的"符合增强律。

（二）递减律：自卑时欲望遭到打压会减弱。心如死灰、自暴自弃符合递减律。

（三）某个欲望满足后，同属、同类、同质欲望、所属需求基线均会递增；反之递减。通俗说，就是得了好还想好，没希望不想了。

如人们过上小康生活后，物质需求基线抬高，虽然钱比原来多，但可能感觉比原来过得更艰难，总觉得钱不够花，比原来痛苦更多。

又如从乡长升到副县长的欲望满足后，同属他尊需求的名誉、地位、权力、财富欲望及其需求基线会提高；同类的升官欲望会强烈；同质的想当县长的欲望会增强。反之，同属欲望会递减；同类、同质欲望及需求基线均会递减。但自信度高的人会在失败后产生继续行动的欲望，那是第二个轮回，不属于本场比赛。

六、补偿律

人是缺什么，就想要什么；越得不到，还越惦记，让人十分焦虑。在这个过程中，容易满足的同属欲望会格外强烈；或者容易满足的其它需求会格外强烈，作为优越感丧失的弥补，用来缓解焦虑。

如他尊需求中地位欲望得不到满足，财富欲望会增强；升官无望的人贪得无厌捞钱就是一种欲望补偿。还有一些社会地位低下的人剑走偏锋，性格固执满足自我或者练一些个人特长用来炫耀，也是对尊严需求中诸多欲望得不到满足的补偿。

为什么中国古代的女人认可"饿死事小，失节事大"？因为被男人封闭在狭窄的家庭中，最容易收获的无非就是贞洁守道的好名声，这可以补偿平时他尊的缺失。

七、抵消律

冲突欲望和自强欲望可以互相抵消，此消彼长。自强欲望强则冲突欲望弱，自强欲望弱则冲突欲望强。比如拍马屁是冲突欲望，能得到好处；而自尊则是自强欲望。一个自强欲望强烈的人不喜欢拍马屁，反之喜欢拍马屁的人自强的欲望弱。

为什么陶渊明敢放言不为五斗米折腰？因为他当过小官，自己有五十升米的积蓄，躲到桃花源里不干活也有饭吃；折腰也就赚五斗米薪水，但会损害他的自尊，给他带来痛苦。陶某何人？自信得很，五十升米薪水换他的自尊他还嫌亏，何况这五斗。但如果他是个毫无生存能力的人，对生活失去信心，别说五斗米，给他一碗饭，让他叫声爹，他保证声音宏亮。

八、替代律

某个欲望无法满足时，会由同属欲望中最容易得到满足的欲望自动替代。比如：他尊欲望中升官无望但有学问，会自动放弃升官选择搞学问出名；出名无望但赚钱快，会无条件放弃虚名往死里捞钱找回尊严；一些刚失恋的人也很容易投入新恋人的怀抱。

为什么杜甫说"丹青不知老将尽，富贵于我如浮云"？那只是追求过后的放弃。他不可能天生讨厌富贵，否则做什么参军、左拾遗、工部员外郎之类的芝麻官？无非是追求过了，发现追求富贵对他而言是个赔本的买卖。继续追求升官有审美疲劳并且升官无望时让他更加痛苦；无论是疲劳还是痛苦都会削弱他尊需求，降低对富贵的渴望。多少有点存款不至于饿死；富贵无望会做诗，那就去写诗流芳百世，被人尊敬吧。

九、强度律

最自信能满足的欲望最强烈，即所谓欲壑难填；最不自信的欲望最微弱，即所谓提不起兴趣、心如死灰。

为什么裴多斐说"生命诚可贵,爱情价更高;若为自由故,二者皆可抛"?出身赤贫,父亲是"连他死后的一小块坟地,也说不上属于他"的农奴。是知识改变了命运,他后来当过演员、编辑,还追到了伯爵的女儿。当生存、爱的需求得到满足后,时代带给他最大的痛苦就是自由的丧失,奥地利帝国的严酷统治是他所处阶级的永远的痛。如果能为所在阶级争来自由,这种成就感是他最大的快乐。并且,他的努力在当时已获得了普遍支持和赞誉,他很自信。

十、恒久律

最难满足的欲望最恒久。要解决这个难题参考抵消律。比如单相思是最难满足的;但自强不息,曾经沧海后,慢慢会发现无比美好的梦中情人不过尔尔,思念自然冰消云散。比如小仲马被美女拒绝后,苦练码字本领终成大文豪;接触过更多高层次大美女后,就自然把原来那只天鹅当野鸭了。

Q18管理测评法

——管理的核心就是换位谅解；你想要的，员工不能少

为了最大程度满足员工需求，目前管理学流行的是盖洛普的Q12测评法。

普遍认为，盖洛普的Q12，是测评一个工作场所的优势最简单和最精确的方法，也是测量一个企业管理优势的12个维度。但按我的需求分类法，他的12个维度很难满足员工的全部需求，分析如下：

1.我知道公司对我的工作要求吗？——不满足员工需求

2.我有做好我的工作所需要的材料和设备吗？——不满足员工需求

3.在工作中，我每天都有机会做我最擅长做的事吗？——满足成长需求

4.在过去的七天里，我因工作出色而受到表扬了吗？——满足他尊需求

5.我觉得我的主管或同事关心我的个人情况吗？——满足自尊需求

6.工作单位有人鼓励我的发展吗？——满足他尊需求

7.在工作中，我觉得我的意见受到重视吗？——满足自尊需求

8.公司的使命目标使我觉得我的工作重要吗？——满足自尊需求

9.我的同事们致力于高质量的工作吗？——不满足员工需求

10.我在工作单位有一个最要好的朋友吗？——满足友情需求

11.在过去的六个月内，工作单位有人和我谈及我的进步吗？——满足他尊需求

12.过去一年里，我在工作中有机会学习和成长吗？——满足成长需求

我认为，Q12的缺陷很明显：生存需求的关键薪水呢？天花乱坠待遇太差，对不起！拜拜！健康需求的基础劳保呢？累死累活加班，省了吧！审美需求公

司的美誉度呢？公司没名气，经常被罚款，产品口碑差，谁知道能维持几天？跟朋友谈起公司都觉得没面子，早点找下家吧！两地分居自己满足不了性欲，爱人还不知在谁怀里呢？能不闹心嘛？

所以，要全面满足员工需求，让他们安心工作，至少还要增加六个维度，这叫**曹怀宇Q18测评法**。

13.我对公司的待遇满意不？

14.我是不是以在公司工作为荣？

15.我是不是自觉加班而不是被强迫？

16.我是不是两地分居？

17.我家庭和睦吗？

18.我的业余爱好有哪些？

薪水涉及成本，公司回避；公司或许在成长期，无美誉度；加班是必须的，否则哪来剩余价值？两地分居公司无能为力，清官不断家务事。就职场而言，员工的生存、健康、性、成长、审美、爱需求中的友情、尊严等需求公司有义务保护，而爱需求中的亲情、爱情和爱好跟公司关系不大。但这些都是员工切实的需求，需要满足。

但这都是员工实实在在的需求，不满足就影响工作。比如两地分居，很可能产生办公室恋情、婚外恋甚至嫖娼。

Q12注重了员工的成长、友情、自尊和他尊需求，但忽视了员工需求的完整，这些精神激励只是不停给员工打鸡血，是忽悠人。

需求优越论

——人总想比自己过去强，比周围的人强

人在逐渐遗忘一个常识：高级动物还是动物。

原始时期，人的吃喝拉撒和猪基本雷同。**但被文化浸淫后，人的生理需求诸如生存、健康、性等都混杂了心理需求：不仅仅为了满足猪一样吃饱睡足、繁殖后代，还要活出所谓人样，这是人类有别于动物的审美。**

健康猪的生理需求简单而纯粹；可怜的人为了和猪划清界限，找到优越感，要给生理罩块遮羞布，往往舍本逐末，违背动物的生理规律，喜欢自虐，糟蹋身体。

此外，人有别于动物的最大区别是诸多复杂的心理需求，也就是纯精神需求。无论是生理还是心理需求，人的一切行为暗含一个潜意识：总想比自己过去强，比周围的人强，获得有别于动物和他人的优越感；对优越感的贪婪攫取，是人与生俱来的本性。

人的基本需求是进化的遗传基因决定的，不可能放下。另外，既然已经进化成人，也不应该放下；放下了就成了简单的动物，回到了猪的世界。为了让后代不再退化成猪，你别无选择，即使需求难以满足，你还得努力进取；这是责任。

因此，世界上最贪得无厌的动物就是人！

同一环境，别人超过我，剥夺我的优越感，必须排挤、打压，我才能鹤立鸡群、一枝独秀，这叫嫉妒。理由只有一个：他可以比别人高明，但不能比我高明！这叫"一山不容二虎"。嫉妒可以杀人，它逼曹操杀了杨修。孟德是爱

才的，但杨修不识时务总是抢他风头，让他郁闷，一个可用之材最终沦为抢夺他优越感和快乐的敌人。孔圣人一当官就杀了自己的论敌少正卯、无比"伟光正"的毕达哥拉斯也杀死了自己优秀的学生，因为他们不拥护自己的观点，让自己不爽。

一般情况下，越是有能力、有才华、有知识的人，嫉妒心越强，越喜欢贬低别人抬高自己寻找优越感；因为他的成就是付出了无比艰辛才得到的，随便冒出一个异端，比他还牛，他怎甘心？因此，专家、学者要强调自己的正统，蔑视新观点；政治家要镇压对手；领导也讨厌能力超群的部下，除非对手或部下跟他还有差距，不会威胁他的领袖地位。

优越感是靠争斗比较出来的。

英国霍布斯认为，在人的本性中，争斗有三个主要原因。第一是竞争，第二是猜疑，第三是荣誉。

本质上，争斗的原因就是为了求胜。这在动物世界和人类都一样，比如生存和繁殖，都存在争斗，胜了对手才能更多占有资源，才有交配权。荣誉也是争斗获胜的结果。而猜疑的根源是不自信和缺少安全感。但求安的主要途径对弱者而言，不是争斗而是逃避。另外，荣誉是满足人的他尊需求，是文化熏陶的结果，不是人的本性。人的本性是自尊，需要证明自己比别人强大和高明。**人类和动物一个根本的区别在于没有直接利益冲突时也要争斗；**比如学术讨论，都要坚持自己的观点，谁也不服谁，打死不认错，就是要证明自己比别人知识渊博，看问题更深刻。

因此，我认为，人类的争斗除了和动物类似的求利，就是**为了证明自己的价值，证明自己比他人强，得到优越感。优越感是斗争中对胜利者的奖励；对优越感的贪婪激励人进取，积极参与社会竞争，并努力成为赢家，不至于慵懒懈怠，基因退化。**

因此，赫拉克利特说，正义就是斗争，斗争是生存的必然途径。没有争斗就没有比较，就没有优越感。

而优越感的保持和传播对象是同类。人的争斗已经脱离了纯粹争夺食物和交配权的阶段。智力的较量无疑推动了大脑的进化；人和动物的智力越来越两极分化，导致人无可替代成为了动物的主宰。动物在身体上已经对人类构不成多大威胁，人逐渐放弃把动物作为竞争对手；因此，人类争斗的对象主要是同类。

动物会残酷杀戮异类充当食物，但同类相残的现象并不多见。它们会相互抢夺食物，但仅限于当场争夺，绝不会事后恃强逼弱者交出到手的食物；因为一个剥夺另一个的食物，可能导致另一个饿死，这不符合种群延续的规律。至于公狮会杀死不是自己亲生的幼狮；那是繁殖的无奈选择，因为母狮在幼狮两岁之内不可能发情接受交配。

因为体力的较量就算团结协作也很难保证胜利，如果还同类相残很容易带来种群的灭绝。比如野公牛会自动围成一个圈对付狮子保护小牛，这是它们遗传基因里的本能反应。没有这种无私的天性，野牛这个种群可能很快就被消灭了。同样，狮群为了围剿猎物，会自觉坚守岗位，没有谁会存私心偷懒不干活；否则，猎物就可能从某个缺口逃走。

而人的无私天性是随着进化倒退的。越原始和恶劣的社会，面临外界的威胁越多，人类必然要无私和团结；这是古人、落后部落为什么普遍可以为了集体利益勇敢献身的理由——这种勇敢应该还属于接近动物的牺牲基因。而一旦环境的威胁减弱，个人为集体奉献的必要性就降低，人就会越来越自私。文化崇尚和认可高尚和无私，那只是后天审美教化的结果，不是人的本性。

动物的同类相争基本只是为了生存和交配，其方式更科学、公平，比人类更绅士：只进行身体上的较量，胜负一分立即罢手，不会有后续的虐待和侮辱；不打击报复，更无背后冷箭。

比如猴王的争夺战，新猴王会无情打伤甚至杀死老猴王；但不会有任何猴子参与帮任何一方的忙，是十分公平的决斗。因为群体需要一个最强壮的猴王领导大家觅食，后代也需要最优秀的种子，所以母猴们通通跟猴王交配；这是种群的利益。但老猴王被杀后，新猴王也不会继续仇视老猴王，猴群们也可以任意抚摸或友好地对待老猴王的尸体，新猴王也不会敌视。甚至，有的老猴王被驱赶到水里溺水而亡，猴妃将尸体拖上岸，大家还会去帮忙。这在人类的政治斗争中几乎是不可能的事了。奴才们一定会跟着辱骂或仇视老主子，舔新主子的脚后跟。

随着生产力的发展,人类拥有了大量的文明成果,这不是靠个人体力就能占有的;因此,人学会了用利益链和他人的力量将资源控制在自己的势力范围。

正因为人的争斗主要是智力的比拼,跟动物比,就更加阴险。动物打完架就享受胜利果实或忘情交配,不会继续算计对手。人类不可能如此天真!绞尽脑汁、不择手段为对手准备烙铁、锁链、匕首、毒药、暗箭……这使人成为了同类相残最恶毒的动物。

因此,人与人的斗争史,不光是跟动物一样血淋淋的肉搏史,还是阴险卑鄙的暗算史。

本质上,人的进化是个悲剧。哪怕被任意屠宰,猪还能按自己的意愿活着,不需看其他猪的脸色。由于争斗天性和好胜本能,要么委屈别人按自己的意志活,那个幌子叫爱、关心或怜悯;要么委屈自己按别人的意志活,那个标签叫善良、宽容或忍让。

因此,好斗的主要是两类人:一类是虐待狂,一类是自虐狂。**无论喊着多么动人的口号,虐待狂疯狂地争斗,希望征服和支配他人,证明自己强大,获得优越感,很快乐;自虐狂执着地排斥他人,凸显自我的与众不同,获得优越感,也快乐。**

世界本来如此,都想高人一等;如果你输了,没什么值得大惊小怪,怨天尤人的,继续准备下一场比拼吧!屡败屡战,子孙的基因才不会退化。

可怕的优先需求

——小孩贪玩；老人贪安；男人贪名；女人贪利

人生需求受环境影响，重点会随时变换，迫切需要满足的需求就是优先需求。**优先需求衍生的具体欲望强烈，不满足痛苦强烈，满足后快乐强烈；人会自动选择先满足优先需求。**

人的一切行为背后都有利益动机：攫取财富是满足生存需求，是物质利益；遵守道德、伦理是满足审美需求，是精神利益。面对物质利益，常人的优先需求是维护自身利益，而非他人死活；能够割舍物质而优先满足审美上的感动的大多是物质有余又认可审美教化的人群。因此，如何建立公正公平的游戏规则，保障大多数人的合法权益，教化才不是空洞的说教和欺骗。否则，多数人的利益无法得到保障，他只能乱来甚至侵犯别人才能保证自身利益，很多时候被打回动物原形。

为什么汶川地震，一个平时连杀鸡都不敢看的妇女能用石头砸烂自己的腿，喝血在石板下生存下来？因为这时，活下去是最强烈的欲望，生存是优先需求。

但当年刘德华等众多明星没出名时，邵逸夫给的薪水连民工都不如，大家都认，为什么？因为大家都有生存能力，不至于靠这点薪水活；而邵氏是出明星的地方，大家能看到未来的希望，有安全感，成长是优先需求。

为什么有乞丐、盗贼、娼妓？他们连基本生存条件都不具备，审美、爱、尊严当然就放一边了。他们也有这些需求，但暂时不会优先考虑。杜十娘一开始也是只要钱，但赚到了百宝箱就奢望享受正常女人的生活。因为她有能力生存了，优先需求从生存转为了爱情需求；只是弱智的李甲还始终把她当妓女。

有钱能使磨推鬼，生存是其他需求满足的基础。但如果让比尔.盖茨或李嘉诚当总统，估计给他们行贿行不通；因为他们的钱花不完，不需要。生存对他们来说，肯定不是优先需求。收别人的钱不会让他们有什么快乐，反而破坏审美和他尊需求，是件痛苦的事。

为什么前些年好几个高中男孩，将疼爱他们的母亲杀死了？因为天天被母亲逼迫读书被剥夺了玩耍的自由，自由成了最稀缺而强烈的优先需求。自由丧失越多就越痛苦；当忍耐力达到极限，痛苦超过痛阈时，神经和器官不协调，就无法控制行为。

为什么有人吃硬，有人服软？因为他们的优先需求不一样。人不会接受让自己痛苦的行为，除非还有行为带来的痛苦更深。对一个自尊需求强烈的人，不要奢望打压让他服气。因为每一次倔强都是对自尊的一次保护，给他带来优越感，带来快乐；否则就痛苦。吃软的是人因为满足了他的审美需求，每一次同情、宽容和怜悯都会让他满足一次审美需求；他也快乐。

为什么话不投机半句多？还是因为每个人的优先需求不一样。有人迫切想升官，有人迫切想发大财，有人迫切想出名，有人迫切想撩妹，有人要坚定捍卫自己的道德审美，有人迫切想要地球人知道他付出了无比的艰辛终于发现地球是圆的；这就是阶段性的优先需求。跟优先需求有关的话题，就是谈话的兴趣点；谈到涉及个人成就的部分，就有炫耀的快感。

如果一个人自说自话，肯定是选自己得意的有成就感的事情说，说起来眉飞色舞，洋洋得意；他自己肯定是快乐的。但是，如果和别人的优先需求不同，别人半点快乐都没有，出于礼貌会随声附和或保持沉默；但心里是反感的。这也是陌生人在话不投机时不留情面的原因。因为没有交情，没有谁有义务要保障你的快乐而让他难受。尤其是遇到个人的优先需求在利益上发生冲突而又观点相左时，没有人愿意让步。因为认可你等于否定他，你快乐他痛苦；Pk就在所难免。注意公众形象的人可能心里蔑视而表面据理力争，性情中人可能直接破口大骂甚至拳脚相加。因为你动了他的奶酪，他凭什么要对你客气？

所以，商业营销讲究的是多听少说；多问别人，少谈自己。通过倾听，就能发现别人的优先需求是什么，对什么最感兴趣；你再往那方面引导，让对方津津乐道他的强项，让他开心，距离就拉近了。显然，不知不觉对方就快乐了，当然相见恨晚，立马把你当知己。否则，人家连你这个人都讨厌，更别说认可你的产品或所谓理念。当然，有一个例外，那就是你真的很牛，别人觉得跟你亲近会有好处，会假装很认真、很喜欢听你牛气；但这不代表他假装的谦卑和想要踢死你的野心。

优先需求有巨大的力量，它既可敬也可怜。它能激励人奋发图强，成就一个人；但因其无法满足带来的痛苦太深，也能毁灭一个人。

何谓大人有大量？就是他一生有诸多能够支撑他快乐的柱子；他的快乐没有集中在一个优先需求篮子里，他有多个优先需求，分量相差无几，足可相互对抗，哪个多点少点并不会让他太痛苦，所以才不会太计较。

很多富二代官二代性格暴戾，就是平时养尊处优，尊严是他们的优先需求，是最大的快乐源泉；一旦遭到挑衅，就要恶毒捍卫，不惜虐待他人，甚至夺人性命。

除了地位，生活实在没有更多刺激，地位就是一生的依托，谁要夺取谁就是仇人；所以为了皇权骨肉相残，父子反目司空见惯。

除了利，没有别的能够充当优越感的载体，利就是尊严的基座；可以捐、可以散，可以死后无人继承，但不可不在世多捞到自己名下。

沉溺情感收获审美感动，其他寥若星辰，情就是点燃希望的烟火；所以世间并不缺少罗密欧与朱丽叶的殉情和梁祝的化蝶。

当生活困顿，名利情等诸多能够带来巨大快乐的基础都不具备时，人的自尊就会成为优先需求，当这个优先需求遭到挑衅，人就不顾一切抗争，叫誓死捍卫；因此不要肆意欺凌弱小的人，因为他一无所有，但他还渴望做人。当仅剩的一点尊严被剥夺时，他一定以死相拼；所以世间不乏激愤杀人，所谓兔子急了也咬人。

此外，不同的人，不同时期的优先需求不同。

幼小时，对世界了解不多，什么都觉得好奇，什么都想尝试。因此，小孩的优先需求是"玩"。没有太多功利目的，讨厌成人的规则，只是想了解世界。所以列宁说，孩子犯错，上帝都会原谅。

成年后，繁殖需要和社会分工决定男人要到社会上拼命厮杀，为家庭争夺资源；所以，名誉、地位、权力、财富的争夺是人生的重点，是男人的优先需求。社会的他尊决定男人在女人心目中的地位，决定播种权，是他的优越感和快乐所在。因此，男人最在乎的是"名"。男人也爱钱，但本质是为了钱带来的社会地位，还是名。"男子汉"天生注定要寻找斗牛场，否则会被视为窝囊废，女人不会原谅。

因为争斗的惨烈，优先需求的变化催生了男人百态：生存优先者或勤谨劳作或偷扒骗抢；性优先者或温情恋家或奸淫嫖娼；健康优先者或生活悠闲或挑剔紧张；审美优先者或遵守道德或愤世嫉俗；安全优先者或谨慎稳重或胆小怯懦；好奇优先者或执着探索或行为出格；自由优先者或宽容大度或目无规章；亲情优先者或仁爱孝顺或徇私护短；爱情优先者或忠贞不二或无所顾忌；友情优先者或肝胆相照或朋党为奸；爱好优先者或怡情养性或走火入魔；自我优先者或谨守本分或顽固偏执；自信优先者或坚韧不拔或狂妄自大；公平优先者或恭敬谦让或刀剑相向；自尊优先者或严于律己或打击报复；他尊优先者或自强不息或不择手段。

而女人没必要参与社会的恶性竞争，她们的主要职责是养育后代，维护家庭，只需保护和使用男人得到的资源，呵护后代健康成长，而这些都是很实际的需要，是真金白银：养育好后代需要钱；把自己打扮漂亮点有优越感、快乐，同时拴住男人也需要钱。因此，女人最在乎的是"利"。女人无名无利无权无势，男人会原谅；只要年轻健康能生育，相夫教子，就是"贤妻良母"。

当然，社会的进步，男女分工越来越同化，男女的优先需求的变化规律也日趋接近。人生的七大需求，随时可能受命运的支配成为优先需求。

优先需求让人很无奈；明智的做法是将其分散，免得无法满足时痛苦太深。从海明威到卢武铉，从张爱玲到三毛，从阮玲玉到张国荣，他们过于专注于某个理想，把所有精力都集中在单一的优先需求中，一旦赖以支撑人生快乐的欲望无法满足时，他们就一无所有，失去了快乐的源泉；只能一死了之。

人老了，名利必然看淡；因为经历过了，知道自己奋斗的终点不会有太大起伏，什么最终都是浮云，而这时健康成了优先需求。老人不会再为名利牺牲健康，只想轻松安逸打发剩下的岁月；优先需求就是一个字——"安"。

人生三大悲剧

——人生的悲剧在于想要证明自己是人

人和动物的区别是什么？有三点。一是生存有质量，比周围人有优越感；不满足跟动物一样只是简单的吃饱睡好。二是行为有规范，满足审美愉悦；不认可跟动物一样损害他人的行为。三是做人有尊严，找到个体在社会生活中的存在感；不接受和动物一样被欺凌。

除此以外的其他基本需求，和动物大同小异：健康需求纯属个人私事，他人见惯不惊，无意攀比；性需求虽有竞争性，但有文化主导，少了动物直接的肉搏；成长需求中的好奇心、安全感、自由的满足主动权在个人手里；亲情、爱情、友情、爱好等需求的满足也不靠争斗来满足。

为了证明是人而不是动物，生存、审美、尊严的斗争残酷，结局惨烈，是人生三个主战场，也是人生的三大悲剧：生存优先者，淡忘其他；审美优先者，牺牲其他；尊严优先者，压倒其他。

一、生存悲剧

动物的生存竞争都是暂时的物质满足，谁能让它吃饱喝足就被当成亲人和朋友。当生存需求成为人的优先需求时，人就会被打回动物原形。斯德哥尔摩综合症揭示的就是人和动物一样的求生本能。

1973年8月23日，两名罪犯在抢劫斯德哥尔摩市一家银行未遂后，挟持了四位银行职员，在警方与歹徒僵持6天后，因歹徒放弃而结束。然而几个月后，这四名遭受挟持的银行职员，怜悯绑匪，拒绝在法院指控绑匪，甚至还为绑匪筹措辩护的资金，他们都表明不痛恨歹徒，并感激歹徒没有伤害却照顾他们，并敌视警察。更有甚者，一名女人质竟然还爱上一个劫匪，并与他在服刑期间订婚。

这件事引发了医学界、尤其是心理学界的关注，研究发现，这是普遍现象，并非个案。

人最基本的需求就是有吃有喝生存下去，就像驯兽都是以食物引诱。野兽反抗无望时，生存就依赖驯兽师；驯兽师给它的食物就能让它老实服从，全然忘记曾经的棍棒和皮鞭。东南亚被驯服的野象没有报复主人的先例；食物被主人控制，反抗只有更多的钢锥和铁链，只有服从才能活下去。

人质和绑匪呆久了，人质吃一口饭、喝一口水，每次呼吸，他自己都会觉得是绑匪对他的宽忍和慈悲。对于绑架自己的暴徒，人质的恐惧，会先转化为对绑匪的感激，然后变为一种崇拜，最后人质也下意识地以为凶徒的安全，就是自己的安全。

这就是说，人在绝望中，谁能让他活下去，他就会自动感激，只记得那人的好，而忘记那人的恶。就像许多儿童，经常挨父母打骂，但因为生存离不开父母，长大后并不会记恨父母。"棍棒底下出孝子"，其实和驯兽法一个道理，属于斯德哥尔摩综合症。很多奴隶遭受再多的虐待，因无力反抗，只要奴隶主稍稍给点好处，他们就会感激涕零；就像汤姆叔叔，无论遭受什么虐待，始终对奴隶主心存感恩。很多家庭暴力重复上演，被虐者竟然心甘情愿，也是这个道理。

如果只是像动物一样生存，那也谈不上悲剧。但由于科技的进步和文明成果的海量诞生，人类的生存需求基线越来越高，不满足于动物那样基本的温饱，还要和周围人攀比获得优越感；对物质的贪婪让人陷入了无休止的争斗。尤其是生存成为优先需求时，为了攫取更多财富、高人一等，生存得更好，会不择手段欺凌、虐待、掠夺甚至屠杀同胞；或者，患斯德哥尔摩症，成为任人宰割的羔羊。别的需求不是没有了，也不是不需要了，但会暂时淡忘。

这样，生存竞争就成为了人类比动物更惨烈的第一大悲剧。

二、审美悲剧

审美是人之为人的突出标志,是文明进步后,维护公共利益产生的事物规范。

什么是美?康德认为是没有目的性的合目的性。就是说,美作为事物的合理标准,一定有背后的利益动机,只是隐藏在文化熏陶的潜意识里。受利益的驱使,人会自动选择他所认可的事物规范,符合他认可的规范就是美。

我认为,**有益人类发展和进化的事物的自然状态和行为的应然状态就是美**。包括自然本来的规律、世界的物美、人的行为美。何谓美景?有益身心健康的环境。何谓美人?有益遗传优秀基因的身体。何谓美事?有益享受精神愉悦的活动。何谓美德?有益维护公共利益的行为准则。

我们常说的美是多数人公认的美;但其实恶也是恶人心中的美。恶人的审美标准受文化的熏陶,与好人的标准有矛盾也有交集;好人的审美标准受利益的支配,行为也会和审美标准自相矛盾。好人有时会干坏事,坏人有时会做好事。世上没有永远的坏人,也没有不变的好人。无论好人还是恶人,都认可美、需要美、维护美,都是为了维护自身认可的个人或集体利益。

何谓审美?基于认知基础的对美的认可和选择就是审美。

无知无所谓审美。本性上,初生的婴儿保留了动物天性的自私,可以说不懂审美。由于审美需求微弱甚至缺失,婴儿的先天需求是第一位的。这也就是原始时期或受教化少的人群"人不为己,天诛地灭"的自然性。

当然,从维护群体利益的本能出发,动物也有审美;只是内容简单,更多自发而非思维上的认同。

受认知水平和经济基础制约,美的标准差异很大。审美标准、审美观会变,但审美需求一旦产生,就陪伴终生;人的行为受审美观的自发引导。你或许是悲悯苍生的伟人,或许是只顾自己的地痞;对或错、高尚或丑恶,在别人那里评价是不同的,但一定符合你自己的审美观。

审美需求优先者,遵守道德是快乐的;所以斯宾诺莎说幸福不是道德的报酬,而是道德本身。道德本质上是维护公共利益的,当公共利益和个人长远利益一致并不损害个人眼前利益时,人们会自动维护道德,满足自己的审美需求;即所谓"独善其身,兼济天下"。自己得到快乐也让公众快乐,是件双赢的事。

审美优先时，可牺牲其他。动物不会为了信念牺牲，人有可能。人有视死如归的文天祥、谭嗣同、刘胡兰；而再凶猛的野兽，也敌不过驯兽师的棍棒。这就是审美的力量。

但对于其他需求优先而审美需求微弱者，道德往往是阻碍满足其他优先需求的枷锁，毫无快乐可言。因此，他们会暂时把道德摆一边，目的是满足眼前优先需求所涉及的私利。

违背道德破坏个人的审美需求，是让人痛苦的，但跟其他优先需求所带来的快乐相比，显得微不足道；人们当然选择用较小的痛苦换很大的快乐。就像曹操误杀吕伯奢全家，当然也有愧疚；但天下霸业与之相比，诱惑太大，太让人激动，负罪感被冲淡，就不值一提，显得无足轻重。

为达目的，厚颜无耻、丧尽天良、不择手段显然成事几率高；生存需求、性需求、成长需求和他尊需求优先者，往往漠视道德选择从恶。但对于审美需求、爱需求、自尊需求优先的人来说，他们还是愿意遵守道德，做无愧的人。

人的生存贪欲和审美感动永远是一对天敌。对物质的贪婪让人比动物更阴险狡诈，更卑劣残忍；为了保障长远利益，避免内部的自相残杀带来种群的灭绝，人类自觉强化了审美。但这只是文化的观念认同；涉及个人私利时，人们往往又挡不住诱惑，让审美成为了一种装饰。因此，**我们永远在谴责和鞭挞丑恶**，又永远不由自主踏进丑恶。作恶和良知总是一对显性矛盾，审美是人生的又一悲剧。

三、尊严悲剧

人之为人的另一个标志是人特别在乎做人的尊严。尊严是你心中的你，也是他人眼中的你，包括自尊和他尊。

自尊是自我评价，代表这个世界独一无二的你，是你心中的你；由自我、自信、公平构成。自尊是自身客观而相对稳定的存在，外界很难随意改变你自己的评价标准，好坏自己说了算。套用亚当·斯密的说法，自尊相当于自己的脸；就算自欺，也无关他人。自尊是自己给的，他人给不了。

自我就是认可自己这个样子，认可自己选择的活法，容不得别人歪曲、修改，它让你找到你的存在；如果别人想改变你，哪怕是善意，都会挑战你的自尊，让你排斥。这也是很多心灵鸡汤认可的：做你自己！

自信是对能力的自我评价。如果你自信满满，可能我行我素、个性张扬；甚至骄横跋扈、目中无人。如果自我评价不高，就会优柔寡断、患得患失；甚至谨小慎微、胆小如鼠。自信的源头是自强不息，不停学习进步；自信到极限，人生就没有战胜不了的苦难，这时进入自美状态，他人的评价就无关紧要，不影响自尊。这就是我提倡的自美主义，人生的快乐就多些，能给幸福加分。

富贵或贫穷、健康或疾病，很多是命运的偶然安排，不公平是绝对现实。但是，人都希望通过自身努力，改变先天的不公，享受人权上的同等待遇。如果受到礼遇和厚待，我会心情大好甚至感激涕零；如果遭到歧视和侮辱，我会反感甚至仇恨。

他尊是他人眼中的我，给人成就感，也叫"面子"或"虚荣"，是别人给的，自己给不了。

和自尊的自我满足不同的是，他尊需要社会的认同，自己说了不算。就算你身体再好、知识再渊博、能力再强，你的个性侵犯了他人的自尊，遭到他人的反感和抵触，误解你的能力和人品，对你评价不高，你会气得吐血。

一个人在社会上表现的能力大小、名誉多少、权力大小、地位高低、财富多少就是他尊的砝码。

因为自尊需要刻苦学习、自我提升才能实现，他尊需要顽强拼搏、积极竞争才能赢得；所以尊严的获得是人生难度最大的事，在与其他需求冲突时给人带来的痛苦也最深。动物的暴力主要为了食物和交配权，基本是简单的肉体暴力；对人类而言，为了捍卫做人尊严，肉体暴力和精神暴力是无所不用其极的。这制造了无数的人间悲剧。

因此，尊严需求是宝贵的，也是可怕的。尊严优先时，会打压其他。动物不可能因为尊严选择饿死，人有可能；动物不可能因为尊严被剥夺而疯狂报复，人有可能。

别冒犯他人尊严；否则，你死得很惨才能化解仇恨。历史上欧洲的骑士为了维护做人的尊严，经常是奋勇决斗，视死如归。现实中，因为一句不客气的话、一个蔑视的眼神成为仇人、大打出手者也屡见不鲜。

2017年春节，武昌火车站发生一起杀人事件，"杂酱面"店老板的头颅被人砍下来扔进了垃圾桶。缘由竟是因为一碗面。由于未在菜单价目表标明涨价，顾客胡某与店老板姚永胜理论。胡某问店主姚某："你标价是4块，我只给4块。"姚某没有做任何解释，用蹩脚的武汉话对胡某说："我说几块钱一碗就几块钱，你吃得起就吃，吃不起你莫吃，你给老子滚。"

随后，两人发生口角并打架，打输了的胡某转身进入了面馆的内屋，提了一把菜刀出来，猛砍数刀，将姚永胜的脑袋砍了下来，随后，胡某从屋里拿着一只透明的熟料袋将姚某的脑袋装进袋子扔进了垃圾桶。

本质上，两人都不是在为1块钱争个你死我活，是在捍卫做人的尊严。

《基督山伯爵》的主人公为了复仇，讨回做人的尊严，可以说是处心积虑，不惜代价。

《呼啸山庄》里的弃儿希斯克利夫为了讨回做人的尊严，甚至付出了一生。他恨继兄辛德雷童年时老欺负他，恨自己深爱的继妹凯瑟琳嫁给了林顿，他认为整个世界都歧视他、侮辱了他，他要报复！他发迹后，辛德雷破产沦为他的奴仆。林顿的妹妹伊莎贝拉随他私奔，但希斯克利夫把她囚禁在呼啸山庄并折磨她；因为老婆是仇人的妹妹，他连自己的亲生儿子都十分厌恶。辛德雷死后，儿子哈里顿落入希斯克利夫手中，受尽虐待，成了无法接受教育的文盲；凯瑟琳死后，女儿凯蒂也被希斯克利夫收养。这一切让报复成为满意的结局。但哈里顿和凯蒂相恋让报复又变得不痛快，希斯克利夫决定拆散他们。但发现淳朴的哈里顿的爱跟自己当年对凯瑟琳类似，自己所为正是自己一生痛恨，决心报复的；突然良心发现，审美需求成为优先需求，才终于放弃了奋斗一生找回做人尊严的报复行为。

上述虽是文学虚构，但反映了真实的人性；没有审美的引导，人人都是希斯克利夫。

欲求基线的变化规律

——无知常乐

优越感是通过比较得到的。比较的对象是两个：时间上是自己的过去，空间上是生存环境的熟悉同类；比自己过去强，比周围熟悉同类强就能找到优越感，得到快乐。

我把能够获得优越感时，欲求满足的最低标准称为欲求基线。

一个年收入200元的山民得到1000元钱，会欣喜若狂；但得到10000美元，比尔·盖茨会漠然视之。山民过去穷，财富欲求基线就低，得到1000元钱的欲望满足获得的快乐就强烈；比尔·盖茨已经是世界首富，10000美元对他可有可无。

跟别人比也是有固定对象的，你不会和陌生人比，只跟父母、子女、兄弟姐妹、配偶、同学、同事、战友、邻居比，比他们有优越感你就满足了。

老婆比别的熟悉男人的老婆漂亮就得意，不会去想她跟梦露比是丑小鸭；老公比熟人的丈夫优秀就满足了，不一定非要他是克林顿；我的成绩是全班第一就开心，根本不会因为跟爱因斯坦的智商和学识差距太大而闷闷不乐；房子比邻居家的装修豪华就得意，不会因无数富豪住在海景别墅而失落。

明白了吧？亲人、爱人、同事、朋友之间，为什么总有人要突出自己的重要性！

欲求基线决定优越感的强弱

优越感的强弱、快乐的强弱跟欲求基线有关。同样的结果，对欲求基线不同的人来说，优越感的有无和强弱以及带来的快乐多少，差异是很大的。

例如，认知不广的穷人的财富欲求基线就是周围的穷人，比周围人有钱就很知足，就有优越感。但因为都是穷人，优越感或失落感都不强烈，也就是金钱带给人的快乐和痛苦不强烈，因此，很多淳朴的山民在金钱上反而显得大度而富有人情味。

而中产阶级基本属于跟在富人屁股后面的粉丝，欲求基线和可行性矛盾相当大，基本属于拽根芦苇当撑杆跳的梦想家。跟穷人比他有优越感，跟富人比他又差太多；因此，他的欲求基线总在穷人和富人之间摇摆，遇到穷人自豪而快乐，遇到富人又自卑而痛苦。

所以，歧视乞丐和仇富基本属于中产阶级的专利；穷人和富人都不歧视乞丐。因为要活下去，乞讨只是手段；赚钱也是拿尊严换的，挺可怜的。但中产阶级心理是不平衡的：我一年到头才十万八万，你乞讨就能买几套房，凭什么？别指望我给你钱了，我不支持不劳而获！

问题是，你不给就算了，为什么别人给你也看不惯呢？因为有的乞丐能轻松搞到钱，你累死累活荷包瘪瘪；你心理不平衡，没优越感啊。平心而论，你要觉得这个职业好，也腆着脸乞讨就是了；没人会在你乞讨买房后要共你的产。

仇富的理由更简单：富人剥夺了中产阶级在穷人面前的优越感。

另外，攀比奢侈也是中产阶级的最爱。穷人知道自己能力有限，再怎么攀比也找不到多少优越感；还不如细水长流生活无忧。富人多的是钱，更在意的是生活的质量和自己的感受：奢侈和朴素只是随意而为，没那么多讲究。而中产阶级尤其是认知水平高的知识阶层，会特别把奢侈当回事。他们生活过得去，可以努力拿闲钱来奢侈炫耀，表明自己不是穷人从而得到优越感。这就是所谓小资的虚荣。

欲求基线的作用

欲求基线提高的积极意义是激励人奋发进取；副作用是让人越奋斗欲求基线越高，欲望越难满足，痛苦越多，快乐越少。

随着知识增加、视野开阔，欲求基线受环境影响大多会自然提高。为什么初恋美好，因为那时是生理上的第一次体验，快乐强度最大；但是，初恋很少能修成正果。因为环境变了，认识的优秀异性多了，择偶标准就会提高，初恋的那些优点跟现在身边的异性比就不足为奇，优越感很容易失去。为什么很多夫妻可以共患难不能共富贵？富贵了，见识多了，周围优秀的人就聚集得多，一方或双方都可能失去优越感。

同样，在一个偏僻的小村子，村长的权力欲求标准只是凌驾全村之上即可满足；有这个权力，他足以在村里攫取财富。和同村人比较，他拥有更多的优越感，容易知足。但是，如果调到县里当个科长，表面上地位提高了，但权力需求标准跟着提高，他可能更不满足。因为上面有处座、局座等等。同理，大机关的一个处座，比村长在权力上的优越感不一定强；上面有无数大官，压抑得很。除非在某个领域出类拔萃受人尊敬，他不需要权力、地位、财富为自己贴金；他拥有高贵的荣誉跟别人的优越感对抗。

这就是人们常说的"宁为鸡首，毋为牛后"。鸡首有优越感，牛屁股没优越感。

人们努力奋斗改善生活的同时，生存欲求基线也水涨船高。这也是很多生活条件改善的人却感觉不幸福的原因：跟自己的过去比好多了，但跟现在周围的人比，**毫无优势**。比如他和村民一样住茅棚，他的茅棚是最好的，跟熟人比，他很知足；某天住上楼房，跟自己的过去比、跟还在茅棚里的熟人比，他更满足。但楼房住了几十年，跟邻居比没有优势，那就要换新的、大的，或住别墅才能满足。但是，住别墅后，不一定比住最好茅棚时的优越感更强、更多；因为住的欲望满足了，而他对上流社会了解更多，会有别的新的大欲望产生。他不会去和住茅棚的比较了，他要和同样住别墅的人比。都是别墅，没什么优越感，那就要比当大官、出大名、发大财了，这些更大的欲望无法满足时，照样痛苦。

欲求基线的提高决定人贪得无厌、欲壑难填，即所谓"曾经沧海难为水""由俭入奢易，由奢入俭难"。但是，欲求基线提高了，人的能力不见得能迅速提高；满足欲求的难度会越来越大，让人的紧张、焦虑和痛苦加深。许多下层贫民在原来的生活环境中能安贫乐道；而一旦融入所谓的富贵圈，反而丧魂失魄、郁郁寡欢。

虽然环境的改变总让欲求基线越来越高，满足的难度越来越大，但进化的基因决定人无法摆脱对优越感的追求，活着就想追求"更高、更多、更好"；叫嚷四大皆空的人也不能免俗，总想弄个住持当当，或搏个"得道"名号自慰一把。知足不是自欺就是欺人，常乐就成了空头支票；人类总是陷入无休止的痛苦。

知足缘于无知

老子说："祸莫大于不知足；咎莫大于欲得。故知足之足，常足矣。"意思就是：天下最大的祸患莫过于不知足，最大的罪过莫过于贪得无厌。不知道珍惜现有的，过分追逐名利，势必带来灾祸和不幸。知道满足的富足平衡心理，是永远的富足。

老子的处世哲学对中产阶层是有效的：满足现状，对未来没有太大奢望，就没有欲求无法实现的痛苦，快乐相对多些；这就是所谓知足常乐。

但是，对于食不果腹的人群，老子的知足论是不现实的，这些人无法知足，更不可能快乐；对于在某个领域出类拔萃的人也是没有可能的。他的快乐来源于贪婪带来的优越感，一旦放弃，就没快乐可言，他不可能满足；这就是欲壑难填。就像《西游记》的一首七律所说："骑着驴骡思骏马，官居宰相望王侯。"

知足往往缘于无知。**因为无知，只知道井，欲求标准低，在井里舒坦就知足了；就不会有天空下那么多不切实际的幻想。**因为无知，欲求小而少，得到的往往能超过预期，容易满足，收获的快乐当然就多；"知足常乐"应该改为"无知常乐"。这是小孩快乐比大人多，平民的快乐不见得比总统少的原因。

历史上的统治者是深谙此道的。他们喜欢愚民，因为老百姓越无知就越容易满足；给个馒头就不知道饿，就越好统治。

• 第 3 编

/ 需求的矛盾：苦乐迷宫 /
Life of contradictions

人生需求带来无数具体欲望；不满足就痛苦，满足了就快乐。找到痛苦和快乐这一对矛盾的本质和规律，才能对症下药，将痛苦和快乐配成幸福。

情绪的三驾马车

——痛苦和快乐的本质是刺激或思维后的神经反射

维护、满足人生欲求的本能反应和事件刺激神经或大脑思维带来的神经反射，就是情绪。神经的本能反射是生理反应；神经反射和大脑思维混合是心理反应。

同一事件，包括过程、结果和后果三个阶段，情绪在事件的不同阶段中有可能不同。都有可能痛苦，也有可能快乐。比如说，吸毒的过程是快乐的，结果也是快乐的，但后果就是痛苦的。因为毒品的作用过后，人的毒瘾无法及时得到满足，就十分痛苦；同时，吸毒的后果可能带来经济紧张被迫铤而走险捞取毒资从而犯罪，痛苦无边。又比腰疼长期不好，过程是痛苦的，遇到一个名医进行推拿治疗，推拿的过程还是有痛苦存在；但经过大脑思维，如果感觉疼痛迅速减轻，痊愈有希望，这时，人又同时存在快乐情绪。这就是常说的痛并快乐着。

人的情绪有三种状态：能满足欲求或思维后认为对自己有利叫正情绪或好情绪；因程度不一的正情绪都与快乐有关，属于快乐家族，又叫快乐情绪。损害自己的需求或思维后认为对自己有害叫负情绪或坏情绪；因它们都属于痛苦家族，又叫痛苦情绪。认为对自己既无利也无害的后果，人无动于衷，叫稳情绪。

情绪的来源都跟人的基本需求有关，但可能跟欲望有关，也可能跟欲望无关；因为审美需求的满足可能与自己的欲望无关，而是他人行为带来的后果。

一、情绪跟需求的关系

任何情绪都跟人的基本需求有关。比如外伤危害健康需求，美食满足生存需求，嫉恶如仇保护审美需求。

二、情绪跟欲望的关系

事件后果带来的情绪跟欲望的关系，有三种情况：

（一）后果是欲望带来的。比如想升官、发财、找情人。

（二）后果不是欲望带来的，但跟自己直接有关。比如生病，会感觉不舒服；遭遇意外的身体伤害，会疼痛。

（三）后果不是欲望带来的，跟自己也没直接关系。比如：偶然看到下水道里一只比猫还大的老鼠，会觉得新鲜、刺激；或害怕恐惧，或兴奋甚至快乐。

不管后果跟自己的欲望有无关系，都会带来人的心理变化，产生新的欲望。我们把事件后果带来的新欲望叫作后欲望。比如：被高楼坠物砸破头，不是自己的欲望带来的，但会产生想要赶紧治疗的欲望；看到好人命运悲惨，不是自己欲望带来的，跟自己也没直接关系，但会同情产生提供帮助的欲望；想发财是自己的欲望，达到目的，会产生炫耀的欲望，满足尊严需求。

后欲望可以是立即产生，也可以有时间间隔。比如有个杀人犯在事隔多年后，认为没问题了，不打自招被抓，是因为产生了炫耀自己的欲望。

没有欲望的事件，带来的神经刺激的强度是基本稳定的，而有欲望事件带来的情绪，受预期、自信、结果反差等因素的影响，强度变化幅度大。比如：想要做某件小事没做成，人会郁闷；想做某件大事但不太计较结果也只是郁闷。两者在情绪上的表现差不多。希望做某件大事没做成，人会短时间痛苦；特别想做某件小事没做成，会郁闷很久。两种情绪在大小和长短上不一，但总量也可以视为相等。

有欲望、没欲望、后欲望三种状态下，受自身条件的限制，人在经历过程中和结果来临时都可能存在三种不同的情绪。因此，可能过程备受煎熬，结果满意；可能过程兴致勃勃，结果大失所望。

三、情绪在生理和心理上的三大差异

（一）和欲望的联系

生理情绪大多不是直接欲望带来的后果，也叫无欲望情绪。比如：身体受到伤害，不是个体想要的结果，不是自己的欲望直接导致的；女人谁也不想痛经，痛经不是欲望带来的后果。自残的生理痛苦也不是想要伤害自己的直接欲望带来的后果，而是报复、要挟、绝望、自尊等间接心理欲望带来的后果。

而心理情绪大多跟欲望直接有关。比如：升官、发财让人快乐，是满足欲望的结果；抵触、反感他人不道德的行为的心理痛苦，本质上是为了维护自我审美标准的欲望带来的结果，是一种习惯状态下有意识的潜欲望。

有一种例外是被动审美，比如偶然看到不符合自己审美标准的人和事，人会痛苦，但这些事跟自己的欲望无关。当然，主动审美，如做慈善跟自己的欲望有关。

（二）数量的多少

和主要由欲望带来的心理情绪比较，生理情绪的数量极其有限。比如人有无休止的欲望，心理痛苦也就没完没了。但不会有无休止的生理上的突然伤害带来痛苦；就算身体遭受终身的伤害，但伤害之后神经对生理痛苦的感觉会迟钝甚至麻木，但其带来的心理痛苦会超出生理痛苦太多。这也是很多注意力转移了的残疾人照样能获得很多快乐压倒生理痛苦的理由。同样，生理上的满足也不会无休止。受欲求基线的影响，哪怕每天都丰衣足食，因为成为了习惯；也不会造成神经上的新刺激，而是心情平静。

男人和女人比较，女人的生理痛苦如月经、生育等，比男人相对要多；因此，女人需要更多的心理安慰来缓解生理痛苦。

而心理情绪是大脑思维带来的。思维的无限带来欲望的无限；因此，心理痛苦可能苦海无边。

（三）跟神经和大脑的关系

情绪在生理上和心理上的表现形式不一样，跟大脑的关系不同；但神经反射的性质是一样的。

生理情绪是遇到危险和伤害或刺激时，神经直接报警；没有经过大脑的思维环节，也叫无思维情绪。比如：被烧伤、割伤，肢体会感到疼痛；自身细胞、神经、内分泌受损带来身体上的不适。这都是不假思索的生理痛苦，用来提醒和催促人类趋利避害；是生命的自我保护基因。性高潮也只是一种无思维的生理情绪。

心理情绪一定有大脑思维的过程：判断对自己不利时，大脑分泌的痛苦素褪黑素影响神经的反射；判断对自己有利时，大脑分泌多巴胺影响神经反射。

苦乐六大生理猜想

——神经的带宽、路数、阀门控制情绪强弱

按现代医学的分类，神经系统分为中枢神经系统和周围神经系统。

中枢神经系统包括脑神经节、神经索、脑和脊髓以及它们之间的连接成分。实际上，这些组织、器官里只有大脑是信息处理系统，能将接收的信息进行综合，形成人类的意识、思维和心理，并通过神经传达大脑的指令控制身体的行动。好比电脑，只有CPU是处理信息的；其余的硬件都是为CPU运算充当辅助工具或媒介。

因此，我认为现代医学的分类法不科学，中枢神经系统应该只有大脑，相当于CPU；神经节、神经索、脊髓都应归入周围神经系统，相当于网线、电源、鼠标、硬盘等。

神经只是一束纤维，相当于网线，负责传输信息。为了保持生命活性，神经附带有血管提供营养。

因为苦乐都是具体的神经反射，它们的发生都与神经密不可分。

一、神经速度猜想

神经无论传导痛苦还是快乐，都是亿万年进化的遗传基因，是一种条件反射。

神经传递给大脑的信息有多少快慢强弱之分的。遇到威胁、伤害和挫败等不利信息，因为需要及时处理，信息就传输得快。这需要神经递质痛苦素的帮助；痛苦素本质上属于超导体，能让电流快速通过，单位时间内能传递更多的信息。而满足、关怀、爱恋等有利信息，不需要快速传输增加大脑负荷，因此快乐素多巴胺充当了门神。这能解释为什么处于紧张状态的人反应强烈而处于放松状态的恋人一般脑残。

二、神经红线猜想

神经的作用在划分组织和器官的势力范围，相当于红线；身体出现任何不正常，这个范围的秩序就被打破，神经就会报警。

神经自身质量有问题或受到刺激，会产生震动，这就是生理痛苦。 痛苦的作用就是告诉人身体出问题了。

受伤会痛，因为外力会带来细胞位置改变，挤压神经。但有些瞬间的伤害切断了神经，就无法传递超越红线的报警信息，因此有些人受伤了自己却不知道。比如突然被枪击或割伤，如果正好截断了神经，是不知道疼的。中医的针刺疗法和西医的神经切断术，实际上是一种不负责任的破坏性疗法。针刺确实能止痛，曾用于破腹产手术。但为什么能止痛？一定是金属针扎到神经或神经节上了，刺破神经鞘膜改变电流、改变神经振动的频率了。否则，金属针扎到别的组织，是无法改变痛觉的。但神经是1毫米到1厘米大的纤维束，扎得好只刺破神经；扎得不好就扎断神经了，这和西医的神经切断术类似。但器官有问题、神经自身有问题，神经痛就是警报，警报的根源没解决，直接剪断电线或把警报器卸了只是自欺欺人。

又如：肿瘤或外伤肿胀让正常细胞偏离正常位置，挤压神经，所以痛；当肿瘤减小或肿块缩小，疼痛就减轻。脊椎偏离正常位置，碰触神经，就会痛，牵引或按摩让脊椎复位，疼痛就消失。椎间盘突出向后挤压脊索神经就痛；椎间盘自身功能增强，能承受更大压力，变形缩小，疼痛就减轻。改变椎骨弯曲的程度，让压力变得均衡些，椎间盘也能减少鼓出；疼痛也减轻。老年人弯腰驼背就是改变脊椎压迫的方向，减弱椎间盘突出的程度；就属于一种自我保护。

而我们常说的心理痛苦本质上是大脑思维带来的神经刺激，其红线是思维的认可度。认可度高，痛苦就轻；否则就重。

三、神经带宽猜想

借用网线、电线原理，神经粗细决定通过的电流强度。神经粗细与先天营养有关，因人而异。威胁、伤害或挫败的信息需要迅速报告给大脑，其速度快而神经太细，就造成信息堵车，在生理上表现出来的紧张症状就是痛苦加剧。

怎么加粗神经？我们可以从神经的化学构造找到对策。神经由神经细胞和鞘膜构成，神经细胞构成主要是蛋白质，神经鞘膜构成主要是脂肪。这两种营养的足量补充，是神经发育良好的保证。

神经是以电流的方式传递信息，而人体70%是水；要保证电流不短路，神经外面有绝缘体神经鞘膜包裹。如果绝缘体本身老化或遇到外力破裂漏电，就是所谓的"神经病"。神经短路当然会影响到大脑思维，因为网线坏了，电脑就没法上网了。

蛋白质过少，神经纤维本身就细小。因为人已经不是牛羊吃植物自己制造所有蛋白质合成的必需氨基酸；人无法制造8种必需氨基酸（婴儿是9种，组氨酸自己不会造），要靠动物蛋白补充。而植物蛋白缺少部分必需氨基酸，蛋白质构成就有缺陷。电线小当然无法通过大电流；因此，素食的人神经带宽不够，太瘦的人因鞘膜脂肪不够而容易漏电，严重者就是所谓"神经错乱"。

平时把神经错乱当成精神病是没道理的，因为神经病和精神病的源头完全不是一回事；网线坏了顶多传不了信号，错乱不到哪里去；只有大脑思维才能错乱。

作为一种保护反应，"神经错乱"了的人会食量大增；自动补充蛋白质，大量储存脂肪，增加鞘膜的脂肪含量。这种现象在走丢的神经病人中比较常见。不管他是衣不蔽体，还是有一顿没一顿，捡垃圾吃，他都能比原来长得胖很多。

在营养不变的情况下，怎么拓展神经的带宽，也是有规律可循的，我把它称为神经带宽理论：神经每经受一次刺激，神经细胞的生长就会加快，神经的直径将增大，神经传递信息的带宽将拓宽；这种现象和伤口、青春痘被手经常挤压、抚摸会长成大疙瘩类似。

但不管怎样，神经不是大脑，不会思维，是无意识的。而生理伤害带来的直接神经反射数量相对较少。因此，人类的痛苦和快乐主要来自大脑；也就是CPU处理的结果不同，它反馈给器官的指令也随机修改。

也就是说，大脑通过神经接收外界信息，同时通过神经发出指令支配人的行为。大脑处理信息的水平与人的经历、学识、修养有关；如果神经的带宽不能和大脑的功能匹配，必然带来思想和行为的不协调。比如CPU非常高级，而带宽不够，传出的信息会很慢；同样，带宽很牛，CPU垃圾，也无济于事。

生活中我们经常会出现头痛现象，按脑科学原理主要是补充足够的氧气和葡萄糖。如果头痛不是脑细胞质量问题，而是脑神经的问题，可以从三个方面进行改善：一是补充足够的蛋白质和脂肪，增加脑神经带宽和神经鞘的绝缘质量，让信息传递畅通；二是保证睡眠，中止大脑思考；三是多搞体育锻炼，减少信息量，变换大脑思维的区域，相当于从C盘转到D盘继续用脑。

四、神经通道猜想

在身体健壮，生命坎坷的人群中，按理他们的神经带宽够用，应该能自如处理外界信息，不至于造成神经和大脑的失常。但这部分人群仍然不乏痛阈狭窄甚至自杀者，这是为什么呢？

回到神经的构成：神经是纤维素，相当于一个光缆由很多根独立的小光纤组成。对于神经传递信息的特点，我有一个神经通道猜想：神经纤维素由多个功能各异的独立通道组成。每个通道的功能是不同的：有的是电线只传导电流；有的是光缆，能传导信息；有的负责运油，有的负责送水，还有的专排污水。每刺激一次，就新增一个从神经末梢通向大脑的对应通道。这些通道可以兼容，但通行的生理特性各异。

很多出身高贵、知识渊博但缺少磨练的人，因为生活经历单调，神经通道

幸福隧道
Happiness tunnel

开通不多，遇到陌生的刺激时就无法顺畅和大脑取得同步。因为大脑会思维，会因为神经的无能而痛苦，这种人群容易自杀。相比之下，那些生活在底层的人，大脑不见得水平高；但神经通道多，什么侮辱、蔑视、压迫、饥饿、寒冷、酷暑、嘲笑、伤痛都给大脑传输过，大脑已经储存了许多类似的信息，能科学地发出指令，避免对自己造成更大的伤害，就能将痛苦降低到最小的程度。我曾经得过脑膜炎，应该是精神病；但我经受的磨难足够多，迟钝的大脑发出的任何指令，都有足够的通道传达到相应的器官并圆满地执行，痛苦就轻很多。

比如被压迫惯了的人，大脑就知道反抗无济于事，就会通过神经的被压迫通道通知耳朵漠视辱骂，通知嘴巴放弃解释，通知手脚停止反抗。而没被压迫过的人，大脑没有相关信息，缺少经验；出于防卫的本能，会拼命抵抗，在感情用事时只会带来更大的伤害，痛苦会更强烈。比如一辈子没被你骂过，偶尔被你骂一次，他就要跟你拼命。

这就能很好地解释人类的痛苦。大脑容量大思维敏捷，而神经带宽不够，大脑就分泌痛苦素帮忙，让信息传递加速，神经就处于紧张状态，就是痛苦。而如果大脑有病，神经健康也没用；大脑自身没有压力，神经只能闲着，就没有痛苦。所以，痴呆、疯子等大脑有病的人无所谓痛苦，他用刀子把自己割破，还会看着流血傻笑。

也就是说，文化修养越高、知识面越广的人，如果没有经受足够的刺激，相关通道没有打通，哪怕大脑想得很明白，他的指令也无法完全地通过相应神经管道传达给身体各器官；必然带来大脑无法正常指挥行为，造成思想和行为的脱节。这就是为什么很多学识渊博的人面临生活的小麻烦时会惊慌失措的原因。

比如说：做某件事大脑非常明白，而神经无法传达到器官和肢体，让其付诸行动；而这种思想和行动的脱节，会让大脑产生困惑和痛苦。为了避免混乱的进一步扩大，大脑会要求自己停止工作，而这种指令是大脑和神经天生的默契，神经得到大脑停止工作的指令后，会指示相应的器官进行紧急刹车。

因此，自暴自弃和自杀实际上是神经和大脑无法协调工作的应急反应，是一种自我保护措施,是因为经历单一、大脑发出指令后器官的处理缺少经验、应急反应过于强烈造成的;就像电脑超过一定温度自动停止工作。类似现象比较常见:壁虎自断尾巴、墨鱼释放墨汁、蜥蜴变色;身体受到严重撞击时胃部、口鼻会出血以缓冲压力,将对细胞的伤害降到最小程度;女性阴道容易滋生细菌,无法冲洗,通过出血往外冲洗阴道保持干净。

一些死过几回,阎王不收的人已经开通了死亡神经通道,遇到危险时大脑会通过神经指挥器官选择最佳的应对死亡的方式,不会选择自杀。

五、情绪阀门猜想

神经生物化学研究表明,神经系统某些机能性改变存在生物化学反应,如肌阵挛时出现抑制性神经递质机能丧失。

根据已有的研究成果,情绪的阀门有五个:左半脑的思维反应、右半脑的感官刺激反应、下丘脑、松果体、胆囊。

根据1981年美国斯佩里获得诺贝尔医学生理学奖的"左右脑分工理论",人的左脑支配右半身的神经和器官,是理解语言的中枢,主要负责语言、分析、逻辑、代数等逻辑思维。而右脑支配左半身的神经和器官,是一个没有语言中枢的哑脑;但负责凭直觉观察事物、总揽全局。

1. 左半脑:左半脑思维功能缺失,情绪变化就减弱,反应迟钝,就是所谓"痴呆"。思维的变化能主导情绪的变化。人即使没有受到感官刺激,只要思考储存的原有信息,就会产生痛苦即"庸人自扰";或产生快乐即"盲目乐观"。

由于体力活动的强度差异,男人的右半身锻炼比女人要相对强烈,所以左半脑思维更有逻辑性,控制思维带来的情绪的能力更强。

左半脑的思维带来的神经冲动,会影响血压和心跳。我们常说情绪激动时"心跳不已""心痛的感觉"就是这个道理。运动、喝水冲淡血液和按摩、抚拍心脏、深呼吸有助于缓解思维带来的不良情绪。

同时,左半脑对事件思维越少,情绪变化就越少。因此,劝慰、转移话题、遗忘等能减轻痛苦。

外力撞击左半脑能中断大脑思维，减轻痛苦：有人痛苦时用头撞墙，就是出于减轻痛苦的本能。

同理，重复、提醒、夸大带来正面情绪的同一事件，会增加快乐。

2. 右半脑：右脑主管情感；但情感变化不受思维影响，直接受感官刺激影响，表现更原始，和动物更接近：符合自己欲求的感官刺激就立马快乐，否则就痛苦。女人右半脑受感官刺激带来的直接情绪变化更强烈，所以物质刺激、甜言蜜语是女人的最爱。

3. 下丘脑：下丘脑生产的各种激素，是快乐的源头。其中和下丘脑相连的脑垂体生产性激素，人的性思维可直接刺激脑垂体的性激素增多，是性欲的发动机。为什么很多人沉迷于性爱，就是生活中其他快乐太少，而性爱给人十分强烈的快乐。

1954年，美国奥尔兹和米尔纳在赫布的实验室研究脑部电刺激对于学习的影响。他们把电极埋入白鼠大脑网状组织中，结果发现有一只白鼠行为很奇怪，每当这只白鼠走进一个大迷宫的特别角落时，他们就按一个电钮按通电源，让事先植入它脑中某处的一个电极刺激它，似乎非常喜好刺激所引起的效果。事后发现这只老鼠的电极埋错位置，刺激到中隔。在白鼠笼中设一杠杆或一踏板，白鼠只是偶尔地推动杠杆或踏踏板。但是，如果白鼠每推动杠杆或踏踏板一次，即有食物作报酬，白鼠推杠杆或踏踏板的次数便会大增。他们推论中隔的电刺激会产生快乐的感觉。

于是他们在斯金纳箱内利用工具学习验证此想法：先教导饥饿的白鼠学会按杠杆获得食物或饮水，然后再将反应转移到按杠杆获得电流。结果发现白鼠对于颅内自我刺激法乐此不疲。当老鼠学会按压杠杆从而得到电刺激以后，它就不断地去按压杠杆以得到刺激。当电极安在背部下丘脑时，老鼠按压杠杆的频率高达每小时5000次，它们可连续按压15至20小时，直到精疲力尽，进入睡眠为止。具有这样效果的部位在下丘脑，边缘系统和丘脑许多部分都存在，其中以下丘脑最为明显。如果在下丘脑以外的脑部埋下电极，则没有出现上述情形，或者快乐效果不明显。由此推断，老鼠的下丘脑中存在一个快乐中枢。

2000年获诺贝尔医学生理学奖的瑞典卡尔松,验证了奥尔兹的猜测:大脑神经递质多巴胺,就是下丘脑和脑垂体腺中的一种关键神经递质。研究表明,快乐是神经递质多巴胺增多的结果。

4. 松果体:松果体在大脑的额头位置,受紫外线照射能生成内啡肽。因此,额头敞亮的人接受紫外线更多,心情会更好;而喜欢留长刘海遮挡额头的人可能心情更抑郁。1975年,脑内啡分别由苏格兰和美国的两组独立的研究人员同时发现。内啡肽(别名安多芬或脑内啡),是一种内成性(脑下垂体分泌)的类吗啡生物化学合成物激素。它是由脑下垂体和脊椎动物的丘脑下部所分泌的氨基化合物(肽)。它能与吗啡受体结合,产生跟吗啡、鸦片剂一样有止痛和欣快感。等同天然的镇痛剂。利用药物可增加脑内啡的分泌效果。

5. 胆囊:后来的实验证明,动物的胆囊收缩素8与β内啡肽和多巴胺之间可能有交互抑制关系。比如酒精有扩张血管的作用,能扩张胆囊而非收缩,此时胆囊收缩素会降低,带来内啡肽和多巴胺的增多。但受个体差异影响,那些肝脏好、酒量大的人,内啡肽分泌多,有镇静作用,喝多了也不失态;反之,肝脏不好的人,多巴胺更多,喝醉了容易"发酒疯"。

内啡肽和多巴胺都带来好情绪,但二者作用不同:内啡肽是镇静作用,多巴胺是兴奋作用。内啡肽多者抗痛苦能力强,多巴胺多者快乐多。

试验表明,毒品、酒精、烟草能刺激多巴胺分泌,让人快乐。运动也能刺激多巴胺分泌,其中游泳、慢走效果最好。

六、痛苦素和快乐素转化猜想

多巴胺怎么消失的?一定是有一种物质跟它起化学反应,那就是痛苦素。我猜测是褪黑素,是松果体在黑夜中分泌的一种荷尔蒙。褪黑素的作用是让人放松、容易入睡、提高免疫力、去掉皮肤黑斑;副作用是让人情绪低落。这也就是有的人睡眠时间越久,反而感觉浑身乏力的原因。同理,很多痛苦的人失眠,是制止继续生产痛苦素的本能。

人不能总松懈,需要将黑夜产生的褪黑素中和一部分,转入白天紧张的生活，多巴胺就充当了调节物。为什么人兴奋时睡不着？就是多巴胺多了，褪黑素少了。有人喜欢熬夜，无非也是尝到了熬夜的甜头：褪黑素减少，人更快乐。

进化确实神奇，让松果体位于间脑和丘脑之间，和下丘脑是邻居。下丘脑生产的多巴胺和松果体生产的褪黑素，是一对此消彼长调节正负情绪的对手。

为什么褪黑素和多巴胺会有规律转换？我联想到植物与阳光的关系：植物白天吸进去二氧化碳，呼出氧气；晚上吸进去氧气，呼出二氧化碳。一个关键的东西就是阳光。为何黑夜昏昏欲睡？为何白天兴奋好动？也是阳光影响。阳光的紫外线可以穿透脑袋。褪黑素被紫外线照射，就转化成多巴胺，多巴胺离开紫外线，就转化为褪黑素。这也是晴天和雨天让人心情变化的根本原因，也是很多喜欢头发遮住脑门的人心情抑郁的原因，因为他们的脑门下的松果体接受紫外线照射太少，褪黑素多。

痛苦警钟

——痛苦警示趋利避害

痛苦无法避免，但它是上天保护人类仁慈的茧，也是生存的警示基因。有痛苦才会有科学的趋利避害，才有符合规律的选择和奋斗。

痛苦本质是事件后果刺激引起的神经反射，是一种报警信号。一个神经鞘膜漏电或大脑生病的人，痛苦和快乐的体验是紊乱的，他可能毫无理由地哭或笑。痛苦包括生理痛苦和心理痛苦两种类型。

生理痛苦是外界威胁或危险带来的神经反射，如遭遇外伤引起疼痛，是信息的直接传递，是生理性质的报警信号。

心理痛苦是事件信息传递给大脑，大脑思维后引起的神经反射，包括三种类型：一是欲望得不到满足，如想升官、发财；二是事件跟自己有关，但不是自己的欲望，只是违背个体的基本需求，如生病不符合自己的健康需求带来痛苦；三是事件跟自己无关，但违背个体的基本需求，如看到别人残暴不仁怒火中烧。

痛苦有强弱。为了给幸福研究提供量化依据，我把生理痛苦按神经刺激强弱分瘙痒、不适、疲劳、疼痛、很疼痛5级；对应心理痛苦紧张、焦虑、不满、痛苦、很痛苦5级。

当然，人的情绪可能有千万种，这只是大致的分级，比如从心理上看：忧愁属于紧张；担心、讨厌属于焦虑；仇恨、歧视、嫉妒、失望、沮丧属于不满；愤怒、伤心、恐惧属于痛苦或很痛苦。

痛苦的存在有以下三个规律，简称"痛苦三律"：

一、反频律

反频律是指痛苦的大小与痛苦的次数成反比。痛苦次数越多，神经越迟钝，痛苦越弱；反之越大。

二、累加律

当多个痛苦是不同原因导致的；痛苦会相互累加，从而加重痛苦。

三、抵消律

当多个痛苦是同一原因导致的；痛苦可以相互抵消，从而减轻痛苦。

快乐号角

——快乐就是一缕阳光，一滴雨水，好好积攒，人生就幸福

什么是快乐？快乐就是婴儿饿时的一口奶，儿时老爸陪坐的过山车，少年熬夜解的一道题，青年撩的一个妹，中年疲惫的一个觉，老了悠闲遛的一只鸟……

快乐是需求得到满足或习惯得到保护时神经的放松反射，是神经递质多巴胺分泌增多造成的神经放松状态。分四种情况：一是身体健康感觉放松；二是外界刺激感觉舒服，如做按摩；三是欲望得到满足，如想做什么做成了；四是习惯得到保护，如看到好人好事会感动。

一、快乐素

就是大脑神经递质多巴胺，我叫它快乐素。 快乐素越多，人越快乐。

多巴胺的多少与化学改变和物理刺激有关。

性交是能刺激多巴胺分泌的生理行为，给人强烈的快乐。

毒品、酒精和烟草中的尼古丁能增加多巴胺。这是世界上有"毒鬼""酒鬼""烟民"的理由。尽管谁都知道它们有危害；但因为生活太苦，对于尝到了这"三大件"快乐替代品甜头的人来说，要放弃是很难的，因为他们需要快乐。能短时快乐或舒服，人容易忽视长远的危害。

现在治疗帕金森症的药物美多巴是多巴胺的前体，吃下去20分钟，就转化为多巴胺；让人心情大好，充满活力。大仲马《蒙梭罗夫人》："心情忧伤的

人往往喜欢黑暗，因为黑暗可以使他们在想象中充满幻觉。"这只是文学想象，因果倒置了。实际上，是缺少紫外线，松果体的内啡肽分泌不足，多巴胺生成缓慢；是"喜欢黑暗"让人"心情忧伤"而不是"心情忧伤"才"喜欢黑暗"。为什么阳光下人的心情会变好，就是紫外线刺激多巴胺分泌的功劳。爱剃光头的人性格外向，额头留长发的人性格内敛，都是松果体被紫外线照射多少造成的。晒太阳的另一个好处是紫外线照射皮肤制造维生素D。缺少维生素D，补再多的钙也无法吸收。

太阳紫外线照射大脑额头部位的松果体能生成内啡肽，它是多巴胺的催化剂。

欲望的满足和学习进步，增加自信心以及受到赞美和表扬，都能让神经放松，刺激多巴胺的分泌。自美状态下，多巴胺的分泌稳定而持久。

运动能刺激多巴胺分泌；美国科学家验证，多巴胺分泌最多运动依次是游泳、慢跑、和摇摆脊椎的舞蹈，让人快乐。

很多人喜欢做按摩，本质也是按摩脊椎刺激了多巴胺分泌，让他快乐。

二、自控快乐和他控快乐

（一）自控快乐

由自控需求和欲望满足带来的快乐叫自控快乐。自控快乐包括七大基本需求中的生存需求；健康需求；性需求的子需求勾引、挑逗、诱惑、自慰；成长需求；爱需求的子需求爱好；尊严需求的子需求自尊。

因为自控需求简单而容易满足，所以带来的快乐也比较弱但容易获得。吃好睡好生存好，不受他人干涉；爱惜自己身体保证健康也容易做到；勾引、挑逗、诱惑是单方行为，自慰只要注意补充锌元素、精氨酸和胆固醇，保证射精后不会造成营养亏损，也无关他人；多学习进步，提高各种技能也不受他人制约；世界不把你当回事，你自己高看自己一眼，也无人干涉。凡此种种，都是你自己可以控制的，但它们同样会让你快乐。

（二）他控快乐

由他控需求和欲望满足带来的快乐叫他控快乐。他控快乐包括七大需求中的性交、审美、爱需求中的亲情、爱情、友情、尊严中的他尊需求。因为需求的满足需要他人的支持和配合，自己说了不算。所以，他控快乐获得难度大，时间跨度长，而自控快乐获得难度小，时间跨度短。因此他控快乐的强度远远大于自控快乐的强度。因此，人类孜孜以求的是他控快乐。

三、自然快乐和人文快乐

（一）自然快乐

先天需求或自然需求得到满足所带来的快乐叫自然快乐。如生存、性、健康、亲情满足等。

（二）人文快乐

后天需求或文化熏陶所产生的快乐叫人文快乐。如生理需求的攀比，如物质条件优越、爱情和婚姻中的性、运动和健身带来的健康和所有受文化影响的心理需求的满足。

四、可再现快乐和不可再现快乐

在七大基本需求中，除性快乐外，其他基本属于可再现快乐。

吃了美食，可以炫耀；餐饮的火爆更大程度就是用来让食客炫耀的。七星级酒店和高级跑车更是吹嘘的重点。身强力壮、容颜不老是经常被人膜拜的资本。读书多高谈阔论能让人自命不凡。以道德君子自居是自我陶醉的资本。亲人的呵护、爱人的体贴、朋友的温暖、业余爱好的坚持，都足以让人反复快乐。自我的认同、他人的赞美也可以让人持续兴奋。

性快乐是唯一不可再现的快乐。高潮过后，一切必须从零开始。和意中人性交后的快乐是其他需求满足带来的其他快乐，已不是性快乐本身。

快乐三高

——人生三求性利名，累死累活为开心

人生需求包括七种，形式上表现最强烈的无外乎三样东西，简称"三一律"：人生三求性利名，累死累活为开心。套用裴多斐的打油诗是：名性君子锁，利禄小人缰；若为快乐故，三者全都要。

人类为什么钟爱性？性是生命本能，是繁衍的手段，是需求产生的原动力，能带来生理愉悦和情感温暖。因此，弗洛伊德用性诠释人类的一切行为。性能满足生理欲望，纯动物化也快乐，何况还能假爱情之名收获审美愉悦或换取利益。

人类为什么贪婪利？因为利能满足体腹物质之欲、养育后代；也能通过炫耀财富得到他尊，满足优越感，同样快乐。利是生存基础，是生命存在的物质保障，也是心理需求满足的基石。

人类为什么追逐名？因为名代表成就、他尊；有名受人尊敬，有优越感，还能顺带捞钱。名也是获利的途径，是利的工厂。

总之，性、利、名的满足是人生最强烈的三大快乐，是人生需求的主打。芸芸众生，一辈子就为这点事在折腾。做官贪财好色，人性使然；例外者是审美、尊严等矛盾需求与之对抗的结果，属于不多见的清官。

一、性的快乐

孔子在《礼记》里讲"饮食男女，人之大欲存焉"，孟子也说"食色性

也"；他们都把性交当作饮食之外人生的另一件大事。

客观上，繁殖责任下的遗传基因，为了不让男人偷懒，造化让男人的性高潮在所有快乐中最强烈。在性需求上，男人和野兽没有区别。

另外，竞争惨烈，性快乐可以替换或转移其他欲望无法实现的痛苦。因此，在缺少安全感和成就感的男人中，放纵性欲是很好的宣泄途径。

女人的性快乐过程复杂些。但只要达到高潮，和男人一样，快乐最强烈。

周作人在《生活之艺术》中倡导禁欲与纵欲的调和，那是违背自然规律的无稽之谈。

为什么能禁欲？是本身激素不够，没有太多性冲动。比如僧侣的禁欲是有方法的，提倡吃素，胆固醇、蛋白质相对不足，雄激素生产缺少原材料，性欲就弱；加上教义带来道德上的审美进行了优越感的补偿，禁欲并不难。

但对于身体强壮，激素分泌正常或超标的男人，禁欲是难为他。欧美对强奸犯有化学阉割，一针雌激素下去，老老实实，根本不需要道德说教；就算有想法，他也没那个能力了。

在自控快乐中，自慰的满足需要的时间最短，难度最小。所以大多数男人都有过自慰的习惯，这对社会没有危害。而性交受到对方的制约，难度就大。但物质条件丰厚的人群可以用物质交换性交，所以卖淫嫖娼、偷情、小三才会成为屡禁不止的社会问题。

熊平凡先生认为，随着科技进步，人类也许将通过培育的手段实现延续。随着物质的极大丰富，女性的性心理将变得无所拘束。性作为繁衍的手段将会越来越减弱，有一段时间可能会进入娱乐期，最终发展到无用期。随着作用和需求的减弱，性这种动物的本能及其产生的快乐也许将在进化中消亡。

二、出名

中国古人总结过人生两大快事：洞房的夜，金榜的名。实际上，洞房获得的性快乐只是生理本能；被文明视为低级趣味，用康德的话就是"一阵手忙脚乱而已"。当然，性也可以一分为二。有爱情审美的性同样是精神享受，也可以叫人生死相许。而名是精神层面的享受，比性更难得到，更有挑战性，获得以后更有快感，所以人类义无反顾地追逐名。

名声鹊起代表拥有地位或权力，就能更加从容地返回洞房。82岁杨老先生也能坦然对28岁的夫人说：小甜甜，只有你是我的至爱！没必要非议，**用伦理来评判人类历史上的一座巅峰无非是用勺子来量海水。**

有个好名声无疑会受到人们的尊敬和爱戴，是件快乐的事。但名声的追逐实在是件痛苦的事。

要在家庭中有个好名声，你必须仁爱礼让，做个本分人，对大街上如云美女假装眼瞎。

要在朋友中有个好名声，你必须谨守诺言，侠肝义胆，哪怕被朋友卖了也必须当面含着被打掉的牙齿面带微笑，背转身假装看后面的苍蝇，悄悄咽到肚子里。

要在同事中有个好名声，你必须假装低调，揽过推功，永远装孙子。

要在一个民族有个好名声，你必须为这个国家做出巨大的贡献，追随某个政党或利益集团肝脑涂地。

要在人类有个好名声，你必须牺牲小我，追求大我，不把自己当人，要无私奉献出你毕生的精力，为人类谋幸福。就像我一样，把为人类战胜痛苦作为毕生的追求。

可以说，名是快乐的，它让人在公众场合众星捧月，很有尊严；但拥有的过程是痛苦的，它要牺牲自己许多别的需求，拥有的结果也是痛苦的，因为要保住名声，总害怕什么时候会失去。卢武铉总统一生不关注任何所谓低级的需求，一心只想做个流芳百世的伟人，但突然某天身败名裂，他就一无所有了。常人的享受已经岁月不再，成功后的辉煌瞬间即失，活着还有什么意义？死！站在高山上死！有尊严地死！给他恋恋不舍支撑他活下去的名划一个漂亮的休止符！

三、赚钱

世人都爱钱：一是生存，二是显摆。

很多人总是潇洒地宣布：人来到世界能吃多少食物，能睡多大的床？生不带来，死不带去，有必要吗？显然，这是吃不到葡萄的狐狸。没有人嫌钱多：道理很简单，钱越多越快乐。当然，钱带来的快乐主要是生存的满足和他尊的成就感；很多东西用钱买不到，比如审美和发自内心的爱。

对于穷人来说，钱基本是维持生存的。因为钱太少，存着也无法显摆，没什么乐趣；还不如"吃光用光，身体健康"。所以，穷人中花钱豪爽交朋友的倒是多见。富人的钱则主要用来显摆，所以数字越大越有成就感，花钱倒是小心谨慎；除非做慈善时能收获审美愉悦，才咬牙割爱。而钱不太多又特别想成为富翁的人最抠门。

布嘉迪和出租车有何区别？钻石和煤炭的成分有什么区别？鱼翅和虾米的营养有多大差异？为什么很多人愿意花冤枉钱？

答案跟钱无关。

世人为何对奢侈品趋之若鹜？几万块的衣服并不能让一个人本身更加英俊漂亮，但因为是名牌而让人更加自信、更加自豪。几百块一包的香烟和几块钱一包的香烟比，烟丝都是土里长的，化学成分差别不大，只是挑选、处理和包装上有差异；贵烟明显值不了那么高的价。但有人勒紧腰带也要买好烟显摆，主要不是因为健康，否则戒了就是；而是为了面子，希望高档烟抬高自己的身价。

几百万的手表能让时间走慢点，延年益寿？888万的手机能把烦人的电话变得让你开心？8000万的汽车能保证不出事？无非显摆，获得优越感。

有了汽车要好车；不是车本身带来的享受有多大区别，无非是车代表了你的成就。开台劳斯莱斯哪里都有回头率，都有羡慕的眼光，都有赞美的声音。请客时你舍得花钱，人家会说你有钱，还会说你豪爽大方。钱多了去做慈善，你还可以收获审美。感动别人，也感动自己一把。无聊的时候一掷千金，也会得到他人的崇拜和欣赏，甚至异性的媚眼。

藏一把钻石除了保值，要当首饰炫耀还不安全，本质上它只是硬度超强的煤炭。吃鱼翅有什么用？营养和一碗虾仁相差无几。追捧是证明有社会地位和经济实力，值得羡慕或夸耀。

在这一点上，越是缺少成就感的人，越在吃喝和穿着上花钱给别人看，弥补他尊。

所以，挣钱不是用来消费的，是用来浪费的。说到底，逐利的最大目的是为了虚名，为了成就感，为了尊严，为了快乐。

因为钱多到一定程度，已经不是财富，只是一个数字；跟生存无关。但富人会很珍惜地用心呵护；比尔·盖茨的钱100辈子也花不完，但他别无选择要勤奋地继续赚钱。因为他没当总统，没获诺贝尔奖，长得没施瓦辛格帅，钢琴弹不过朗朗，画不过梵高，他的名完全靠钞票支撑，世界首富的光环让他不停享受重复赞美的他控快乐，他无法放下。哪天成了二富，他肯定郁郁寡欢，因为"世界首富"是他快乐的源泉。赚的钱可以捐掉，但不能不继续赚钱；因为捐的钱还会计在他的名下，使他被社会认同和尊敬，这是快乐的筹码。

但逐利的过程其实也是很痛苦的。第一桶金饱含血泪和罪恶，壮大后又怕失去，只能拼命去维护。实际上，逐利的目的只是玩一场精神游戏。和在电脑上玩游戏没有本质区别。谁的钱多和谁的Q币多或者分数高一回事。

亚洲女首富龚如心就是个典型，到死可说一无所有。青年无子，中年失夫，晚年和公公翻脸，癌症多年到死也只有69岁。除了留下830亿港元遗产让别人去抢，她一生所获寥寥。但是，你千万不要以为她活得多悲惨，钞票带给她的生理和他尊满足以抵消她人生的其他不幸。她可以每天像打了鸡血样冲杀在钱场。

因此。为了多捞点银子，让别人多赞美几句、羡慕一下得到优越感和快乐，上帝可怜的子民们，或勤勉努力，或投机钻营，在累死累活。

四、三高的理性维度

明白了这些，我们就知道该怎么活了。

性是好东西，就算放纵取乐，也是人之天性，谈不上是罪恶，罪恶只在放纵时侵犯了他人利益，有悖道德。不强迫、不勉强、不欺骗、不破坏他人家庭是底线。

利是好东西，可以用来生存和享受。但其实一生花不了太多，我们拼命赚，无非是为了显摆得到他尊。

而如果这个代价太大，需要玩命工作牺牲健康，需要勾心斗角牺牲审美，需要六亲不认牺牲爱，需要厚颜无耻牺牲自尊，不妨少赚点，把多余的时间和精力去满足其他需求，获得更多的快乐，这才是真正不赔的买卖。

因为，既然挣钱不只是为了生存，而是为了他尊。当挣钱牺牲了审美、爱和自尊后，别人会高看你一眼么？又怎么赢得他人发自内心的敬重？那就真的穷得只剩下钱了。

名是好东西，靠自己汗水可以努力去争取，但社会评价不以你的意志为转移，你说了不算。而本质上，名是用来满足他尊的。他尊你左右不了，但自尊可以自己做主。我自由，我平等，我尊重他人，我不偷不抢不骗不敲诈不强奸，想做什么做什么，我在这个世界独一无二、特立独行，这不就是皇帝般的尊严么？你怎么评价我，我置若罔闻，照样有自尊，照样快乐。

因此，他尊带来的尊严是别人给的，别人不给，我自己给自尊；这就是我倡导的自美主义的核心。当然，自美也需要训练，是有方法的。

危险的快乐

——隐瞒快乐的真相,是害怕快乐的后果

从快乐的生理特征来看,它只是快乐素超过痛苦素时短暂的神经反射。有一些药品和食品可以直接刺激多巴胺的生成,带来快乐,最典型的是毒品、香烟和酒精。这些东西能带来快乐,但如果不能理性对待,其后果是快乐过后,痛苦更多。

一、酒精

酒精即乙醇,酒精进入肠胃后,五分钟就可直接进入血液,循环到肢体末端。酒精本身对人体无害,但分解过程会产生有毒物质。酒精首先与肝脏分泌的醇脱氢酶分解为乙醛,乙醛是有毒物质,对神经、皮肤和几乎所有内脏都有损害;酒精对身体的毒性实际就是乙醛的毒性。乙醛再经过肝脏分泌的醛脱氢酶分解为乙酸,也就是我们常说的醋。乙酸和胃酸反应分解为二氧化碳和水,就对人体无害了。

因此,分解酒精的能力和肝脏分泌的两种酶的多少直接有关。一般人每天肝脏分解酒精的能力只有25克。换成50度的白酒是1两,8度的啤酒也就是3瓶。喝多了就伤害肝脏。

当然,酒精有杀菌作用,还能扩张血管,加速血液循环,最大程度保持体温。少量喝酒既能保健还能增加大脑供氧量、保证神经灵敏度、刺激大脑神经递质多巴胺的分泌,让人快乐。这就是寒冷的俄罗斯多酒鬼,郁郁不得志的人借酒浇愁的理由。

其实，酒对人类的危害主要是其社交功能导致喝酒过量带来的。喝酒后，人的神经兴奋，话语就多；很容易说出平时不愿说的的内心话，在社交时就有契约作用，为他人所利用。那些肝脏解酒酶多的人以自己酒量大而自豪，在社交时会潜意识地放开喝，收获尊严带来的优越感，得到另一种快乐。但结果往往为酒精所累，损害肝脏。

另外，酒精能溶解许多有机物，对细胞尤其是血管的细胞损害明显。酗酒的人容易得脑溢血，就是酒精溶解血管细胞导致血管失去弹性容易破裂。

二、烟草

烟草含2000多种有害物质，大危害主要是三个：一是焦油堵塞肺泡，引起肺活量下降和肺叶老化；二是尼古丁损害神经；三是一氧化碳直接降低血液含氧量。其他毒素影响内分泌，但毒性不大。至于吸烟导致肺癌，那是没有经过实证的统计学推断，带有主观臆测和夸张成份。

实际上，很多得肺癌的人从来不抽烟，倒是中途戒烟的人得肺癌的不少，这可能与肺部的生存环境突然改变带来癌变有关。实际上，香烟制造的有毒环境对正常细胞是个威胁，对细菌、癌细胞也有损害；香烟对口腔和呼吸道是有清洁功能的。

烟草含多种所谓有害物质，其中尼古丁过量会导致不育，现代很多青年少精死精与抽烟过量有关。但尼古丁能刺激大脑神经递质多巴胺的分泌，让人快乐，有助于协调内分泌，增强细胞活性；忧郁者可抽烟，还可减轻老年痴呆症。只要肺的营养足够，功能好，小危害不足为虑。当然，抽烟吸到嘴里打住；含在嘴里过滤一部分一氧化碳，再吐出来鼻子闻一下，毒性就很小了。口腔粘膜是能吸收尼古丁的，让人快乐。同时，有毒物质大量留在嘴里，就算吃下去了，经过唾液、胃酸分解；其所含元素都是人体需要的营养，无害。口臭时可在每次喝水前漱下口，把烟草残留在口腔的有害物清洗掉。有条件选择焦油含量低的烟合适，焦油对肺部的危害是堵塞肺泡，影响供氧。抽多了咳嗽是人体的保护反应，可适当减少甚至阶段性戒烟。

因为吸烟伤肺，很多烟民就尽量不吸入肺部，而是含在嘴里靠口腔黏膜吸收能带来快乐的尼古丁。但如果烟草毒素数量大，时间久了就会损害口腔粘膜，尤其是牙龈。牙疼的人可能是缺钙的龋齿或血糖高腐蚀牙齿，不少是烟民。因为烟草的毒素损害了牙龈，带来牙龈瘘管甚至牙根损伤，牙齿失去根基。抽烟太多伤牙龈和牙髓神经，牙疼。

从危害结果来看，烟草对人体的危害不是很大。并且，不进入公众场合，烟草不危害他人。因此，各国政府并不严格禁烟，禁烟都是针对公众场所；成年人独自关在家里爱怎么吸可能只有爱人管你。

一般情况，女性对香烟反感，这是生育和母性的本能。家长和社会不允许青少年吸烟，也是为了保证青少年的健康发育，怕影响后代，等到成年后生了小孩再抽烟，就关系不大。

烟盒的"吸烟有害健康"的标语和禁烟宣传，实际上是一种心理暗示和陷阱，利用了人的尊严需求中自我评价为勇敢的逆反心理，是一种无聊的促销手段。因为越宣传越禁止越有人关注就越有人尝试，利用了人本能的好奇心。否则，天天喊吸烟有害，跟禁毒一样，把所有烟厂取缔不就完了？

三、毒品

本质上，人类吸毒和吸烟的潜意识雷同，因为毒品能快速大量刺激大脑递质多巴胺即快乐素的分泌，让人兴奋、快乐。从药理学分析，小剂量毒品并不致命，主要毒品可卡因直接造成死亡的例子并不多见。老鸦片鬼张学良甚至寿高103岁。当然，这是个案，他不吸鸦片也许能活130岁。

但毒品会对吸食者造成身体上的严重戕害，影响肾上腺素、血清素正常摄取，加速大脑老化。还会严重影响神经系统、血管的收缩、瞳孔的扩大及导致心跳不正常。

尽管毒品能加大多巴胺的分泌，但无疑是饮鸩止渴。因为靠毒品来刺激多巴胺的分泌，会让自身的生产能力更弱，不吸毒心情就更抑郁。这是我在后文中反对糖尿病人直接注射胰岛素的原因。和吸毒类似，不恢复胰腺自身分泌胰岛素的功能，靠外来注射解决不了根本问题。就像白血病，不恢复造血功能，临时输血人就正常。但时间久了出现排斥反应，身体拒绝接受外来血液，就只有死路一条。

更为可怕的是，毒品会严重妨碍社会进步甚至祸害子孙后代。

吸毒后，瘾君子可以短期内快速减轻痛苦。而痛苦的存在，能激励人类为了满足欲望而奋发进取；不用费力痛苦就能减轻或消失，谁还会去进取啊？吸毒后人变得懒惰，做啥事都不用心，不爱学习，不想工作。这样的人多了，社会就烂了。

同时，吸毒后产生的少量快乐素多巴胺和痛苦素中和后，痛苦素仍然大量存在；极端快乐和之后的痛苦形成强烈反差，人会更加沮丧。这时，就需要立即重新吸毒进行解脱，这就是上瘾。想复吸的欲望强烈，满足不了就十分痛苦；因此，瘾君子为了摆脱这个痛苦，就要继续吸毒，形成恶性循环。而政府的强制禁毒导致毒品价格昂贵，毒资就成为了普通吸毒者的最大负担。于是，瘾君子们要么家贫如洗；要么铤而走险，卖淫、偷盗、抢劫就成为了吸毒者满足欲望的捷径，给社会造成极大危害。

因此，毒品很容易在消极人群中蔓延；这些人一旦遇到很大的痛苦，由于痛阈太低，战胜不了痛苦，很可能依赖毒品临时解脱。演艺圈的公众人物这个现象比较多，因为平时万众瞩目，快乐无比；一旦成为过气明星，反差太大，痛苦会很强烈。

这里有一个囚徒困境。根据市场规律，鼓励多生产毒品，价格当然就降下来了，就能减少治安隐患。但两害相权取其轻，政府禁毒导致毒品价比黄金也是无奈之举；毕竟社会要进步，不能都变懒汉。

另外，毒品还严重影响人类自身的进化。毒品因为其魔幻般的刺激，青年人是主要吸食对象。因为在青年时期，人的欲望最多最强烈；而受自身能力和条件的制约，这些欲望也最难满足，痛苦也最多最深。因此青年人很容易被毒品所吸引。而这个时期恰恰是人类的生育高峰；自身的健康都无法保证，怎么生产优秀的后代？基因的进化更无从谈起。

1914年，美国即宣布可卡因为禁药，该禁令延续至今。此后，世界范围内的政府都陆续禁毒。

以上都是能获得快乐的途径，但这些快乐的获得是有代价的。因此，搞清利弊，是实事求是的态度。

屠刀困境

——痛苦不停砍自己，快乐经常伤别人

就个体而言，追求快乐是天赋人权。但既然每个人都有天赋人权，个人的快乐不得妨害他人的快乐，这是底线。**很多快乐会以他人痛苦为代价；如果不被节制，快乐就是快乐的屠夫。**

客观上，快乐就是快乐，道德就是道德；两者没有因果关系。每个人的基本欲求和生存条件差异很大；遵守道德可能快乐，也可能不快乐。

从人的生理基础来看，痛苦是欲望无法满足时的神经紧张反射，快乐是欲望满足后的神经放松反射；本质上，痛苦和快乐都是神经系统在生理上的一种反应状态。

因此，为了维护公共利益，道德长期将恶的快乐排除在快乐之外；类似为了强调是人，连人是动物都不承认了，这就把快乐的根基毁了。无疑，这只是一个善意的谎言。就像对付一个贪吃的孩子，怕吃多了伤身体，拦又拦不住。只能骗他这不是糖，是毒药，或者干脆藏起来，让他不知道。

这种观念上的误导就带来了生活状态的扭曲，往往让人迷失方向：我喜欢快乐，追求快乐，我明明感觉很快乐，可道德却告诉我那不是快乐，不是我应该追求的快乐。那我究竟该相信道德还是怀疑呢？

损人的快乐必然遭到唾骂和报复，破坏自己的成长、审美、爱、尊严等需求的满足；甚至带来生存威胁，也许一次放纵自我带来的点滴快乐抵不上带来的痛苦的一个零头，是个赔本的买卖，就叫一失足成千古恨。

用这个理由去告诫民众遵守道德，不危害他人是有说服力的。否则，在生理、成长、爱、尊严等需求得不到很好满足，审美需求不属于个人的优先需求的时候，道德的说教无法对抗人性的贪婪。比如性，是再正常不过的生理需要，是很快乐的事。但因为可能后果严重，放纵会对青少年和家庭有害，家长就欺骗孩子说这很羞耻，舆论也往往将其与丑恶挂钩，规劝人们大家不要随意尝试。尽管目的是告诫少年不要过早尝试影响身体发育，成人要对后果负责任，出发点是善良的；**但善意的谎言还是谎言！**

属于个人的快乐本质上是自私的。而带来快乐的欲望可能与他人无关，也可能与他人有关。但无论我们的欲望是否跟别人有关，战胜痛苦时往往会无意中伤害他人，追求快乐时也往往带给他人痛苦。

与他人无关的欲望，主要包括那些生理上对物质的需求。这时，痛苦或快乐都是一个人的事，基本属于自寻烦恼或自得其乐，比如一个孤老，吃饭、睡觉等无法满足时会痛苦，满足了就快乐，这跟别人一毛钱关系没有。就算痛苦也没理由责怪他人。

但是，人的社会性决定人的苦乐总会被他人歪曲为千丝万缕的关系，比如我不修边幅，实在是完全个人的事，自己觉得很自由和轻松。但恋人可能受不了，因为她害怕跟你一起逛街时被人轻视。

即使完全与他人无关，当你痛苦时遭遇嘲笑或冷漠，就会产生新的痛苦；嘲笑侵犯尊严，冷漠违背审美，同样会被你视为敌人。这也是很多不经意的行为与人结仇的原因。萨特所说的"他人即地狱"，就属于这种身不由己的无奈。

还有一种欲望表面与他人无关，本质上是有关的。比如吹牛和自负，表面无关他人但让人讨厌，就在于它们无形中贬低了对方，剥夺了他人的优越感，让人痛苦。比如自虐是用生理上的疲惫和痛苦转移神经对巨大不幸的注意，从而减轻痛苦，表面看完全是个人行为，无关他人。但你会影响亲人的亲情需求，因为他们不希望你沉浸在痛苦中不能自拔。也有自虐主要目的是渴望亲人重视，这是儿童常见的行为。如果亲人漠视他的自虐，他会变本加厉伤害自己，因为希望得到亲人关怀的欲望没有满足，亲人成了带给他新痛苦的仇人，他要让自己更加悲惨，让亲人的审美和亲情残缺，报复亲人。一些人在外面通情达理，但和亲人交往就不可理喻，就是用亲情绑架亲人满足自己的他尊需求。

欲望也可能跟他人直接相关，比如想和你谈恋爱，想比你更有钱，想比你长得高，都跟你有关。这时，部分人欲望的满足获得的优越感所带来的快乐，必然是他人丧失优越感得到痛苦作为代价。也就是说，几家欢乐往往必有几家愁。

如果我的欲望和你有关，满足了就很开心；满足不了，必然迁怒于你。

因此，痛苦或快乐有关他人时，痛苦伴随的嫉妒、仇恨可能引起报复行为，殃及无辜。比如2015年，深圳三个小伙子在厕所比身高，莫名其妙就被旁边一个陌生矮个子拿刀砍了。矮个子的欲望就是不希望高个子炫耀让他自卑带来痛苦。快乐引起的寻租惯性也可能继续虐待他人取乐，比如体罚和轮奸。这时，于己无论是痛苦还是快乐，于他人都是屠刀。

毫无疑问，虐待、征服、强迫他人肯定是快乐的，这是人的动物本能。一个刚出生的婴儿跟动物没有任何区别；他只考虑满足自己的需求，不会考虑是否危害他人。但是，如果这种满足个人欲望寻求快乐的动物天性不受节制，整个社会都变得只顾自己寻欢作乐，不顾他人死活，那必然是人类的灾难。

如何既满足自己，也不伤害他人？人类发明了道德、宗教、伦理等审美需求，让审美也能给人类带来快乐。还在儿童时代，父母和老师就教育我们要善待他人，让我们的动物性逐渐减弱，人性增强。

审美是文化熏陶的结果。动物只有功利，是无所谓审美的；人也不是天生就有审美需要的。只有当社会舆论给道德高尚的人名誉上的优越感，让遵守道德的人哪怕在其他方面要忍受痛苦，也能在审美需求上得到更多快乐时，仁爱、牺牲、委屈、无私奉献等本身痛苦的行为才成为了人获得快乐的一个重要途径，具备与动物邪恶天性抗衡的力量。

审美需求强烈的人，就算他的痛苦与人有关；他也能悲天悯人、理解和体谅他人的难处。如果他的快乐来自于他人，他就能自控、节制、同情、感恩和宽容。这时候，以高尚自居的优越感所带来的快乐足以抵消其他微不足道的痛苦。

因此，社会的责任在于培养并强化人后天的审美需求，使其成为带给人快乐最多的优先需求。这时，道德规范就有足够的说服力引导人自觉的善行。

当然，要想让审美成为公民的优先需求，是需要生存基础的；一个充满暴力和邪恶的社会不是人民的错。当饥饿和寒冷时刻咀嚼人民神经的时候，审美

和尊严会是对生命的一种挖苦和嘲弄。法律的强制作用也只是保障富人的利益；当牢狱的痛苦跟生存比较显得无足轻重时，人们仍会选择以身试法争取最大的生存空间。不是他们不认可高尚和美好，只是他们暂时还没有高尚和美好的资本。

因为利益的取舍很多时候无法折中，道德对抗个人的贪婪本性时仍然苍白无力。实际上，你承认或否认、反对或提倡，都不影响快乐是它本身。损人的快乐是快乐，只是属于不道德的快乐；不能因为危害他人就不承认它是快乐。比如强盗占山为王，每天心想事成、你能说他不快乐？

道德沦丧的人并非没有审美，只是他的审美标准不符合公众的标准，遵守道德客观上不会给他带来多少快乐。

强盗杀人如麻，可能还认为自己是"替天行道"。他的审美标准里，杀人是不符合道德的，但"替天行道"惩罚恶人又符合道德。他的行为仍有部分个人审美与道德重合，所谓"盗亦有道"。如果道德完全缺失，那就和儿童虐待小动物取乐的心理类似。他不认可甚至不知道这是残忍的，因为在他的审美观里面根本没有仁慈这个概念。就像屠夫杀猪，在他看来是顺理成章的事；除非受宗教观念影响，为了积德要少杀生，他会对猪产生怜悯而金盆洗手。

因此，道德作为强势群体维护自身认可的利益的行为准则，只有被个人认可时才影响个人的快乐。当个人审美需求不符合公众道德标准时，客观上是遏制个人快乐的杀手。仅仅因为，这种遏制十分必要；因为他人也需要快乐，你的快乐不能影响他人的快乐。但不能因为不道德的行为损害公众利益就否认其对于个人快乐的作用。

当个人利益与群体利益冲突时，审美需求弱的人会自动选择放弃道德；因为满足自我需求带给他的快乐更多。这就是"在我死后，哪管他洪水滔天"的自私快乐观存在的理由。

而"世事岂能尽如人意，但求无愧于心"的快乐观，让人们能够牺牲个人利益遵守道德。这时，大众审美是个人的优先需求，局部利益不如个人审美标准下遵守道德所带来的正情度大，人们会自觉选择道德优先。

要解决个人快乐侵犯公众利益的矛盾，途径有两个。一是尽量满足人们的基本生活欲求，强化道德审美，使其成为个人的优先欲求；给个人带来自尊的优越感和名誉上的他尊，增加个人审美的正面情绪。这样，就可以弥补道德遏制个人欲望而损失的快乐。二是贯彻康德的"法则之遵循"。你想怎样快乐是你个人的自由；但有显性法则制约你，保证他人的快乐不被侵犯。这比光靠道德转化为个人的自觉行动要有效得多；追求快乐触碰法则底线，就要受到惩罚。这样，强迫侵犯公众利益的个人快乐回归到个人领地去。

这是文化以及社会管理所承载的两大任务。

• 第 4 编

/ 生活的天平：情感炼狱 /

Balance of contradictions

　　人生的七大基本需求带来的苦乐矛盾，在生活的各个层面都有哪些具体表现？平衡好这些矛盾，给幸福加分，是情感炼狱的过程。

/ 幸福隧道 /
Happiness tunnel

情感的钟摆

——人生如同钟摆在痛苦和快乐之间摆动

叔本华说:"欲望不满足就痛苦,满足了就无聊。人生如同钟摆在痛苦和无聊之间摆动。"这其实只是深陷痛苦时的心理状态,显然不包括那些确实幸福的人。

生理需求与生俱来,与世隔绝的人在生理上的需求和动物没有任何区别;而心理需求完全是文化的产物。文化的进步,导致人类生理需求和动物差距越来越大,不只是纯粹的生理需求。

为了满足需求,人会产生无穷无尽的具体欲望。比如生存需求包括吃、喝、睡眠、呼吸、排泄、分泌等等。而饿了要吃饭就是一个具体的欲望;有了饭想吃味道好的蛋糕,这也是一个具体的欲望;有饭有蛋糕想请朋友吃顿鱼翅炫耀一下自己的财富这也是一个具体的欲望。需求是欲望抽象的概括,欲望是需求具体的表现。

一个具体欲望产生后,大脑会通过神经向器官发出行动指令。同时,思维会根据自身能力和周围环境对欲望能否满足有一个预先的基本判断,那就是自信度。人的能力有大小,环境有差别,自信度就有强弱。如果自信度高,思维、神经、器官的行为整体处于协调状态,就是冲动和兴奋;如果自信度不高,思维产生波动,神经向器官发出的指令会反复修改,器官处于无所适从的矛盾状态,就是紧张或焦虑。

紧张和焦虑就是痛苦,它是进取的警钟;冲动和兴奋就是快乐,它是进取的号角。无论紧张、焦虑还是冲动、兴奋,都是自然恩赐给人类的进化基因;

没有紧张、焦虑和冲动、兴奋，人类就会慵懒，就无法进化。

排除外伤带来的肉体疼痛，从纯心理的角度考量，许多人都意识到欲望是痛苦之源。因此，宗教劝人无欲无求，以此让灵魂宁静来避免痛苦。但是，希望无欲无求，这本身就是一个具体的欲望，这个希望消灭欲望避免痛苦的新欲望所带来的新焦虑，同样永无止息地在折磨着可怜的人类。

因此，那些害怕欲望满足不了带来痛苦、渴望无欲无求的人只能寻找一些单调重复的事情转移自己的注意力，用替代、转移或遗忘来冲淡原有的欲望。如宗教倡导修行追求极乐世界和来生的幸福，其具体行为中单调重复的念经、唱诗、祷告、数珠子、敲木鱼等等可以短暂消灭尘世的欲望。

但是，你相信他真的摆脱了紧张和焦虑么？没有。灵魂深处还有酒肉和尚。因为无论他们把世界理解成什么样子，他们仍然只是血肉之躯，无法消灭作为人的基本需求。只是，宗教倡导的生活方式可以让人一念即灭，少了尘世的烦恼，这暗合大脑和神经的规律。同时，他们其实也给自己创造了最大的优越感，是快乐的：放下贪嗔，修成正果，我是神佛，你们是俗物！

欲望产生后，行为结果会面临三种状态。一是失败后自信度低彻底绝望，这时大脑会通过神经发出警报；这种条件反射就是痛苦。二是失败后自信度高，不甘失败认为还有希望而选择继续努力，那是一个与旧欲望有关的新欲望；这时神经重新回到紧张、焦虑状态。三是成功，这时大脑通过神经发出放松指令，这种警报解除的条件反射，就是满足欲望才能得到的他控快乐。

他控快乐是紧张、焦虑消除后的单向反射，每一个他控快乐必然有一个欲望带来的焦虑与之一一映射。但反过来无可逆性，每一个焦虑因欲望实现的难度不一定能被消除而得到快乐。每个紧张、焦虑都是琴键，快乐是琴键敲响后飞扬的音符。

紧张、焦虑的存在时刻提醒我们去消除危险、威胁、危害，去努力满足自己的欲望。这会让神经处于紧张状态，消耗大量体能。而失败太多，神经始终处于紧张状态，身体就会出现排斥反应，拒绝继续紧张和焦虑。就是平时所说的万念俱灰的无聊状态。

无聊对于欲望强烈、渴望上进的人来说，是浪费生命。因此，罗素说，无聊，对于道德家来说是一个严重的问题，因为人类的罪过半数以上都是源于对它的恐惧。

但不必恐惧，这个状态不会维持太久。体能的恢复和思维的关注，很快又有新的欲望产生，又有新的紧张、焦虑和冲动、兴奋催促人类为了满足欲望而奋斗。

从欲望带来的紧张、焦虑、不满、冲动、兴奋、满意、痛苦、快乐、无聊持续的时间长短上来看，紧张、焦虑持续时间最长；冲动、兴奋是小孩子过家家，尤其是成年人受欲望满足的难度大而十分短暂；痛苦和快乐是欲望满足后非常短暂的神经反射，时间最短；至于很多人自以为失败的"痛苦"很深，那只是失败后痛苦了但不甘心失败想继续奋斗的新的紧张、焦虑状态。受生理、健康状况的影响，不同的人的无聊状态会长短不一；但与自身比较，无聊相对来说比紧张、焦虑时间短，比痛苦和快乐时间长。

至于成功后很多人会有长时间"快乐"的感觉，那其实是自信心增强后，欲望更大更多带来的冲动和兴奋状态。

但成功的自吹、炫耀或被他人反复赞美，能让他控快乐重现，那已经不是这个成功本身带来的快乐，是他尊欲望满足后得到的新快乐。

显然，叔本华的判断是感性的，这与他个人的遭遇有关。他自幼性情孤僻。父亲是成功商人，后精神失常投河自杀。母亲是当时颇有名气的作家，但他和母亲的隔阂非常深，最后关系破裂。

因此，叔本华以他个人的遭遇体验到了欲望满足艰难带来的痛苦以及失败太多、身心疲惫的无聊，而忽视了时间很短的快乐。恰恰，快乐才是最有价值的，是对人进取的奖励。我们是为了满足欲望奋发进取，快乐就是欲望满足的标志。

显然，满足一个欲望所需要的时间受难度的制约会长短不一，可能是一天、一月、一年、十年、甚至一生；甚至一生也无法满足某个欲望导致紧张、焦虑一生，就是所谓死不瞑目。反之，欲望越简单，越容易实现，得到快乐的次数就多。因此，儿童比成人快乐多只是儿童的欲望更简单，更容易实现。

还有一种快乐跟欲望无关，是神经偶然的同频反射，即生理指标和欲望满足带来的参数雷同，我叫它自控快乐。自控快乐容易得到，是弥补人生不幸的绝佳佐料。

因此，人活着就是为了满足活好的需求，这带来无数具体欲望。担心失败就紧张，预期失败就焦虑，失败来临就痛苦；渴望成功就冲动，自信成功就兴奋，成功到来就快乐。既没成功也没失败就无聊。

各种跟快乐有关的正情绪多于跟痛苦有关的负情绪，这种人生状态就是幸福。

欲望无穷，苦海无边。人生如同钟摆在痛苦和快乐之间摆动，无聊是无数次从痛苦到快乐挣扎的中场休息。

/ 幸福隧道 /
Happiness tunnel

衣食住行为何可怜？

—— 人的可怜之处在吃饭都是吃给别人看的

生存需求主要是衣食住行等物质需求，在婴幼儿时期和动物没有区别；但经过文化的洗礼，成人的生存需求受心理影响大，和动物的生存需求有着质的区别。很多人累死累活一辈子，攫取多余的物质，只是想高人一等，找到优越感。其实，渺小短暂的生命，光是满足一个人的生理需要，根本不需要那么多财富。在这点上，人比动物要愚蠢。**动物只在乎生理需要，人为了面子，自虐或虐人，搞得自己或别人可怜巴巴、苦哈哈。**"穷极无聊""穷凶极恶"就是这么来的。

一、吃喝拉撒

新陈代谢里面，哈欠、分泌和猪没区别，但呼吸、吃喝、排泄就不一样了。

林子里吸进去的氧气跟别的地方分子式一样；但人为了找到优越感，喜欢花钱炫耀自己在氧吧享受而不是在林子里。

吃喝除了维持生命，有人还追求美食和餐具、餐厅的档次，这是为了满足味蕾的好奇心获得愉悦，也增加炫耀的资本或作为社交的手段赢得他人的羡慕。

比如价超黄金的法国巨型白地菇、每公斤500欧元的土豆，日本每公斤1000多美元的和牛肉，因稀有而价高。味道确实独特，能满足味觉上的快感，但被消费者追捧还有不可告人的阴谋：一是拿来请客送礼，可以给别人尊严增加情感；二是在迪拜帆船酒店吃了世界上最贵的食品，几十年后，还可以摸着孙子的后脑勺重复炫耀，获得优越感。本质上，其营养价值和别的同类食品只是一粒老鼠屎的距离。至于是在沙漠里顶着风沙吃,还是坐在七星级酒店用金碗银筷享用这些玩意,拉出来都是两泡或臭或骚的屎尿。

屎尿和猪狗一样腥臭,人要选择高档的马桶。当然,人的屎尿也掺杂了审美需求,而不是跟动物一样只是为了认路或圈定势力范围。

关于屎尿,受心理影响,人发明了许多滑稽的处理方式。

非洲岛国毛里求斯的大颅榄树靠渡渡鸟吃大颅榄树的果实,消化后排出体外的种子才能发芽。渡渡鸟灭绝了,大颅榄树也濒临灭绝。后来科学家让吐绶鸡替代渡渡鸟,树儿才重生。科学家吃饱了没事干?不是,他们用屎解决了一个难题,有成就感。

人类早期是不怕屎尿的;当然,那纯粹是实用,谈不上有多少优越感。古埃及人用鳄鱼粪调成栓剂,置于宫颈口和阴道内避孕;突尼斯的柏柏尔人用牛粪刷牙;北非贝都因女人用骆驼尿洗头。著名香料龙涎香是抹香鲸屎里面包着肠胃分泌物的食物残骸;因为食物中的角质喙和软骨割伤肠胃,抹香鲸通过分泌物包裹住那些尖锐之物,以缓解疼痛。

后来,人们陆续从动物屎尿中得到了优越感。

最典型的是蜂蜜。花蜜被蜜蜂存在第二个胃里发酵,也应该算是屎了,只是蜂蜜是蜜蜂从嘴里吐出来的。世界上最贵的猫屎咖啡,咖啡原豆是印尼等地的麝香猫无法消化原封不动排出体外的;东南亚的象屎咖啡,也是如法炮制。印度著名可乐饮料牛水,就是牛尿为原料。台湾产的龙珠茶,就是用纸包茶砖多年,长了叫银鱼的小虫,虫屎筛出来炒干,再按蜂蜜、茶叶、虫屎1∶1∶5的比例混合后复炒而成。虫屎茶据说有减肥的作用,在台湾和日本价格比黄金贵。

因为屎尿的恶名,人类给屎尿穿上外套,梳妆一番,就美了。口感独特、价格昂贵,很有面子。不告诉你,你只知道吃了名贵的食品很有优越感,怎么知道吃的是动物屎尿呢?

二、衣着

衣着的最早功能是御寒;进步功能是遮羞;终极功能是装饰身体,诱惑异性,获得优越感。

御寒当然只要保暖就行,树叶杂草兽皮来者不拒;遮羞?都是肉为什么非要遮住它?都是肉为什么就它可羞?祖宗发明的骗术而已。目的是要小孩子保护好命根子,不要随便外露带来伤害,不要随意接受异物导致怀孕。

当然,衣服充当遮羞工具后,就衍生了审美意义,中国古代甚至把衣服当成了情感寄托的载体。比如父母去世,儿孙要着"斩衰裳",白色的不锁边的麻布孝服,表示父母去世很悲伤,没有心情锁边了。汉字"初"左边是衣,右边是刀,表示人类文明肇始于裁剪缝制衣裳,区别于不知羞耻的动物。

御寒遮羞,只能算衣着的初级阶段。不同的衣着视觉差异很大,有的漂亮,有的土不拉几。看上去美的衣着能让人自信,产生优越感。于是,现代小女生每顿吃半个馒头也要省下钱来买几件漂亮衣服穿穿。

当然,身材超好的女人对多余的衣服是不欢迎的;最好是贴着自己的肌肤走,一根纱也不要多。如果不是早年被老妈洗脑了,真想脱光了在街上走;那回头率才叫高,想没优越感都难。

但鸭子的相貌是天生的,跟天鹅比怎么也找不到优越感。怎么办?我不跟你比脸蛋、身材;我跟你比打扮品位、比穿着档次。

——好看有什么用?整个一柴火妞,穿的是地摊货。我都不好意思告诉你,我内裤才几千块,香奈儿的。

——穿名牌算什么?一看就是家庭主妇,没一点艺术品位!

——哈哈!你们怎么比都没用,老娘穿什么都好看,天生的。当然,要能穿套香奈儿,背个LV,挂条奥斯卡钻石项链也未尝不可。

有脸蛋、身材的拼相貌,先天不足的拼搭配得体;然后比衣着的档次。因此,先天好的女人每天化妆几小时才叫正常;没钱的不买也喜欢看,或许就找到了一件便宜但搭配超时髦的;有钞票的就不用废话了,看中了就一个字:买!

总之,要么脸比你白净,要么衣着打扮比你得体,要么一身名牌吓死你!不在衣着上找点优越感我就不叫女人。男人的相貌比拼带来的优越感不强;所以男人不会花太多心思在衣着上,撑死弄条"迪柯龙"或挂只"鳄鱼"告诉你我有钱;钱太多的直接戴只百达翡丽表;明眼人一看就知道:不多,就1000万美元!

三、住行

住的地方主要用来睡觉，安全舒适就行。老鼠打洞藏起来，免得睡着被吃了；老虎狮子不怕谁，走到哪睡到哪；金丝燕比较辛苦，捡几根毛，吐点口水凝固后再吐，慢慢建成一个窝，这就是所谓高级补品燕窝，说穿了就是燕子的口水变成了固体胶而已，其营养跟驴皮阿胶类似，胶原蛋白含量高而已。家燕跟人混熟了，就聪明多了，捡几根草，和一把泥，随便就搞成了钢筋混凝土，也省了很多口水。

按道理，能吃喝拉撒，有个床，冷暖适宜就够住；但人总想不停换房子。房子越大、环境越好、装修越豪华，住得就越有优越感。因为你的房子比别人的大、好、豪华。

车也一样，成了身份的标志；其工具性反而被弱化。公交、地铁、出租出行也许更快更省钱，还能顺便锻炼身体；但别人都有车，你没有，被比下去了，不爽啊。所以，宁愿省下早餐钱也要弄个车啊。有了车，跟别人比太次了，丢人啊！要不停换好车啊，这样才比很多人有优越感。在中国的城市，车子许多只是用来上下班，大部分时间在淋浴或晒太阳。就算经济并不富裕的农民，一年到头也用不了几回，也要买个小车停在房前。这个消费主要不是买实用，是买成就感，买快乐啊！

因此，这些人的车大多不是用来开；而是停在小区、单位或家门口用来显摆的。

中国的房价为什么领跑世界？交通为什么突然一下拥堵？中国人缺房子住？不缺，都有房子住。截至2015年底中国待售住房有70亿平方米，全国人均5平米；中国现有的房子够30多亿人住。为什么房市还那么火呢？因为有房子住，要住大的才有面子，这就推动了市场。

中国人多竞争惨烈，而房子、车子是社会地位的一个显性标志。对于他尊缺乏的中国人来说，累死累活要的其实不是房子、车子，而是赢得社会他尊的面子。

/ 幸福隧道 /
Happiness tunnel

如何做健康的动物？

——让他富贵去吧！风云去吧！你健康活着，静静看他死去

健康是人的本能需求，也是战胜痛苦、争取快乐的本钱。保证健康，要从三方面入手：

首先，饮食要注意细胞构造和细胞间质构成所需的营养成分品种齐全、数量合适；因为人体的构造除了细胞就是细胞间质，没有其它东西。细胞构造没有缺陷，细胞间质构成符合细胞的代谢环境，人就健康。

地球有94种元素，加上放射性裂变产生的新元素，有118种，第119种元素尚虚位以待，暂时没有得到确认。

元素的存在数量和性质虽有差异，但亿万年的化学反应之后，随着地壳运动、水的溶解和循环，生命所需的各种常见有机物的分布在陆地表层和水域大致均衡；这是陆地和水域都能存在生命的理由。

生命是无机物经光、电、辐射作用变成有机物再生成最低等的蛋白质进化而来。各种分布广泛并数量众多的元素和常见有机物是生命的构成成分；那些数量稀少的罕见元素和化合物、性质特别稳定或特别不稳定的元素和化合物，都无法持续参与生命的代谢，是生命不需要的。

同时，那些原子量超大的元素，受重力影响，生命无法承受其重，也被拒之门外。因此，人体需要的元素集中在原子量小于碘（53）的质量较小的50多种元素中。排除那些数量稀少的元素、极稳定的如惰性气体和极不稳定很难在体内形成有机物的元素，人体必需的营养元素我认为不超过33种。

人体必需的元素，作用已经搞清的有29种，包括占体重95%以上的宏量元

素即碳、氢、氧、氮4大天王，占4%左右的常量元素即钙、磷、钾、硫、钠、氯、镁7大护法，占1%左右的微量元素即铁、铜、锌、钴、锰、铬、硒、碘、镍、氟、钼、钒、锡、硅、锶、硼、铷、砷等18大金刚。另外4种元素铅、镉、汞、铝人体也有微量存在，一般认为有害人体；但是否有特殊生理作用，目前尚不清楚。

所以，健康的基础是饮食摄入的各种元素及元素构成的化合物的比例协调。构成生命必需的某种元素或化合物需要合理的数量，过多过少都会伤害细胞。夸大某种食物或药物的功能、动不动就说什么东西包治百病是一种骗术。各地水土成分不一，每个人的饮食习惯不同，摄入的各种物质多少有差异；如果这些食物或药物所含的物质这个人不缺，继续摄入只是垃圾。

同时，年龄、性别等差异也让人体需要的营养差异很大。如社会分工不同，女人要更多承担生育和家务，这需要女人细腻、平和，更少冲动和冒险；而男人必须更多参与社会竞争，他必须有足够的雄性激素保证冒险进取或面临困难时有足够的勇气去克服。因此性激素需求差异决定男女在饮食上差别很大。

其次，要维持身体的化学性质稳定，减少对细胞的伤害。

生命的状态跟基本元素和元素在环境中的生化演变直接相关。从化学的角度看，健康就是保证构成生命的细胞、细胞间质如水、酶、基因等基本单位的化学性质相对稳定，不被外界物质干扰出现重大的化学改变，保证细胞正常的新陈代谢。

外界伤害细胞的种类有很多，比如细菌、真菌感染损害细胞，病毒感染改变细胞，食物中毒摧毁细胞、癌细胞扩张抢占正常细胞的生存空间。

因此，注意卫生和避免中毒是重点。

另外，每个人的先天条件不同，遗传带来组织、器官的生命力强弱不均。而不同元素的化合构成不同的"合金"，从韧度、强度上保证不同器官的功能需要。但受氧气和氢气的影响，不同元素的氧化和氢化快慢决定了器官的使用寿命。而生命的存在是各种组织、器官的协同作战；某个组织或器官的严重受损，将带来生命机器的停摆。因此，我们需要关注的是自身质量最差的组织或器官，这就是我提出的器官短板理论。

肺只能活100岁，肝脏活120岁没有意义；哪怕让肝脏活102岁，肺活101岁，其他不变，人还是能活101岁。

第三，要维持身体的物理性质稳定。受地球重力影响，人体器官承受的压力不均，体液、血液密度也有差异。人的直立行走是种进化，又是一种负担和隐患。站立越久，越容易患一种四肢行走的脊椎动物没有的脊椎病；也容易造成体液、血液的密度不均，让重金属的盐溶液集中到脚部。如何合理变换站、坐、躺的姿势，不让重力对细胞、脊椎和血液造成伤害，是一个需要重视的问题。

从物理的角度看，运动和保健就是利用物理原理减少重力对细胞、关节、韧带、体液的危害，消除环境对人体的副作用。

"生命在于运动。"伏尔泰提出的这个口号风靡了300多年；但其实是误导，大多数人并不明白运动的真正作用。我认为，运动的作用无非是三个：一是克服地球重力，摇匀营养液，保证细胞生长的成分均匀；二是保证内分泌的均衡分布；三是保证血液循环畅通。但因为心脏跳动总次数是固定的，就像发动机，到时就报废；剧烈运动会透支心跳、短命。世界上没有专业运动员能长寿，平均年龄不到60岁。《让世界跑起来》的作者痴迷跑步，结果也是50多岁心脏病死了。倒是许多平时不搞剧烈运动，只是每天坚持简单活动的寿星多。

能坚持运动的无外乎两类人：一类是尝到了运动甜头的人，希望不停收获快乐、保持健康；一类是身体有缺陷的人，希望通过锻炼、打造健康。因此，每天坚持不懈锻炼的总是这两种人，要么是身材匀称的帅哥美女，身体是炫耀的资本；要么是身体有毛病、腿脚不利索的老人，而鲜有小孩和长相平平的健康人，因为那些人没有强烈的需求，就没有坚持锻炼的动力。至于隔三叉五到公众场合去体验收费运动项目，那不只是为了健康，而是为了满足新奇和向他人炫耀得到快乐。

基于不同目的，每个人的运动偏好差异很大：

女人主要希望自己健康美丽，侧重得到男人的认可；男人希望比别的男人健康强壮，侧重社会的认可。因为男人是女人的依靠，而世界是男人的希望。

因此，男人的运动大多带有竞技性，训练越久，水平会越高，越有可炫耀性，因此大多是个性化项目，基本不变；如重复的力量训练、肌肉训练、柔韧训练等。有的男人七老八十了非要横渡长江，那基本上不是为了健康，而是向全世界炫耀。

而女性的运动目的主要是让自己更加好看，得到男人的欣赏；运动项目会随着年龄增长不停调整。例如中国的女性独立性较差，喜欢依赖男人，主要心思放在如何吸引男人：青少年女性，希望塑造好身材找个好对象，大多是竞技性强的剧烈运动，如田径、游泳、球类。中青年妇女，希望保持身材，深得丈夫喜爱，形体操是首选。老了对男人的依赖减弱，大妈们就希望自己健康长寿，同时，退休了生活太单调，有音乐伴奏让自己快乐的广场舞就是最爱；而发达国家的女性自主性强，人生快乐的途径很多，就没有风雨无阻、如痴如醉的广场舞大妈。人家70多岁的老太还去猎熊，比这傻乎乎、弱弱扰民的广场舞更刺激，更快乐。

疾病的本质

——疾病的本质是营养吸收、输送与合成的比例和速度失衡

从生命的起源来看，1953年美国米勒用电流模拟闪电轰击气体，测出了氨基酸；1961年，西班牙奥罗用氰化氢等物质，合成了生命物质腺嘌零，它是核酸重要成分之一；1963年波兰佩鲁马等利用紫外线照射，得到了在生命中用于传输能量的物质ATP。从此，生命的化学进化说被普遍认可。

最近，德国和法国两位科学家在格陵兰38亿年前的石英岩里发现了单细胞有机物的内含物。这种细胞外观上呈椭圆形或丝状体，一般含有鞘，它的繁殖方式与现代酵母几乎相同。这样的单细胞有机物需要5亿年才能形成，因此，根据目前的发现，最早的生命应该在43亿年前才开始形成。

美国科学家研究发现，在含有能量作用下，普通泥土也可以合成氨基酸等生命物质。

总之，生命是从无机物到有机物，这是一种各种元素参与的化学过程。生命的本质，就是元素构成的化合物的组合。

一、生命运行的关键

生命的基本构成单位是细胞，要保证生命的正常运行，**细胞正常的新陈代谢是最关键的**。此外，细胞间质保护和平衡细胞的生存环境，是细胞正常代谢的保障。

疾病是什么？血液、粘液、黄胆汁和黑胆汁四种体液的比例失常，西医之

父希波克拉底如是说。"偏阴偏阳谓之疾",疾病的本质是人体阴阳失调;中国古代的《黄帝内经》如是说。这些是早期医学蒙昧的猜测。

到18世纪,意大利莫干尼的器官形态学和法国毕夏的组织形态学,把疾病的本质思考深入了一步。但目前广泛得到认可的是19世纪德国魏尔肖的细胞损伤理论和当代的基因病变理论。

但是,这两个理论仍然引来了不少口水仗,因为无法解释一些特殊的病例:如精神病和肿瘤等疾病:大多数精神疾病和众多的功能性疾病细胞病理学无法解释;科学家们致力于发现癌基因希望通过基因的改变来战胜癌症,结果却表明,所谓癌基因竟然是人体细胞的正常基因。

人体的基本构成单位是细胞,这是细胞损伤理论的依据。这个理论在现代医学上被广泛运用,尤其是西医,肝病修肝,胃病修胃;针对性强,效果显著。

但是,这个理论忽视了人体构造的复杂性;因为不同器官细胞所需营养成分有差异,胃细胞缺少的可能是肾细胞多余的。西医头痛医头、脚痛医脚的结果往往是,治好胃病伤了肝,或者治好肝病又伤了肾。甚至,癌细胞是杀死了不少,但正常细胞死得更多;坏死的器官是通过手术切除了,但人却死了。

另外,除细胞外,细胞间质的作用巨大;比如骨质疏松要补钙,但如果关节腔液分泌不足,缺少润滑剂,关节的物理磨损照样大,不解决根本问题。倒是中医虽然理论上是虚的,说不清科学依据。但不管你有多少病,总之看上去大体是这个症状,用中药能整体调理,副作用要小很多。因为中药的成分提供了细胞和细胞间质的营养,那是千万年治死无数人的经验总结。中医原理扯淡,中药的效果是不错的。

因此,**相信西医对人体细胞、组织、器官的精确分析,依据营养学原理像中医一样对所有器官的整体施治,是比较合理的。**

否则,只是关注组织和器官本身的疾病而忽视人体的整体协调是无法治好很多疾病的;往往是按下葫芦起了瓢,疾病没完没了。

人体好比一辆行驶中的汽车,我们关注的重点应该是汽车如何才能正常行驶;而现代医学关注的重点却是怎样才是一辆好汽车。生命一直在行驶中,对疾病的关注不应该重点只是关注人体本身器官的好坏,而要关注怎样才能让器

/ 幸福隧道 /
Happiness tunnel

官正常运行。比如一个健壮的人在短暂缺氧死亡后，除了大脑，别的器官短时间应该是完好无损的；就像汽车没汽油了跑不动，但本身质量很好。

器官再好，短时间内的脱水或电解质不平衡，都会运转失灵。因此，细胞、细胞间质的协调工作推动了人体这辆汽车正常行驶。而细胞的老化、死亡，细胞间质包括体液的浓度和数量出现偏差，都会带来组织和器官不能正常工作，这就是疾病。

但是，这只是现象。细胞为什么老化？为什么死亡后得不到及时新生？细胞间质尤其是内分泌、体液浓度和数量为什么或多或少？答案统统是营养补给不合理。疾病的本质是人体需要的营养元素的吸收、输送与合成的比例和速度失衡。

好比汽车，需要发动机、轮胎、车厢等部件，相当于人体的组织和器官，由什么元素构成决定了这些部件的硬度和韧度。人体和汽车不同的是，汽车一旦制造出来，除了氧化带来的变化外，其部件所含元素就不变。但人体的基本构成是细胞；细胞每时每刻都在生长和死亡，需要不停补充损耗的原材料，那就是营养。

并且，死亡的细胞所含的化合物其他细胞无法重新吸收利用，这些垃圾就挤占了正常细胞的空间。这是我提出的关于死亡的空间压缩理论。最新的医学研究表明，细胞有重复利用死亡细胞营养的功能；但这种功能应该不强或个体差异很大，否则，人就不需要继续补充营养。人体细胞不能全部吸收利用死亡的同类，同类的尸体如何处理？是不是通过血液循环输送到了消化器官？女人的寿命普遍比男人长，是不是有月经，经常放血带走垃圾的缘故？

另外，光有硬件不行，还需要汽油、电线等配套系统。就好比人体的神经。同时，还需要润滑剂，那就是以水为主的体液和内分泌物。

至于基因突变理论，那应该只是一些罕见疾病。因为人体的基因是遗传的物质基础，十分稳定，很难随便改变。本质上，基因是DNA（脱氧核糖核酸）分子上具有遗传信息的特定核苷酸序列的总称；虽然在人体内稳定遗传，但本身只是低级的生命构成单位，只相当于汽车的一个LOGO，对汽车的运行无伤大雅。

二、元素补给理论

人体的组织和器官，功能不同，需要补充的原材料也不同：皮肤要补脂肪和维生素，重点是维生素，可以减少氧化、减缓干燥；肌肉要补脂肪和蛋白质，保证细胞密封和饱满，重点是蛋白质；韧带要补胶原蛋白和弹性蛋白以及硫元素，确保硬度和弹性，重点是硫元素；骨骼要补多种矿物质，确保密度和硬度，重点是钙元素；眼睛要补维生素A和E，还有葡萄糖；肝脏要补充葡萄糖；心脏既需要强度又需要韧度，是人体需要元素最多的器官，有30多种，最不能缺的是硒，心脏肌肉的强度或韧度不达标，就是心脏病。

很多地方病都和元素超标或缺乏有关，如铅、铊等重金属中毒，如缺硒的克山病。甚至，我有一个猜想，需要医学界的验证：艾滋病是免疫功能丧失症；就是说，因为没有了免疫力，任何小的感染都会让艾滋病人得各种病，所以病人十分脆弱。如果单从营养角度，除被动传染的人群，艾滋病人一般经济条件不差，吃得不错。那么究竟是什么造成细胞崩溃呢？我认为，是锌元素！因为锌在人体本身是微量元素，而滥交的男人不停射精造成锌流失，到达极限，就是艾滋病！这跟缺硒的克山病类似。古代说精尽而亡，就是男人纵欲造成的。所以，艾滋病是男人生产的，然后传染给女人。艾滋病只通过血液、精液、唾液传播，就是因为空口腔粘膜和阴道粘膜可以直接接收相关病毒进入血液。

以下是生命活动中，元素补给的重点：

（一）细胞

人的组织、器官、骨骼都由细胞构成，这是构成人体的基础。而细胞核由蛋白质构成，细胞壁由葡萄糖构成，细胞膜由脂肪构成。因此，人体需要不停补充的主要营养是糖、蛋白质和脂肪，除蛋白质含硫或个别微量元素，它们都是由碳氢氧氮四种元素构成；否则，细胞的新陈代谢就会营养不良。

因此，中国传统的辟谷养生和素食养生都是违背科学原理的。因为辟谷先靠消耗体内脂肪再靠蛋白质转化为葡萄糖提供能量，能减肥，也不会死；但细胞代谢缺少原材料，肯定受损。

而素食危害更大，因为草食动物吃草可以自己制造蛋白质构成所需的20种氨基酸，而人吃肉以后，肉类含氨基酸丰富，有的氨基酸多余，人就自己不造了。功能退化后，人体有8种氨基酸自己不会制造，必须通过食物补充；其中母乳的组氨酸高，婴儿连组氨酸都不会自己制造。植物蛋白也有大部分人体必需的氨基酸，但不全面；如果长期素食，细胞核的构成必然有缺陷。宗教徒素食，理论上也必须吃鸡蛋和牛奶之类的荤，不能全素，否则短命。我甚至有个猜测：癌症的成因是氨基酸不全引起细胞核畸型导致的；因为癌细胞本身也是人体自己的细胞，并非外界入侵的物种。

（二）水

人体由33种元素构成（这是我长期研究得出的个人主张，按传统说法是60来种），其中氧占65%，氧、碳、氢、氮四种元素加起来占人体96%。其中一部分参与细胞合成，而大部分氧和氢则不参与细胞构成，是独立的水，占体重的45%到75%；存在于细胞内外，用来合成血液和体液并保障其输送。没有足够的水，细胞会干枯，神经会萎缩，体液会失衡。

（三）非细胞衍生物

人体的非细胞衍生物，不属于生命的构成单位，可有可无；就像汽车玻璃上贴的膜。如指甲和头发是角化蛋白，剪掉头发和指甲不影响健康。因为人体不能储存多余的蛋白质，我认为头发和指甲是人体多余蛋白质的排泄通道之一。因此，我认为指甲和头发的作用有三：第一是排泄多余蛋白质；第二是保护头部和指趾免受伤害；第三是协助血液循环。如指甲靠近指根部分有空腔也就是常说的半月板，可以储存大量血液，保证指端静脉回流的血量充足。

人体每天只需要50~80克蛋白质，多余的蛋白质靠肾脏分解为二氧化碳和水排出体外。肾衰的人不能多吃肉，就是这个道理。但是，怕吃肉又可能导致细胞核构成缺陷，这也是肾衰难治的原因。这种两难和糖尿病类似，糖尿病是糖无法分解输送到器官提供能量，大量储存在血液和尿里；本质是糖少了而不是多了。所以，要治好糖尿病的关键不在减少糖的摄入；而是修复胰脏细胞，保证它能分泌胰岛素将葡萄糖转化为能量。

脂肪是细胞构成的，人体能储存多余的脂肪；但这些多余的脂肪是独立于组织和器官外的，存在和消除跟生命本身没多大关系，等同于非细胞衍生物。但它对人体是有用的，作用有两个：一是在食物缺少、葡萄糖供应不足时转化为葡萄糖提供能量，二是缓冲外力对器官的冲击，保护器官。细胞外的脂肪的危害主要是心血管。因为重力原因，脂肪密度小，血脂会上浮到头部堵塞脑血管导致脑细胞缺氧。减少血脂的方法无非是化学上靠饮食调整，物理上靠倒立或高抬腿疏散血脂到脚部。

（四）神经

神经是由聚集成束的神经纤维构成，而神经纤维本身构造是由神经元的轴突外被神经胶质细胞所形成的髓鞘包裹。神经的运行离不开非细胞构成的神经递质。神经以电流的方式传导信息，鞘膜必须绝缘；否则会漏电造成信息传导紊乱。而在体液浸泡的环境中，体内物质只有脂肪能绝缘，否则会漏电。因此，神经鞘膜的脂肪太少或破裂，漏电就会造成信息传递紊乱，就是神经病；这和大脑思维紊乱引起的精神病完全不是一回事。因此，我主张精神科和神经科要分开；一个是网线问题，一个是主板问题，完全不搭界。

（五）体液

除血液外，其他体液如脑脊髓液、胃液及各种消化液、精液、唾液、泪液、汗液、尿液、阴道分泌液、激素、神经递质等，本质上只是水和其他化合物的混合，虽然参与生命活动，但不是生命本身的构成部分。就像汽车的润滑剂，对汽车行驶有帮助，但不是汽车本身。体液的合成除了碳氢氧氮四种元素，离不开众多的维生素和矿物质的参与。因此，膳食要均衡，不能偏食，否则可能缺少某些常量和微量元素，造成体液成分和浓度的失衡。

三、细胞漂浮理论

因为人体的70%是水,所有细胞实际上浮在水里。这里就涉及浮力的问题。如果盐分过高,体液密度过大,则浮力增加,细胞将会往上走,造成颅内高压。因此,喜欢高盐饮食,容易患脑溢血。但如果盐分过少,体液密度过小,浮力下降细胞将往下沉,就会造成腿部水肿;过去缺盐的地方,人会水肿就是这个原因。这是细胞外氯化钠维持的体液密度的均衡问题。

同理,细胞内蛋白质的稳定成形,也需要合适的氯化钾浓度来调整。氯化钠主细胞外电解质平衡,氯化钾主细胞内电解质平衡;这也是人生病了为什么一上去就先吊盐水的理由。我们平时吃的盐是氯化钠,体内一般不缺;吊生理盐水一般是氯化钾。

总之,细胞外的氯化钠和细胞内的氯化钾的合适比例,才能保证大面积的蛋白质不上浮或下沉。只有浮力与重力相互抵消,细胞才能停留在合适的位置,否则会扎堆上浮或下沉。

因此,青少年想要长高点,应该高盐饮食,还是低盐饮食?这个问题很有意思。

自我治病记

——一切从常识出发，复杂的东西都可简化

我从小体弱多病，几十年坚持自学医学，也养成了思考疾病的习惯，经常尝试着自己治病。下面是我对一些病的思考和自我治疗实践。因只是个案，供启发思路，请勿盲目仿效。

一、尿床

我从小直到读高一还尿床，各种偏方、西药都无效。后来我估计是膀胱肌肉乏力或相关的神经先天不足造成的。于是一方面加强体育锻炼，一方面狂喝水，让自己尿多，然后撒尿玩；撒一点然后紧缩尿道憋住，这样一紧一松，膀胱肌肉逐渐变得有力，和神经的联系也协调了。神了，这么练了一段，迅速不尿床了。并且，后来能随意控制射精，连安全套都免了。

二、脑膜炎后遗症

高中得过一次脑膜炎，出院后我连老师、同学的名字都记不清了；按道理我不可能今天还能写书。感谢我的父亲，他天天陪我赤膊晒太阳，搞劳动。不到半年，我又恢复正常。

三、胸膜粘连

因为先天不足，我一直渴望通过锻炼让自己变得强壮，所以是个体育迷；加上脑膜炎后遗症也是靠锻炼康复的，我更把运动当成了神，继续像疯子一样搞体育锻炼。因为治尿床养成了过度喝水的习惯，锻炼又劳累过度，导致胸腔积液：结核性胸膜炎！抽出的血水有半痰盂。

雷米封吃了一年半；好了以后留下胸膜粘连的后遗症，一呼吸胸口就隐隐作痛。我问医生，医生说后遗症没有药物治疗，只有手术把粘在一起的胸膜撕开。我问医生可不可以继续搞体育锻炼，医生说，只要你不怕疼，无妨。我分析，胸腔积液后，把胸膜涨大了。肉不是橡皮，大了就小不了。当积液抽干后，本不相干的胸膜粘在一起，时间久了甚至会长在一起；呼吸或运动让胸膜非正常拉扯，肯定痛。我当时傻想：趁他们只是暂时搅在一起，并未完全长在一起，赶快用外力把他们分开。于是，我天天一下课就像疯子一样地练跳远。后来在校运会上，我奋力一跃，破了高中的跳远校纪录。就那一跃，让我胸口疼了10多分钟，趴在地上起不来。但是，此后胸口再也不疼了——我用运动代替了手术，把粘连的胸膜分开了。

四、支气管炎

似乎是遗传，我们这个家族都有支气管炎。奶奶、爸爸、我，一到春天，总是莫名其妙狂咳不止，并且周期很长；但一个偶然的中毒事件却让我的支气管炎好了。

假期我用"柴油"清洗单车，那气味非常刺鼻。一天下来，腰酸背疼，连晚饭也不想吃就睡了。第二天我不停咳嗽，喉咙里咳出几粒黄豆大的黄色颗粒，带有恶臭；用手捻象面粉团。父亲回来，告诉我，那瓶不是柴油，是敌敌畏！从此，我的支气管炎好了。

我分析，支气管炎症与病菌有关。因为呼吸道是个特殊的部位，喉管是软骨，而肺是由喉管吊着悬在胸腔内，与其他器官的联系路途遥远，所以，药物进入消化道和胃酸化学反应后，再进入血液容易，输送到肺部，速度和效率大打折扣。而气管部分是软骨，药物根本到不了，是个盲区，这就是肺炎好得快而支气管炎很难断根的原因。

我认为，本质上，支气管炎是喉管部位的细菌没有清除，不时吸到肺部引起感染带来的症状。支气管本身不容易有炎症，因为它只是一段软骨；如果连它都发炎、溃烂了的话，脆弱的肺早就烂了。所以，我认为支气管炎不是病，是症状，应该属于肺炎的病灶。

关于支气管炎为什么貌似遗传我也思考过。精子、卵子里不可能带有病菌遗传给如支气管。是基因里支气管遗传了抵抗病菌的弱小能力和病变的几率。

回到所谓支气管炎，吃药、注射对支气管是盲区，而气体则不然，挥发性的敌敌畏在我的气管里扫荡一遍，所有细菌中毒死了，这应该是我的支气管炎偶然治好的理由。

由此，我想到西医的吃药打针的方法需要改进。因为吃药通过胃酸中和、小肠吸收后进入血液，静脉注射则直接进入血液到达患病的组织或器官。无论哪种方式；一是路途遥远，效率不高，二是药物会遍布全身，对患病部位有好处，对没病部位有伤害，完全多余。这也是西医经常治好肠胃伤了肝的原因。**因此，我认为医学的吃药打针方法要改进，建议改成穿刺注射法；也就是说，哪里患病直接把药注射到患病部位去，这样针对性强，效率高，副作用也小，不会伤及无辜。**类似治疗癌症的靶向疗法，直接瞄准某个癌症基因"开炮"。

当然，这里涉及到穿刺本身对脏器的伤害，需要医学家们深入研究，我只是个方向性思考。

五、车伤后遗症

1998年10月我车祸昏迷一晚，留下一些后遗症：

1. 脑震荡。嗜睡，曾有周五睡到周一起的最高纪录。睡了几年懒觉，脑震荡应该好了。

2. 头皮经常出现肿块，疼！我想应该是淤血，就经常用手抠，有时抠破了，赶紧抹碘酒，结痂能抠下跟桃树油一样的血块。好了感觉很舒服。于是，经常摸头部，发现哪个地方疼，干脆直接抠破放血，涂碘酊了事。反复了几年，头皮撕下无数块，最后好了。

3. 牙齿跟牙齿打架，磕断了左颊上部最长的一颗，照镜子可以发现所有牙齿釉面全部开裂了，从此不能吃任何酸的东西。通过学习后决定用棉签粘生石灰水抹牙齿，牙齿就啥都能吃了。这是受刷墙的启发，牙齿的主要成分就是钙，还有少量磷、氟。石灰至少补充了钙，等于给裸露的砖抹了石灰，氧化后就是大理石。

4. 牙龈淤血，因为牙齿相互碰撞，牙龈肯定也要淤血。过了一些年，我照镜子发现牙齿根部出现断裂，牙龈萎缩发黑，感觉牙齿随时都会掉光，所以又是老办法，用力挤压黑的牙龈，直到出血后牙龈变红。这样反复多次，牙龈的淤血消失了。再过一段，牙齿根部断裂处似乎愈合了很多。刚开始是用络合碘消毒，因为碘酊浓度高，杀伤力强，皮肤涂一下不用酒精脱碘几天就会掉一层皮。进一步学习，知道皮肤用碘酒没事，嘴唇、口腔等粘膜粘膜组织最好不使用碘酒，就改用双氧水。双氧水也能杀死细胞，但因为分子式是两个氧原子两个氢原子，被人体完全吸收也没有后患。

10多年里，我不敢用牙刷刷牙，因为牙龈很容易出血，解决的办法是用手指抹些香皂，直接按摩牙龈，顺带清洁牙齿。按摩做多了，萎缩凹陷的牙龈就重新鼓胀起来了。

5. 手的淤血。直到2013年，我用了整整15年才算彻底解决这个问题。

我开车左侧撞到树上时，手抓死方向盘没松；所以手掌受到的冲击最大，淤血最多。手掌经常又疼又痒，恨不得抠掉那块肉。有时抠狠了，就冒出一个暗红色的血泡；我就干脆把它掐穿再抹碘酒，好了就很舒服。受到启发，以后只要遇到手掌哪个地方又疼又痒，就不停的抠，绝对能抠出一个血泡，掐穿再抹碘酒。有的时间段同时出现的痒点很多，手上会掐出10多个血泡，等伤口愈合，整个手掌的皮就可以撕掉一层。有时撕得太密，把手掌撕得溜光，指纹都没了。这样坚持了15年，到2014年初总算没再发现手掌哪个地方痒了。

6. 泥沙、碎玻璃。身上有很多伤口长期不愈合，有时抠痒还突然痛一下并出血。愈合后把痂抠掉，竟然抠出了杂物。所以，后来看到不愈合的地方，干脆使劲抠，抠出血来；愈合后耐心往外挤，一定有泥沙、碎玻璃。这么抠了10多年，总算把头部、肩背、胸部、胳臂上的杂物抠完。

7. 眼球充血。长时间内，眼球表面能看到大面积血块。应该也是淤血。躺着，闭上眼睛揉眼球，后来在中国和日本眼保健操的基础上，我又发明了一套更科学的眼保健操，不但眼球充血的问题解决了，视力也保护得非常好。

六、头发的问题

1. 白头发。我1998年车祸后不久，出现了一些白发。轮流拔，一次拔一根两根，之后照样长出来。后来深入研究，发现头发白是晒太阳过少、大脑松果体分泌内啡肽少而褪黑素分泌多，导致黑色素减少。尤其是2016年，因为关在家里写书，晒太阳更少，头发一下白了不少。后来经常裸露晒太阳，头发变白就止住了。晒太阳还有一个好处，就是皮肤照射紫外线生产维生素D，缺维生素D肯定钙吸收不好。因此，缺钙不导致白头发，但头发白说明体内肯定缺钙。因为白头发和缺钙都主要是晒太阳少引起的。钙是人体需要的常量元素之首，每天需要补充800毫克。海虾米、蛋壳、牛奶补钙效果好。蛋壳嚼碎放点醋吃没事，不伤胃。很多少数民族穷，蛋煮熟连壳吃，比钙片好。活性钙，有机物，能长大，容易吸收。

2. 秃顶和头发稀疏。要补四样东西：

（1）铜元素。多吃含生酵母的生甜酒、啤酒、酸奶等，可以帮助吸收铜。

（2）维生素B7。也叫生物素，猕猴桃含量最多。

（3）锌元素。海产品含量多，尤其是牡蛎和紫菜；或者直接吃锌片。

（4）精胺酸。是精液蛋白的主要成分。鳝鱼、泥鳅、黑鱼、海参、蹄筋含量高。

（5）蛋白质。毛发本质都是角化蛋白，如果蛋白质摄入太少，头发肯定稀疏。

由于男人射精多，精液主要含锌元素和精氨酸，而锌是微量元素，在人体本身就不多，流失后容易缺乏；女性秃顶比较罕见，就是没有锌的流失。但女性要补铁，因为月经会流失铁。

七、脊椎痛

　　车祸后10多年，我的颈椎腰椎疼痛、驼背。走路稍多我会疼得直不起腰。躺在床上左右摇摆脊椎复位再睡，有好转但没断根。有次在北京西山遇到正骨医生，把腰椎撞得左右错位的脊椎推拿复位，立即好转，但没有断根。后来看了武警总医院刁文鲳教授的书，他说很多病例都是拍片后几分钟就治好了，但他没说具体方法。我想，几分钟能治好，肯定方法简单，无非是脊椎前后左右错位压迫神经引起的。因此，只要把错位的椎骨推回原位即可。在没有拍片的情况下，怎么判断错位的方向呢？脊椎错侧疼，说明那节脊椎朝左移压迫神经了，反向推即可。

　　前后错位的问题一般属于椎间盘突出，弯腰可放松椎间盘，但要增强它的弹性保证不突出，必须补钙和硫。大蒜、洋葱、韭菜、鸡蛋黄都能补硫。

　　因为车祸把脊椎撞得东倒西歪，经常按好一节脊椎，另一节又疼。经过18年艰苦推拿和补钙补硫，才彻底治好脊椎病。并且，可能是因为按摩拉正了脊椎、纠正了驼背，按摩又不停刺激脊椎，加上钙充足，我在年近半百时竟然长高了1厘米。

八、鼻炎

　　死里逃生，就格外重视健康，于是对全身进行了认真的自我检查。男人很少照镜子，车祸后我经常照镜子，检查一下脸色、眼睛有没有问题。

　　有次发现鼻孔里面竟然是烂的，几乎没有鼻毛了。这应该是小时候抠鼻子造成的。由于有鼻屎，一抠鼻子就连鼻毛给拔了，鼻腔、口腔、嘴唇、肛门是粘膜组织，没有皮肤保护，所以很脆弱，拔胡子还拔出血呢，何况在粘膜上拔鼻毛，肯定把鼻腔拔烂了。而鼻毛是可以阻挡5微米以上的灰尘的，这样造成呼吸道长期的疾病也就不奇怪了。所以，我得结核性胸膜炎，与鼻毛太少有关。

我还是老办法，准备碘酒，绣花针，先将鼻内的腐肉一点点剔除，再涂上碘酒。腐肉没了以后，发现有的地方肉是白的，我估计里面已经没有血液，所以毫不犹豫继续将白肉剔除干净，直到出血。鼻腔有时反复出现腐烂，但不管怎样，只要有腐肉出现，一定剔除再抹碘酒杀菌——虽然西医不主张粘膜用碘酒，并且碘酒涂在伤口上是很疼的；但都出血了，安全起见，强力杀菌保险些。如此反复半年，鼻内长出了整齐的鼻毛。鼻炎就好了。

吸取教训，以后我遇到鼻腔有坚硬的鼻屎，不抠，把鼻子对着开水杯吸水蒸汽湿润再甩鼻涕，后来直接用棉签蘸双氧水湿润。很多年了，鼻炎一直没有复发，鼻腔偶尔疼，用双氧水一涂，第二天就好。

关于鼻涕，有些人有一个假卫生习惯，直接将鼻涕吸入口腔再吐出来，这样会让鼻涕污染咽喉部，引起咽喉炎。我高中一个老教师从来不甩鼻涕，总是将鼻涕吸入口腔再吐在手帕上，咽喉炎几十年，我发现他的文雅习惯实际害了自己，他老人家认为我分析得有道理，就改了这个习惯，咽喉炎好了。

九、自己手术治痔疮

2007年请假司法考试结束，因为路途遥远，中国商报社同意我干脆国庆后再回去上班，我决定利用空暇把一个讨厌的痔疮消灭。那是缘于某天看电视，说某某去治痔疮，花了1万多元还没治好，被医生欺骗了。

我上网查了一下，说痔疮是静脉曲张，我理解是血管被涨大后不能恢复原状长成的一个包，涨破了就出血。用手一摸，几乎有小手指那么大了。

每天大便都会鲜血淋漓，多喝水多吃蔬菜顶多算预防，都长出了一截多余的肉，里面还全是鲜血，自己不可能坏死，看来手术是必须的。

但我确实害怕医院，不说老爸车祸把我折腾得一贫如洗，光是我住院医生只认钱的嘴脸，我就胆怯。和我父亲一起住烧伤科的竟然有个白血病患者，因为淋巴肿大，医生给他手术切除，然后从大腿内侧方切一块皮补上，结果两个地方的伤口都无法愈合。我弟弟是白血病死的，我知道那是怎么回事。把白血病淋巴肿大的伤口当外伤植皮，是很没天良的。外行被内行愚弄是件很悲哀的事，所以我决定就算去医院，我也要先学懂，做到心中有数。

资料显示，十个男人九个痔，而女人很少。我理解是因为大便用力挤压肛门而导致血液集中到了肛门，因为蹲着蹦紧屁股而肛门又处于最低处，血液回流缓慢，血液集中且压力大，就把静脉挤破了，这其实是一个物理现象，不算什么病。而男女一个最大的区别是每天清不清洗屁屁。女人每天都清洗，当然肛门部位的静脉血流情况要比男人好。

第一步，我也每天大便后清洗肛门并揉搓痔栓活血，如果出了血就用碘酒涂伤口，虽然很疼，但愈合得快。这样坚持了一段，痔疮就不出血了。

但那个肥大痔栓还在，洗澡摸的时候感觉是一大块肉呢！

荆江弯曲，容易垮堤；静脉弯曲并胀大增生，受压容易破裂。

我想自己割痔栓，省几毛钱，但又觉得太大，动刀子还是有点怕。加上是血管，一旦感染得败血症，危及小命，不能蛮干。

某天看电视一个婴儿广告，我一下来了灵感：婴儿生出来后，剪断脐带后一般就是用绳扎紧尾部，只要消消毒，过一段那多余的部分就自己萎缩掉落。

我想，这办法好！反正扎紧了，又不破皮，只要杀菌到位，不感染就没事。家人胆战心惊帮我用线扎紧了那个痔栓。我用碘酊给痔强力杀了菌。

第1天晚上睡不着觉，被线扎紧的痔有些涨痛，但还可以忍受，其他方面没反应。家人很担心，要我放弃。一想到理论上没有问题，应该没有危险，就决定坚持下去。

到第3天就基本不痛了。一个星期后，有些萎缩，可以抠下小部分死皮，我就用棉签蘸碘酒直接夹在屁眼里了。第12天皮彻底烂了，淌出了血水，为防止感染，我直接用餐巾纸加碘酒夹屁眼里了。第14天，用手去掐一点都不疼了，但肉还是很有弹性，看来要等到它萎缩后自己掉下来似乎遥遥无期。我终于失去耐心，用指甲慢慢加力，还是没知觉，我知道那部分神经坏死了。再一发力，指甲掐出了白花花的肉，这样一天掐一小块，掐几天就掐到线头处了。第19天洗澡，扎得很紧的线头随着痔栓的萎缩和消失掉了。继续涂碘酒杀菌，第30天，肛门处基本无障碍了。随着生活习惯的改变，天天洗澡按摩肛门，后来那个痔栓彻底消失了。

十、预防痔疮的生活习惯

手术治标，生活习惯的改善，预防和避免复发是治本：

1. 防止便秘三要点：多喝水、多运动、多吃膳食纤维。

2. 提肛训练。早上醒来，喝完第一杯水，就可以收缩肛门进行提肛训练，这样既锻炼了肛门肌肉，也舒张了肛门附近的静脉，减少痔疮的发生，同时，由于对肠道进行了刺激，可保证按时大便。

3. 吃饭时要先吃点蔬菜，整体要多喝水和汤。每顿饭有几个小时的间隔，所以拉的第一坨屎应该是某顿饭的开始部分的食品。因此，开始吃饭时，先吃些蔬菜加汤可以保证第一坨屎松软。如果便秘，拉屎的时候我们会发现，第一坨屎最干最硬，最难出来，后面的就软些湿些。因为停留时间最长的第一坨屎，水分被肠道吸收最多，并且靠近肛门，水分也容易蒸发到体外，干燥坚硬是必然的。因此，吃饭开始的时候，先喝水或汤，再吃蔬菜类的膳食纤维是关键。膳食纤维是人体无法吸收的碳水化合物，但却是粪便蠕动的最佳助推器。膳食纤维多，粪便和肠道的摩擦力加大，便于蠕动，并且粪便有膳食纤维的混合，体积会膨胀，含水多，当然拉出来就方便。

4. 便秘了怎么办？一旦便秘，多喝水，跑步，嚼槟榔等都能促进肠道蠕动，能让屎快速拉出来。但有一个问题是无法解决的。那就是临近肛门的第一坨最硬的屎，它是造成痔疮和肛裂的祸根，用开塞露药水稀释是个办法，直接自己用手抠也是个办法，抠的时候要注意一次抠一小块，不要贪大，避免肛裂。

5. 拉屎的技巧。采取脱光裤子站位拉屎，这样屁股没有弯曲和挤压，比较自然，对静脉的压迫最轻。拉完屎再直接洗澡，顺便用手按摩肛门活血。拉不出来不能强用力，可以轻轻用力往外拉，再用力往回缩，粪便在肠道做活塞运动，很容易出来。并且，这样能将一大坨屎截断为若干小块。否则，一次拉一大坨，往往把肛门涨破了。

6. 不要用香皂洗肛门。我原来喜欢用香皂洗肛门，后来发现肛裂的问题很难解决，应该跟洗香皂有关。肛门属于粘膜组织，没有皮肤保护，很娇嫩。这也是嘴唇、鼻腔、口腔、肛门等粘膜组织容易破裂的原因。西医甚至不准粘膜用碘酒。皮肤干燥少油容易破裂，肛门也是一样。所以，为了留住肛门表面的油脂，我就减少甚至不用香皂洗肛门了。实在怕脏，等肛裂好了，就间或用香皂洗一下肛门，洗完用甘油或凡士林涂抹肛门，保持它的湿润和油性，可减少肛裂。

7. 肛裂出血怎么办？出血物理因素是主要的。第一天用力拉屎，坚硬的屎把肛门涨破了，就出血。第二天伤口还没愈合，又要拉屎，又把伤口涨破了。这样反复受伤，所以痔疮、肛裂反复出血是很自然的现象。因此，肛裂或痔疮出血后最关键的是避免重复涨破血管。

办法是第一天出血后，每天把肛门洗干净，不要用香皂。再用络合碘涂肛门杀菌。然后连续几天喝粥，吃蔬菜，多搞运动，保证第二天的屎很柔软潮湿很容易拉出来，要省事还可以吃点不洗的要烂的水果，让自己拉肚子，这样，第2天、第3天的大便都不会导致肛门第2次、第3次甚至更多的重复创伤，过几天肛门不疼而是痒，就说明伤口基本愈合了，再按健康的方式保养，出血的问题就一下解决了。

8. 内痔或屁股上长疙瘩怎么办？

内痔应该就是早期的痔疮，还没有破损或还在皮肤下，用手摸只是一个小疙瘩。我因为长期坐办公室，屁股上老长疙瘩，后来我在睡前压着疙瘩用力按摩，按到摸不到疙瘩为止，有时会按破皮，就涂络合碘。发现一个疙瘩就消灭一个。我后来屁股上就没有一个疙瘩了。

我给父亲治中风

——强身是治病之本

父亲车祸严重受伤，多年后大脑逐渐萎缩，慢慢痴呆；右腿烧坏残废，很少运动。同时患5个病：老年痴呆、脑血栓、高血压、糖尿病、前列腺炎。

2013年底，父亲在菜园摘菜，倒地中风。因为我在北京，妈妈怕影响我工作，一个人死扛，陪他在医院住了一个多月，没任何好转。最后医生下结论没救了。我和远在广州的叔叔赶回家准备后事时，父亲已完全不能发声，手脚僵硬冰凉、眼珠呆滞，脖子只能固定向左微动，右眼浮肿耷拉着睁不开，尿潴留严重，不停尿床，但每次只有一点点，颜色红黄。

医院为何没效果？病人天天盐水瓶吊着，除了葡萄糖提供能量，没别的营养；最后是病人饿死，照顾的人累死。基于自己前半生一直疾病缠身、多次死里逃生的经验和对医学的痴迷，我决定赤膊上阵自己来治。

2013年12月17日，我用电脑下载了大量中风的资料，把血糖仪、血压计、听诊器、温度表配齐，回乡当起了看书郎中。经过2个月的小心治疗后，父亲口眼不歪斜，眼球变得灵活，脖子能自由转动，能正常吃东西，大小便质量和次数基本正常。并且，完全瘫痪的右手能用毛巾擦鼻涕了。

感谢互联网，这是一个最大的图书馆，什么知识都能查到；尽管其中错误很多，但只要掌握了基本的医学常识，还是能分辨哪些是对的。下面是我给父亲治疗的经过。

一、心理疏导，增强病人信心

亲朋乡亲都来探视，很多人都当父亲的面议论说他肯定活不了几天了。他虽然说不出话，但似乎能听懂，所以在消极等死。为了给父母信心，我天天上网查资料，读给他们听。我是信心满满、兴高采烈宣布要让我父亲再活20年；因为我爷爷奶奶都活了80多岁，根据遗传规律和父亲的体质，他活90岁没问题。

另外，父亲喜欢听戏，会拉二胡，我就买了个唱戏机，下载了京剧、秦腔、越剧、黄梅戏、花鼓戏、二胡独奏曲、笛子独奏曲等；他一烦就放给他听，他的情绪很快就稳定下来了。

二、快速降压化栓

中风是症状，是中医的说法，不是具体病名。中风对应西医的两大类疾病：缺血性和出血性心血管疾病。缺血性又分两大类：心源性和非心源性。

根据病历，父亲中风是脑血栓引起的。父亲年轻时练过长跑，心脏好，我判断是非心源性脑血栓。脑血栓和脑溢血的四大区别是：1）脑血栓皮肤暗，脑溢血皮肤红；2）脑血栓除非并发感染，一般不高烧，脑溢溢高烧；3）脑血栓一般失眠，脑溢血一般嗜睡甚至昏迷；4）脑血栓不呕吐，脑溢血呕吐。其他并发症如哽咽困难、大小便失禁、失语、偏瘫相似；但用药正好相反，弄错会死人。这是我反复学习后自己总结的。

而血栓性脑中风最大的祸根是高血压，稳定情绪降低血压是治疗中风的第一步。降压化栓是当务之急。降压除了吃药，关键是改变饮食习惯，每天早上起来就喝第一杯半斤水，2小时喝一次，每天不少于8杯。如果心脏不好，就要小心一次喝水太多造成心脏负担过重，可把半斤水分几次喝。

刚开始父亲吞咽困难，不会喝水。但没办法，治脑血栓喝水比吃药都重要，因为可以稀释血液、降低血压，还可减轻前列腺炎。刚开始喝冷开水，用汤匙压舌根就能吞下，这是从护理文章里学的。

不停喂开水的结果是尿潴留消失。虽然大小便还是失禁，但小便一次的尿量增加，慢慢没有尿不净现象了。

高血压、脑血栓的成因主要有两个：

一是血脂上浮堵塞脑血管。因为人是站立行走，血脂密度小，基本趋势是上浮堵塞脑血管。因为头部供血不足、缺氧，应急反应就是心脏加压保证头部供血，这就是高血压。长颈鹿的血压是人的2~3倍，就是身体太高，心脏要泵血到头部必须压力大。改良的方法是定时把病人的脚抬高，高于头部；这样躺一会，脑部的血脂可以疏散到脚部，就不容易堵住脑血管。运动让血液加速流动能冲走一些堆积的血脂；最有效的是练练倒立或躺着把脚举到墙上。这是物理疏散，但治标不治本。化学方法当然是减少脂肪的摄入和总能量的控制，避免多余葡萄糖和蛋白质转为脂肪储存在体内，血脂就少了。

二是血小板增多，血液凝血功能太强，造成血液粘稠。化学方法是吃阿司匹林或水蛭素。阿司匹林溶血栓快，但副作用大，它能溶解胃黏膜，吃多了可造成胃溃疡或胃出血；一定要控制剂量。药丸最好不要直接吃，把它溶解在温开水里稀释再吃；这样，药物没有集中在胃部某处，分散了，伤害胃黏膜就轻。蚂蝗为了吸血快，水蛭素就是溶解动物血液的，效果当然也不错。平时饮食要多吃蔬菜水果，其中维生素C的化栓效果好。多喝水稀释血液当然能让血液更畅通，降压减栓。

三、补充营养，修复细胞

1. 坚持每顿饭后喝杯酸奶，改善肠胃环境，便于吸收营养。为什么要饭后，因为胃酸就是盐酸，如果先喝酸奶，酸奶的益生菌可能被杀死了。

2. 食物品种越多越好，但总量不要增加。父母勤俭惯了，长期吃自己菜园里的菜加点肉、蛋之类，从来不去外面买菜吃。表面看吃得不错，实际上严重营养不良。因为各地水土成分不一，我家菜地土壤肯定缺人体必需的某些元素。

因为不能判断到底缺哪些元素，只能通过各类食品来调节。所以我买了多种外地产的豆类拌匀熬粥，补充缺少的矿物质。只要超市有的，全买；放在桶里一拌匀,每顿盛一点熬多宝粥。

从营养平衡的角度,又买了木耳、银耳、香菇、海带、紫菜、胡萝卜、西红柿、土豆、山药、虾米、莲藕、花生、芝麻、魔芋等各类土里的、水里的、山上的、海里的、红的、绿的、黄的、黑的、白的各色食品。为什么要多种颜色搭配?因为颜色是矿物质或不同化合物决定的;颜色不同,说明成分不一样。还有苹果、香蕉等几种水果。营养以补充蛋白质、各种维生素、膳食纤维和矿物质为主。

3. 严格控制脂肪尤其是动物脂肪,减少饱和脂肪酸的摄入,减缓血管硬化;控制淀粉,抑制血糖升高。总的原则是各种营养综合平衡,总量控制。蛋白质每顿吃半个鸡蛋,多了怕他吸收不了,影响肾脏。病情稳定后,每天早上就吃一个鸡蛋,因为鸡蛋胆固醇高,吃多了胆固醇超标。

4. 另外,我买了各类维生素回去,如A、E、C、B_1、B_2、B_6、B_{12}、叶酸等。还有锌片,可增强免疫力。但锌和钙是对头,早上吃锌片补锌,晚上吃虾米补钙,避免同时吃进去起化学反应,相互拮抗。

5. 餐后静坐半小时,不要搞任何体力劳动和脑力劳动,避免胃部供血不足,影响消化。

四、耐心护理打持久战

我是独子,弟弟10岁时白血病死了,所以家里只有母亲充当临时护士。母亲有高血压、胃病和骨关节炎,如果母亲再发病,我家就彻底完了。我常年在外,只能母亲一个人照顾父亲,所以,母亲的病也要一块治好。她的高血压就是边吃药,再坚持陪父亲同时喝水,慢慢就降下来了。后来就基本不用吃药也不反弹了。胃病注意以下几点:保持心情舒畅;吃饭按时定量,不饱不饿;坚持喝酸奶和补硫,保护胃粘膜;讲究卫生,不用用手抓东西吃,定期用碘酒把手指杀杀菌,避免有害细菌感染肠胃。在近2年多的时间里,母亲也没有胃疼过了。

再就是骨关节炎。母亲十分勤劳,父亲残疾10多年,母亲要操持家务,也想给我减轻经济负担,起早摸黑去附近工厂打工,还要照顾父亲,所以双手劳累过度，手指都僵硬变形了。解决的办法是三个：

第一是补钙和硫，避免骨质疏松、提高关节韧带质量。补钙可吃虾米或鸡蛋壳，我妈妈虾米过敏，从来不吃，所以愿意硬着头皮每天嚼两个鸡蛋壳。钙片当然也可以，但我的观点是虾米和蛋壳都是活性钙，更容易吸收。鸡要是缺钙，会自己吃了自己的蛋壳，很快又能继续下蛋，很多少数民族的穷人也有煮熟鸡蛋带壳吃的习惯。虽是经济原因，但不失为快速补钙的好办法。我父亲则每顿来一小勺虾米，常量元素钙、钾、钠、氯、镁就基本够了。补硫主要是吃大蒜、洋葱、韭菜。

第二是跟父亲同时吃多种维生素，只是剂量要小点，怕维生素过多中毒；毕竟蔬菜水果中有不少水溶性维生素。

第三是尽量避免过度活动手指关节，慢慢养。

后来母亲的手指灵活多了。维生素的补充也改善了母亲手掌和脚板的龟裂，手和脚的伤口迅速长好了，骨关节也慢慢消肿，弯曲的手指也逐渐长直了。

五、治疗要注意轻重缓急和副作用

1. 因为父亲岁数大，为了减少负作用，治疗脑血栓我选择了最安全的药物和保守的剂量。药物以维生素C、阿司匹林、颅脑路通3种药物为主。阿司匹林要小剂量，每天只吃一粒，掰成两半，早晚各吃半粒，饭后吃，避免导致胃出血或胃穿孔，也避免化栓过猛导致血管破裂变成脑溢血。这里值得一提的是，我用的药都是最便宜的，上述药每天只需几块钱。而现在医院医风不正，他们不会给你用最便宜最有效的基础药，总是想办法给你开最贵的新药，一天几百上千甚几千元费用是常事。

2. 每天几千次按摩，避免肌肉萎缩。主要是按摩脚趾、耳根、后脑勺和背部。因为脑血栓主要是双侧颈动脉和椎底动脉末端在大脑堵塞。按摩脚趾和关节是避免肌肉萎缩。扶起来坐着按摩背部主要是预防褥疮。

3. 降压药。尼群地平基本剂量是早晚各2粒，中午1粒。降压在中风发病期间不能太猛，避免头部缺血缺氧加重；父亲血压到160/90我就打住了。到康复期降到130/90以下比较安全,所以2月24日后中午增加一粒降压药。1年以后,父亲血压完全正常。只有120/80。当然,还是吃了尼群地平的维持剂量。

4. 糖尿病药。早期主要是二甲双胍,剂量是早晚各1粒。因双胍类降糖药严重影响营养的吸收,所以,从2014年2月1日开始,因血糖已经从空腹最高时的16毫摩尔每升降到了9.8,我认为主要是食疗的功劳,就要妈妈把降糖药停了观察一周,结果一周后反弹到了15.3。看来,食疗和药物还是必须双管齐下,急不得。于是,在双胍的基础上,我又增加了六味地黄丸和格列齐特。2月23日早晨的血糖又降到了8.2。我不主张打胰岛素,因为糖尿病是胰岛素分泌不正常造成的,外来胰岛素会导致自身胰岛素分泌的进一步减少,是治标不治本的消极办法。就像我弟弟得白血病,一输血就跟正常人没任何区别,能吃能喝能运动,但到最后因为自身造血功能丧失,输血也无效。到2014年10月。父亲的血糖最低的一次空腹到了5.7,属于正常范围。最漂亮的一次是2015年的4月20日,早晨空腹血糖到了4.7。一般情况下,他靠药物维持,血糖基本稳定在6~7之间了。到2015年五一节,我连续监测几天,空腹血糖稳定在4.7到5.4之间,如果没有药物帮助,这显然已经彻底好了。

胰腺是人体第二大消化器官,糖尿病的特点就是血糖尿糖高,很多人以为控制糖摄入就能控制糖尿病,这是典型的因噎废食。血糖高跟吃糖没有必然联系,是人体胰岛素分泌不够,导致无法分解糖而带来血糖、尿糖。所以,我认为,**要从根本上解决问题,不是靠吃药或打胰岛素,而是靠调整营养,让胰腺的细胞回归正常最终能正常分泌胰岛素**。很多人甚至医生都说糖尿病不能吃糖,香蕉、苹果等含糖多的水果也不能吃,我是反对的。葡萄糖是人体能量的直接来源,是构成细胞壁的不可或缺的营养,和氧气一样也是大脑必需的。大米、面粉、土豆、玉米、红薯等淀粉消化后都是葡萄糖,凭什么不能吃?只是糖尿病人要适当少吃点糖而已。我给父亲定的食谱除了各种菜,每顿米饭1两,香蕉、苹果各三分之一个。事实证明我治糖尿病的思路是对的。

5. 咳嗽发烧疑似吸入性肺炎。用头孢或左氧氟沙星等抗生素,尿正常、不咳嗽立即停药。因为抗生素的滥用会带来严重隐患。细菌的耐药性将导致抗生素全面失效;一旦遇到严重感染,就无药可治。

6. 瘫痪的问题。这里有个意外收获，有次在火车上看到越南的白虎膏，说是治疗风湿什么的，我感觉跟万金油或风油金类似，我就给我妈妈买了2大盒。后来我妈妈胃不舒服或手疼就总是抹，效果不错。父亲右手瘫痪，在右手手背和胳膊上也天天抹，半个月后一个早晨，他的右手竟然能抓东西了。为了验证疗效，我给同村的一个右手瘫痪的中风病人送了一瓶，她一周后右手也能动了。也许有偶然性，但白虎膏活血的作用应该是肯定的；反正是外用，副作用应该不大。我也买了黑鬼油、红花油之类的活血药涂抹皮肤，对瘫痪有改善。

六、四个特别注意事项

1. 吃不下东西怎么办

中风病人最大的并发症是不能说话，吞咽困难，别说喝粥吃饭，就是喝水都不会吞，营养不良病情会更加恶化。这需要十二分的耐心，不停喂水喂食物。呛了必须立即扶着坐起来，拍后背让病人咳嗽或打喷嚏，把气管里的异物喷出来，避免吸入性肺炎。有时吃了不少，病人只会含在嘴里不会吞，要用汤匙压一下病人舌头的上部，刺激一下就能嚼几下或吞一口。一旦基本能自己吞咽，就可以吃需要嚼的食物锻炼面肌和舌头，否则时间久了会丧失吞咽和说话功能。一顿饭吃两个小时也不要紧，吃东西当康复锻炼。网上的康复锻炼方法可操作性差，比如用纱布拖着病人的舌头运动很麻烦；要病人自己转动舌头时，病人不听指挥或者有心无力，做不到。

医院采用的鼻饲法实际上很糟。鼻饲主要是流质食物，说穿了一般就是肉、菜、米熬点粥，这跟人体必须的七大营养相距甚远，尤其是粥经过高温，水溶性维生素基本损失殆尽。我解决父亲的吞咽困难后，就不停喂各种营养给他吃；细胞再生快，内分泌也调整快，当然效果更好。

在这个问题上，母亲和我产生过分歧，她看父亲吃不下就不想喂了。但我坚持无论如何每顿必须吃一大碗食物，无条件。因为父亲的肠胃从来都好，粪便松软浅黄，说明消化良好，难得的机会补充足够的营养，修复受损的细胞。

2014年2月22日晚餐，父亲喷射性呕吐，吐了一床。我当时冷静思考了一下，认为可能是我教妈妈方法有问题。在父亲吞不下的时候她老用汤匙压舌头根部，养成习惯了；喂一下就去压一下，舌咽神经受刺激，就有呕吐现象。那天晚饭她喂了一口饭菜，父亲咽不下；她又喂了一口水，再用汤匙去刺激舌头才呕吐的。

但如果是别的原因，就需要送医院了。我马上查资料，怀疑有4种可能：一是脑瘤，二是脑膜炎，三是肝炎，四是脑溢血。脑瘤只有去医院手术，但如果是脑溢血不能马上挪动。脑膜炎我得过，父亲当时清醒，应该不是。肝炎脸色会变，他也正常。脑瘤不着急马上送医院；因为怕是脑溢血，马上送医院更危险。我决定先观察一晚再做决定。

2月22日晚，父亲第一次睡了一个完整的觉，一直在打酣。我心里是七上八下：这很像脑溢血！但早上他醒来，眼睛睁得很圆，脸色也正常，还能动手动脚，嘴巴也能说些听不懂的话。体温腋下37度，再加0.5度，也只比正常体温超了0.1度，跟开了电热毯或许有关；血压158/88；血糖降到了8.2!虚惊一场!

为了验证我的判断，从2月23日开始，我下了妈妈的岗，自己给老爸喂了几天饭。食物没有减少一点，每顿一大碗，全吃光了。饭菜嚼不动怎么办？很简单！两把菜刀闹革命：剁碎了嚼得快。他停止嚼就加一口食物，逼他继续嚼，数量的增加，后进的就把前面的逼到咽喉部，就会吞下去。最后一口他基本不会吞，只会含在嘴里；用香蕉当助推器，前面的食物吞下去，香蕉那么软，他能大口大口嚼，嘴里就颗粒不剩。

这时我才明白为什么我春节回家时父亲明显消瘦、大腿肌肉萎缩的原因了：一是父亲卧床太久，二是母亲在喂食上偷工减料了。这也导致褥疮严重了。

因为母亲不懂，加上紧张和急于求成，看到用汤匙能帮助吞咽，还能刺激说话，所以有事没事就用汤匙去刺激父亲的舌咽，弄得他烦躁地说出一串"走"——这是父亲说得唯一清晰的一个字。而这样肯定搞得父亲经常要吐，她就不敢继续多喂了。我跟母亲说过好多回，要她不乱来，要耐心等待，可她背着我就会偷偷去试，她很想父亲能快点说话。

无知和礼教真是个害人的东西。母亲会经常反对我的一些做法，理由是老人都这么说的。比如我坚持一定要多吃，她就偷工减料，说医生说的不能多吃，尤其是糖尿病。比如她自己有胃病，就死劲揪脖子，说是揪砂。我坚决反对，她不听，还来火，说一直就这么搞的，一揪就好。我不能不和她大声争吵，因为胃和脖子实在不相干，如果关联，无非是让脖子疼转移了注意力，忽视了胃的不舒服。针灸和刮痧都有用，但都只是一种神经刺激，只有短时的效果，治不了本。胃病主要是情绪、饮食不规律、细菌三个原因引起的。我说，扯痧根本不可能治疗胃病，不然你为什么总是反复呢？另外，长期这么扯，脖子上是皮和肉，经常揪得发紫，肌肉和血管都会坏死，你的脖子会彻底烂掉。吵吧，不尊重母亲，她会很生气，说我把她当小孩；不吵吧，她不知道常识，乱来，会害人害己。

不过越往后我们就不吵了；因为反复跟她解释原理，她也看到按我的效果显著，当然就信了。

2. 小心脑血栓反复发作，好转后不能大意

在我自己进行治疗后，父亲第4天就能起来走路了，还拄着拐腿跑到2楼。第5天我扶他到外面晒太阳，因为温差太大，结果再次中风，口眼歪斜，流口水；扶回房时已经自己站不住了。但考虑到晒太阳能让皮肤生产维生素D，第6天我还是扶他出去晒太阳，同时给他洗脚。我在洗，母亲扶着；结果水开了，母亲马上撒手去处理。父亲一歪，头砸在另一条板凳上，右手背直接砸在水泥上。第7天和第8天恶化，发高烧，喝水都呛，更不能吃任何东西，右手淤血，完全不能动了。这等于是一次严重的外伤引起的再次中风。父亲从此卧床不起，再次站起来，那是两年多以后的事了。

唉！真是抓心挠肝的感觉；但又怕母亲紧张，只能说没事，我保证治好。又反复学习了一下有关知识，决定从头再来；所以第9天还是强行喂东西吃。另外，如果吞咽困难不及时锻炼，会面部肌肉麻痹、失语。按相关护理知识操作，少吃多餐，逼他的舌头和面部肌肉运动。吞不下可用汤匙压舌面，或喂冷开水甚至冰水，刺激相关神经。

3. 警惕发烧脑血栓同时有脑溢血

前面说过，脑血栓和脑溢血的症状相似，都是心脑血管病，都引起中风，但用药正好相反，脑血栓要扩张血管，脑溢血要收缩血管。

父亲再次摔倒严重中风，持续高烧，最高39.3度。我怀疑脑血栓同时出现了脑溢血，因为治疗脑血栓的药都是扩张血管的，我父亲73岁了，很有可能同时血管硬化，扩狠了把血管扩破完全可能，那就头大了。因为脑血栓要扩张血管，脑溢血要收缩血管，怎么吃药都会带来其中一个病的恶化。为了确认不是脑溢血同时发作，我立即停了血栓药，吃了点抗生素，不再动他。脑溢血的抢救要点不是马上送医院，车辆的颠簸会加重出血，让病人静卧才是关键。第3天退烧了，判断不是脑溢血。**因为吃抗生素能退烧，就不是中枢性发烧，是感染，不是脑溢血**。脑溢血的发烧是中枢性发烧，吃药没用，只能用冰袋、毛巾湿敷、酒精擦拭等物理方法退烧。

4. 小心褥疮

这个道理我在早期的学习时注意了，可因为一知半解还是吃了大亏。我一直叮嘱母亲要把父亲扶起来按摩背部预防褥疮，他背部没有问题。父亲病情稳定后我离开老家回北京上班的第3天，妈妈告诉我父亲变得爱动了，手老抠身上，把屁股抠破了；我当时只是要他用络合碘消毒，没当回事。结果，春节回家一看，屁股右边骶骨的褥疮有5~8平方厘米大，皮肤彻底被磨掉了，露出红肉黑边，估计是母亲力气小，拖着坐起来时把骶骨皮肤擦伤了。我赶紧把褥疮的知识重新学了一遍，让妈妈也记住了几个要点：①躺2小时翻一次身；②坐半小时站30秒以上；③多吃高热量、高蛋白食物。

2014年的春节是和褥疮战斗的春节。刚开始为了保骶骨的褥，就不停给父亲翻身侧卧，没想到只一天时，左腿侧又发生了褥疮；改成翻到右，2天后右侧又发生褥疮。原来，褥疮不是简单的血液循环问题，是细胞全面退化的征兆，有人得褥疮后溃烂好多年，直到骨头，得骨髓炎。严重的皮肉一碰即烂。

褥疮的治疗，营养是最关键的。要恶补脂肪和蛋白质，修复细胞。

早上一个鸡蛋和豆类粥加青菜。10点钟吃一块鱼。中餐和晚餐是红萝卜、土豆、西红柿、山药、莲藕、海带、木耳、鸡肉、猪肉、等等剁烂一锅煮，加1两米饭。植物油要多放，但不能炸，因为高温会生成反式脂肪酸，危害和饱和脂肪酸近似。青菜在起锅前随便煮一下即可，保护水溶性维生素不被破坏太多。下午3点再吃一块鱼。这样，肉类的摄入量应该每天到了半斤以上，按他的体重计算，有些超标。当然，这也是没办法的办法。如果不是为了治疗褥疮，人体每天需要的蛋白质是体重乘以0.9等于克数。正常人也就50~80克，折成肉类也就是半斤到7两。因为鸡蛋的蛋白质含量只有12%，一般肉类的蛋白质含量在17-20%左右。人体无法储存蛋白质，多了要通过肾脏转化为二氧化碳和水排出体外，加重肾脏负担。

褥疮的营养问题解决了，接下来是治疗。

用盐水清洗褥疮，络合碘消毒。开始是涂红霉素，再盖一层纱布；后来改用了消炎粉。因为在骶骨位置，消炎粉容易掉落，就改用云南白药喷剂和百多邦药膏。总的原则就是杀菌生肌，避免继续重压和磨擦伤口。

2周后，双腿侧的褥疮结痂愈合了。到2月21日，骶骨的大褥疮完全愈合。可能蛋白质补充过多过快，褥疮的凹陷长得高于臀部其他位置。营养加锻炼，2个月后，父亲的褥疮终于全部消灭了。

至于常用的褥疮垫保护褥疮、增加通风和翻身的可能性，收效甚微。

当然，为了避免弄湿床褥而加大塑料布，是不能直接和皮肤接触的，一定要加垫棉布，还要保证平整无杂物也是不可忽视的。否则，一个小棉布疙瘩都可能带来一个新褥疮。

5. 运动的问题

脑血栓的根本问题是血液循环不畅，除了通过营养调整降低血脂，改善血管质量，运动肯定是最重要的。父亲瘫痪，站不起来，更不用说走了。没办法，面对面抱着站起来，强行搂着他走。刚开始可能是他没力气或者腿疼，又不会说话，总是嗷嗷叫；邻居听了都觉得难受，纷纷劝我不要折磨他。但是因为思路是对的，既然要活下去，就管不了他难受了。再说，正因为不会说话，刺激他多叫几声也不伤身体，应该没事。就这样一直坚持走，每天走几百到几千步，逐步加大运动量。1年多后他能站住了，就从后面抱着他走，这样他的腿就可自己使劲了。2年多以后，他也不叫了，扶着能慢慢走了。

父亲右腿瘫了，自己站不起来。因为大小便失禁，又不能说话，所以让他光着下身睡觉。为了锻炼，扶他站一会就会屎尿俱下，也不好穿脱裤子。而冬天天气又太冷；于是，买个坐便器，穿大衣坐着拉屎，腰部围一条毯子，脚泡在电动洗脚盆里，温度在37度到40度为宜，这样就解决了寒冷的问题。有时边拉屎还边吃饭，水温就调37度和体温接近，因为40度泡脚等于是运动，会影响胃的供血，影响消化。用卫生纸沾冷水刺激肛门，就能让大便更顺利。一旦停止拉屎，立即清洗干净站起来锻炼。刚开始腿颤抖，站一会就会拉屎，就要重新坐到坐便器上重复操作。父亲原来一直便秘，外用开塞露和吃酚酞是经常性的；因为饮食调整科学，便秘彻底好了，大便松软适度。一站就憋出屎尿，与他脑血栓大脑受损，卧床太久、膀胱和肛门肌肉控制力差有关。

后来看电视购物，买了一个懒人运动机，坐着就能靠机器运动全身，这样就解决了我母亲力气太小，我父亲自己无法运动的问题。

这里，有一个偶然的收获。因为哪怕是冬天，父亲都是光着下身，一是每天大小便几十次，实在没办法穿脱裤子。同时，我思考父亲有前列腺炎，寒冷能收缩裆部，也许能让治前列腺缩小。再说，冬泳能增强免疫力，寒冷锻炼没什么危害。事实上，3年来，父亲没有感冒过。因为精子必须在低于体温2摄氏度的环境才能生存，所以很多穿牛仔裤等紧身裤、喜欢泡温泉的男人容易不育。而温度高必然导致前列腺充血，引起炎症。我认为前列腺是生殖系统尤其是睾丸的报警器，温度过高前列腺就肥大。很多老人强调保温，裤子穿太多，裆部温度过高是必然。所以我坚持寒冷疗法，我父亲中风3年多，哪怕冬天也没穿裤子，只是用大衣、毛毯包裹，到2017年，尿频、尿少、尿不尽前列腺病症状就消失了。

当然，寒冷在偶然情况下，剧烈收缩血管，是可能导致感冒或脑血栓的，但那是特殊情况，不是普遍现象。冷惯了，就没有影响。

6. 偏指甲的问题

父亲因为车祸昏迷，右腿靠在摩托车排气管上烧坏了，他的右脚供血不足，脚趾严重变形，趾甲都嵌进肉里了。

解决方法如下：先用水把脚泡软，把周边的硬茧刮干净，然后把多余的指甲剪掉。用手指捏着指甲的边沿，把它从肉里掰出来，拗一下改变它的延伸方向，让它朝左右延伸而不是朝下往肉里长。指甲掰出来，脚趾两边竟然出现了两个空洞，都能看到里面破损的红肉，再抹上碘酒杀菌，等伤口愈合。

连续几天洗脚都这么操作，发现指甲延伸方向改变又用手掰平。过了几天，被偏指甲刺破的脚趾伤口愈合了，指甲也变得扁平，而不是严重弯曲了。困扰很长时间的偏指甲就这么治好了。

当然，由于供血不足，偏指甲还会出现，那就只能坚持给他按摩脚趾了。

七、后续治疗

1. 继续补充营养。消化正常的情况下，少吃多餐能保证营养，还能锻炼舌头和面肌，一举两得；但褥疮好了，蛋白质的摄入要适当减少，减轻肾脏负担。

2. 降压要稳步坚持。脑血栓2个月后，没有复发就没有危险了，进入康复期；血压要降到正常值为好。2月13日测血压，舒张压在90以下，收缩压还接近160，要降到130以下。截止8月30日，父亲的血压降到了138/94，对他这个年龄来说，属于正常值，就停了降压药，到9月之后也没有再升高血压。我母亲的高血压则完全正常了，只有120/85了。这是坚持足量喝水和饮食调理的功劳。

3. 喝水不能放松，尿床也要喝，这是高血压、脑血栓十分关键的治疗手段，也是今后必须养成的生活习惯。

2015年我父亲的病情基本稳定，没有复发一次；糖尿病基本稳定，腿部长期不愈合的伤口也都长好，全身没有一处溃烂的地方。尤其神奇的是，我父亲秃顶都长满头发了；我母亲原来梳头也是一把把掉头发，现在不掉了。但父亲1年多没说话，似乎舌头不好使；我就让他每天嚼口香糖锻炼舌头，现在基本能听懂别人的话，自己也能断续说一些简单的词语。到2016年底，他左手能用左粉笔写字，还能跟着唱几句简单的老歌。

我表姐49岁，和我父亲几乎同时中风，但复发了6次，反复进了6次医院。有一次说打十针能好，花了一万二，结果被医生忽悠了，没一点效果。她情绪极度沮丧，经常闹着要自杀，但其实她不严重，能说话，能走路。后来我反复劝说她按我的做，她住在我家跟我爸妈同吃住，稳定了一个多月，没有复发和恶化。不幸的是，到2015年春节，她信迷信停了几天药，加上没有从生活习惯和营养结构上进行根本性的改变，不治而亡。

到2017年春节，父亲除了老年痴呆好转不明显，其他病基本好了；能吃能睡能拉，扶着他还能慢慢走路。脑细胞在成年后总数固定，死一个少一个，并且不可逆，所以老年痴呆基本治不好，只能缓解。因二甲双胍不但能治糖尿病，还有修复脑细胞的作用，号称"长寿神药"；因此，到目前为止，我还是让父亲小剂量吃了。

八、综述

医生负责快速治病，但不管强身健体，体弱的病人往往治不好。因此，强身是治病之本。

人体除了细胞就是细胞间质。营养疗法依赖细胞和细胞间质需要的合适成分全面修复细胞，平衡细胞间质；只要适当运动，注意休息，所有疾病即使不用药，也能缓解甚至自愈。

现在的医院在治疗思路上是有问题的：中药是千万年经验总结，依赖其中的化学成分修复细胞，肯定有效；但中药和中医理论是两张皮，相互脱节，中医的"湿热虚寒症"在人体找不到对应载体，是模糊抽象的。因为说不清原理，光看中医的书根本学不会；中医传承全靠师父手把手教，学徒基本无法治病。而西医则陷入了头痛医头脚痛医脚的怪圈，治好肠胃伤了肝肾；或手术切掉了肿瘤，人却死了。一些医生总是故弄玄虚，要开新药贵药；**现代医学已经与科学渐行渐远，变成了医生谋生的手段。**

性为何叫人难为情

——每个人都从母亲的阴道来到世界，性为何有时被认为肮脏

性是生命的义务和职责，是人最重要的本能需求。但由于动物本能和性利益存在冲突，人类的性变得矛盾和扭曲。

本质上，人的性和动物一样，是为了延续生命。但因为财富的占有已经有别于动物的体力抢夺并出现贫富两极分化；因此，既得利益者需要制定规则保护财富，为自己和后代的生存、发展提供物质保障。于是，在性道德框架下，性或被赞美为高尚纯洁，或被贬斥为下流无耻。

一、性本能

动物世界死亡十分常见，保证后代的数量是关键。因为外界的威胁太大，后代就算遗传了优秀基因，也不一定能安全成活。因此，将精力花费在优生上，还不如雄性多播种能保证种群延续，这是符合概率学的。

公狼的天性是要占有更多母狼，以保证后代中除了老鹰的早餐、狮子的点心、先天不足早夭的后代还有剩余香火。显然，**公狼花心是尽忠职守的表现。**

从延续生命的结果来看，似乎有一个规律，越弱小越容易被侵犯的生命繁殖越快越多。这能解释老鼠一生一大窝，老虎一次一两个。

男人也残留了这一动物天性，生活条件越艰苦，男人的播种基因会更强大，生育能力更强。这是很多落后国家或地区人口反而更多，农村男孩的比例远远高于城市的主要原因。

/ 幸福隧道 /
Happiness tunnel

男人本质上还是花心的狼；但囿于环境条件和个人能力，并不是所有花心男人都能付诸行动。敢想不敢做的是病狼，又叫道德和善良；迂回包抄是有耐心的渴狼，也叫绅士；直奔主题是失去耐心的饿狼，又叫流氓。对男人而言，自信的绅士诱奸是一种凉水煮青蛙的游戏，绝望的流氓强奸是一种狗抢狮粮的抗争。但付诸行动的男人，无论是迂回包抄还是直奔主题，都是饥渴难耐的狼；女人说男人没一个好东西是对男人本性的客观评价。

在性本能上，母狼的天性和公狼不同。

狼生存的主要问题是吃。而作为母狼，在靠体力抢夺食物的环境，她只有依赖体魄健壮的公狼才有食物保障。要让后代优秀并成长顺利，必须有强壮的公狼占有更多的资源。因此，**母狼的天性是选择最强壮的公狼**。

女人也保留了这种天性，喜欢强壮和优秀的男人。只是，在选择上更有智慧，不只看男人强壮的外表，更侧重的男人的争取社会地位和财富的能力。

为了自身和后代的利益，女人的注意力不是发展壮大自己，而是高效选择和控制现成财富，这导致家庭妇女的社会竞争力减弱。女人爱钱无关人品，恰恰是忠于生存和生育职守的本能。"宁愿在宝马车里哭，不愿在自行车上笑。"这不是笑话，而是女人的真话。

女人的这种天性也带来了女性的两极分化：坚决反对男人花心的是女人，但前仆后继攀龙附凤当小三的也是女人。如何选择，就看对自己和后代是否有利。

在这方面，抢到了满意男人的女人是崇尚忠贞的，这符合动物天性和自身利益：只要精子优秀，后代有生存保障就行了，不需要更多的精子。

同时，血缘的纯正可以保证父亲为后代付出更多，也避免了不同精液的混合导致基因紊乱带来疾病，或者不同血缘后代产生恶性竞争。

因此，挑剔的天性和保护后代的母性造就了女人的忠贞。因为如果不忠贞，男人无法确认后代是自己的，对家庭的责任心就要大打折扣，后代的健康成长无法得到保证。就像北极熊，别人的孩子只是它可口的食物。

同时，女人忠贞的潜意识也是为了给男人做个榜样，控制被自己俘虏的优秀男人不花心时更有话语权。试想，让自认为优秀的男人和别的女人继续生下那么多优秀的后代去和自己的亲生骨肉分割财产、竞争地位。作为母亲，本能的护犊情结是不能容忍的。

女人也有不贞的时候，大多是对现有男人不满意，失去了安全感。和男人花心是为了增加自己拥有的女人数量不同的是，女人花心是为了用更优秀的男人替换现有的男人。因此，男人花心不一定会舍弃原配，因为这对他没有损失；而女人一旦花心，基本没有挽回的余地，因为她已经找到了更丰富的食物来源和安全保障。

因此，从纯生理考量，我认同楚渔先生的观点：**花心想占有更多女人是男人的天性，只选择优秀男人是女人的天性；一个保证数量，一个保证质量；都是为了延续后代的科学分工和责任基因，没有谁对谁错的问题**。人类永远存在男人相残勾引更多女人、女人相互敌视争夺优秀男人、女人控制男人而男人反控制的斗争，这些斗争的别名又叫悲剧。

二、性道德

动物世界，雄性的任务就是多播种，为种群留下更多的延续机会。而雌性对雄性的花心是无动于衷的，因为这对雌性没有利益上的损失，也不存在审美的情感需要。它们除了交配时有关系，平时各奔东西各自觅食；子女成年就必须自力更生养活自己，父母也不存在任何遗产相赠，雄性花心不影响后代的成长。

人作为动物世界竞争的赢家，生存威胁造成后代死亡已不常见；因此，优生并进化是性的重点。人类滥交，低劣产品大多能顺利长大，这就会严重降低种群质量，影响进化。于是，人类逐渐自觉排斥滥交：就算仍然遗留了一妻多夫或一夫多妻的动物习性，但仍是有选择的多交而不是来者不拒的滥交。

出于本能和保护利益，女人是反对男人花心的。因为男人花心可能带来婚姻的破裂和财产的分流；而子女的成长与所处的环境和所受的教育关系太大，需要财富做后盾。培养得好，可能将来是杨利伟，能飞上太空；不接受良好教育，可能还只是一头粗俗的动物，自身不保甚至危害社会。

如何捍卫儿女的利益？女人通过道德和伦理约束男人，这就是性道德的起源。当家庭被女人操控后，女人教育一代一代的男性不要花心，女性要忠贞；要对家庭负责。比如：被视为酷刑的割礼，绝对不是男人发明的；都是母亲亲自操刀割掉女儿的阴唇和阴蒂，父亲只是毫不关心地在旁边看热闹。割礼让女人性欲下降，男人想勾引就少了机会。这样女人就各统治自己的势力范围，相安无事。

也有学者认为，以上是埃及、以色列或一些西方国家的情况，中国没有这种情况。中国是以约束男性为主，约束的目的是为了维护农耕生产方式。

如果家庭财产不够，女人会坚决反对男人花心。除非你是南非总统或澳门赌王，财产花不完；你有13个老婆或3房姨太太，女人离婚还不如与人分享的收益大，就只能默许。

因此，性道德的演变从开始的滥交，到后来的一夫多妻或一妻多夫，再到后来的一夫一妻，家庭财产就变得越来越安全了。有学者认为中国的一夫一妻制不是出于财产上的原因，是出于道德上的原因。但究其根本，道德的形成也是基于利益，根源还是财产。

人类靠审美教化的引导和道德舆论的约束，一方面使人的性行为变得温和文雅；另一方面也使性行为比动物更加科学和理性。这样，性道德就成了文化传承不止的审美需求。但审美教化无法掩盖性的势利本质，社会进步到能科学处理好二者的矛盾，性才不会让人难为情。

三、性矛盾

为维护家庭利益，需要人忠贞不二，道德就成为了家庭利益的保护伞。但人的动物本能又无法杜绝卖淫、嫖娼、强奸、偷情、滥交等行为，因为这是人的基本需求，无法正常满足的人群必然变通处理。

社会越向前，不管性道德的内容发生多大的变化；但其现实标准通过审美教化，必然成为了人自发的审美需求，影响人的快乐。

因为性既可能被评价为高尚纯洁，也可能被贬斥为无耻下流；人们在面对性时就显得小心谨慎。因为稍有不慎，会被人误解，损害个人的审美需求，带来痛苦。

1. 滥交

性交在自愿基础上，本应该是正常的生理行为。但性交带来的后果会引起一系列社会问题。因此，在贫穷落后的民族，动用道德、伦理和宗教机器把性渲染为可耻的事，那是家长吓唬小孩的善意谎言。

其实，只要理性思考一下，谎言就很容易被戳穿。都是人体的器官，为什么性器官就见不得人？性交是延续生命的必须手段，怎么就可耻呢？家长欺骗小孩性器官羞耻见不得人，无非是怕小孩随便外露伤了命根，或让阴茎随便插入阴道。

因为性交可能导致怀孕，堕胎会带来身体上的损伤和经济上的负担；而少女在生理发育、知识和能力准备不足的情况下，过早怀孕会影响自身的成长、带来生活的艰难。这是道德规范反对色情"毒害"青少年的正当理由。

当然，如果能够避免和减少副作用，有些地区的道德是不反对成年人的自由性交的。在西方，父母会为成年儿女的第一次性交提供指导。

而在发展中国家，因社会保障机制不健全，道德是反对这种自由性交的。

尽管不同地区的性道德标准可能相反，但本质上都是为了保护已婚家庭的利益、保护青少年健康成长。

社会越进步，对待性的态度越自然；因为身体属于你自己，你有权力让自己快乐。但是，性开放虽然保护了人的自由天性；但也有副作用，主要是滥交带来的性疾病危害人类健康。因此，滥交在西方国家又逐渐回归理性，无节制的放纵又逐渐收敛。

2. 卖淫

卖淫是一些女人狡猾的选择，因为这个工种能够满足孔子和孟子所谈的食和色。舆论为了保障婚姻秩序，把卖淫描绘成多么悲惨的事，那是谎言。我调查过很多妓女，不管当初是被迫还是自愿，不会对生活多么绝望，她们对这个工作心态稳定，没什么怨言，自杀很罕见；如果没有赚够百宝箱，并不想尽早从良。妓女其实都不自卑，她们有自己的尊严底线：身体是自己的，老娘爱给谁给谁，没有偷扒骗抢，没有伤天害理，关你鸟事！她们比小三活得更彪悍。

客观上，妓女是应该受到尊敬的；她们有权出卖自己的肉体赢得生存和快乐，她们为自己创造快乐，也为其他男人创造快乐，同时能为一些无法满足的男人提供性发泄渠道，减少暴力性侵。但弊端是搅乱婚姻经济秩序，造成家庭不稳定；同时，在道德框架下的舆论谴责导致无法讲究卫生，带来性病隐患。

世界上目前只有荷兰科学解决了这个问题，那就是职业化、明码标价、体检上岗。据荷兰国家报报道：2012年荷兰色情业每年收入近800亿欧元，占全国GDP收入的2.8%，荷兰女王在每年的新年祝词中，都会感谢妓女们给社会带来的稳定和减少疾病的传播作出的贡献。在荷兰首都阿姆斯特丹的，红灯区从旧教堂一直绵延到中央火车站门外的运河边，有至少3000家妓院和3万名妓女。警察巡逻的一项重要职责就是保障妓女的合法权益。

妓女存在的不公平体现在掠夺性：婚内女人在为家庭省吃俭用、辛劳付出，也希望丈其夫担起责任；妓女则不劳而获，并且会在满足男人性快乐的同时削弱他们的责任心。不少嫖客甚至有钱就买乐，而忘了妻儿缺衣少食。

3. 嫖娼

与卖淫对应的是嫖娼，嫖娼是男人获得性快乐的捷径。恋爱要费很多心思才能把女孩弄上床，结婚了遇到老婆不高兴，几日不知肉味是常事；并且，生活的压力往往会削弱性快感。而嫖娼就没有这些麻烦，嫖客也因为付了钱，可以对妓女肆意妄为，更为刺激，快感更强烈；这是对生活单调、快乐不多的人群来说，哪怕有正常的性生活也会嫖娼的理由。从成本角度考虑，不同承受能力的男人会选择合适价格的妓女，不至于造成家庭经济危机。弊端当然是帮助妓女们侵犯良家妇女的利益，也可能传播性病、伴生吸毒、滋生治安隐患。

4. 强奸

在动物世界，雄性的可以任意通过暴力手段达到自己的目的，雌性并没有进入悲惨世界。而在专制社会，君主可以任意占有女人，强势男人可以更多占有女人；而弱势男人的权力则被无情剥夺了。弱势男人和强势男人竞争只会一败涂地；靠自身的实力引诱，女人不屑一顾；强奸就成为了弱势男人抢夺交配权的另类抗争。

本质上，强奸是男人性激素过旺、性欲太强带来的生理冲动。如果没有自慰的习惯，又缺少勾引女人的本钱，加上尊严需求得不到满足，男人会产生强奸的冲动。强奸在得到性满足时，还收获了成就感，他会觉得自己是个真正的男人；这种心理在战胜国的士兵中非常常见。

强奸如果针对已婚女性，其副作用要小很多；但对未婚女性，其生理和心理的伤害就非常大。法律上的强奸罪就是保护优秀男人的公平竞争权和女人的自由选择权。意思是说，男人想和女人性交，必须凭实力公平竞争，不能先下手为强破坏资源。美女当然不愿意被强奸，因为冰清玉洁还有机会钓到高富帅，一劳永逸过上美好生活。一旦被强奸，高富帅可能不屑一顾。这也是大多数被强奸的女人不愿意公开事实的原因。

遇到强奸犯，牢狱其实不解决根本问题，强奸犯的性激素旺盛，可能需要医学手段解决。目前，美国、韩国等不少国家都有"化学阉割"的刑罚，给男强奸犯注射雌激素，让其丧失性欲。

女性强奸男人比较罕见；至于过了更年期激素低下的武则天还玩面首，那其实已经不是为了满足性需求，而是为了好奇心和尊严满足带来的快乐。

5. 偷情

偷情是针对已婚人士而言，人们乐此不疲的原因是风险最低。

偷情没有卖淫和嫖娼的法律压力，不用担心被警察追得满街跑，开房遇到尴尬可以解释为谈恋爱、谈工作或朋友聚会；也没有卖淫嫖娼的直接经济目的，几乎没成本顶多是成本互换。性交时环境更舒适，生理刺激更强烈；加上偷情的选择性，性交对象的审美愉悦也更强，更不用承担婚姻的后果和责任。

但是，婚姻中一方偷情显然对另一方是不公平的。婚姻阶段的性，是合作契约的重要组成部分，具有专属性。而婚外偷情的女性无非是存在新的婚姻期待、得到利益或弥补性需求的不满足。没有进入婚姻的偷情女性，会有强烈的竞争意识，想取代原配上位，俗称小三；这侵犯已婚妇女的既得利益，对家庭是一个严重的威胁，影响社会和谐。

但无论是婚内还是婚外，男人都能得到性满足，并且没有多大副作用；而女人需要承受更多的生理和心理的煎熬。

因此，偷情的随意会带来社会关系尤其是经济秩序的混乱；道德、法律都

/ 幸福隧道 /
Happiness tunnel

反对偷情，以保障婚姻的公平。因此，哪怕容忍性自由的国家，不少也用法律设置了通奸罪。

　　从天性来看，男人偷情的次数要远远多于女性。一是动物天性，二是自身没什么危害。既承认男人的本性，又减少副作用，让天性偷腥的猫儿不乱吃鱼，这取决于女人的智慧；如何容忍猫儿偷腥又不让猫儿逃离家园，对女人的胸怀是种考验。

动物繁殖的悲剧

——生存的残酷让动物的性成为了殉葬品

交配是所有动物的"必修课",本质是延续种群的遗传基因。如何让生命最有效最大程度地健康延续,动物在交配时选择了适合自己种群的最佳方式,是一种纯生理行为;很多在人类看来是残忍的悲剧。

但是,人也是动物,我们从其他动物的交配规律,可以了解人类性交的原始动机,这对研究人类的性心理是有参考价值的。

一、生存选择

动物发情受食物多少的影响,有季节性;否则,老是发情交配而食物缺乏,新生儿容易死亡,劳而无功。一般情况,草食动物只在水草充足、适合生育后代的季节发情。肉食动物的发情季节要迟于草食动物;就是在等待粮食出生。与老鼠的繁殖匹配,野猫叫"春"而不是叫"冬";因为小猫的粮食在小鼠诞生之后最多。

公狮会毫不留情咬死所有非亲生的幼狮,以保证母狮快速发情;而母狮也会自动配合,并不会仇恨新丈夫。一切,只是为了有利于后代。

从生存角度看,雄性交配后,他对雌性没有存在价值;除非它能为雌性和后代提供食物。对于弱小的食肉动物来说,自己都吃不饱,雄性没有提供食物的能力;因此,它的结局往往是成为雌性的食物。

"黑寡妇"蜘蛛堪称代表;交配结束,它就吃掉丈夫成为"寡妇"。当然，雄蜘蛛因为遗传基因能够预知自己的下场，还是留了小心眼：在雌蛛发动攻击并将雄性吃掉前，雄性食蜂蛛会让处在雌蛛体内的阳具折断，加大后来的雄蛛让雌蛛受孕的难度，最大程度保证自己基因的延续。雄帐篷网蜘蛛甚至会咬断性器官，以便尽快将精液射入雌蛛体内，进而提高让雌蛛受孕的几率。

所有种群的章鱼交配方式和"黑寡妇"类似：雄性章鱼都会将"性触须"留在雌性体内确保受孕。由于无法长出新的"性触须"，它们在短短几个月内便会死亡。

一些章鱼种群的交配过程更为怪异。雄性纸鹦鹉螺章鱼的阴茎能够脱离身体，游向雌性。雄性斗篷章鱼的体型大约只有雌性的四万分之一，它们游向选定的雌性，而后将阴茎依附在雌性身上，最后游走，不久后便走向死亡。雌性几乎不会察觉到整个过程。雄性的阴茎一直移动到雌性腮部开口处，等待它的卵发育成熟。此时，它会移走阴茎，撕裂精囊，让精液与它的卵子结合。这个时候，它的丈夫可能已经不在这个世上。

雌螳螂会在交配过程中"谋杀亲夫"，吃掉雄性的脑袋。这种行为能够让雄性更快射精。雌螳螂吃掉亲夫的脑袋是因为它很饿，需要补充能量，才能继续活下去。

高级的肉食动物因为生存能力强，"谋杀亲夫"的习惯就慢慢改了。

这一动物本性在接受文化熏陶很少、自身能力差的女性中也有残留，她们对自身生存和孩子的成长没有价值的男人冷酷无情。

二、体质考验

为了后代能顺利成活，雄性需要挑选健康的雌性并尽量多播种，雌性需要挑选强壮的雄性让后代更强壮；身体素质是彼此考量的重点。

袋鼬的生育就属于残忍的体质考验。每年冬季，雌性袋鼬进入发情期，这能保证后代能在食物最充足的季节诞生。雄性袋鼬会尽可能与更多的雌性交配，以保证后代生存的数量。雄性袋鼬一次无法射出很多精液，必须多次射精，才能确保延续自己的基因。它们会抓住雌性的脖子，强行交配。通常情况下，袋鼬的交配时间可达3小时，有时也能持续一整天。雄性袋鼬交配过程会抓咬雌性，很多雌性在交配中香消玉殒，最后沦为雄性的盘中餐。类似的有雄性南方象豹，它经常用颚部碾压雌性的头骨，弱小的雌性经常因交配付出生命代价。

这种虐待可以看做是对雌性健康状况的考验；雌性如果承受不了，说明身体差，不适合孕育后代。人类的帅哥美女走俏，是重视交配的身体素质，属于动物天性。

当然，雄性袋鼬也很悲剧；交配后体重减少，开始出现秃顶，完成交配后几周内死亡。

雄蜂在与蜂后交配后，也会很快死亡。交配前，新蜂后会消灭所有姐妹，确保自己对蜂巢的统治不受威胁。处女蜂后会从蜂巢中数万只雄蜂中挑选十几只雄蜂交配。阳具在蜂后体内爆裂(甚至能够听到)后不久，雄蜂便会死去。蜂后会将精液储存起来，以备以后使用。这些精液每天可孕育出1500枚卵，一直可持续3年。

人类也有类似情况，人类精液中含锌元素最多，而锌元素是人体的微量元素，数量很少，短期严重流失就会导致免疫力下降，滥交带来的艾滋病就是免疫力丧失症；男人秃顶跟射精过于频繁锌元素缺失有关。而女人很少秃顶，因为哪怕体内锌元素不足，阴道粘膜可以吸收精液里的锌元素。因此，男人要想多性交，必须经常补充锌元素；而女人月经流血多，自然需要经常补充铁元素，血液里的微量元素主要是铁。

在挑选交配对象上，女人保留了和蜜蜂类似的天性：只认可优秀的男人。

除了对交配对象的体质需要考验；对于数量众多的后代，动物也会优胜劣汰。听到交配的声音后，雄海豹会蜂拥而至。途中，它们会压死海豹幼仔。在一些海豹栖息地，有多达三分之二的海豹幼仔以这样一种方式离开世界。这也就是为什么海豹幼仔生长速度极快的原因；它们发育得越快，就越能及时避免被压死的命运。这种淘汰方式确保留下的是健壮的后代。

三、繁殖效率

不同物种有适合自身特点的繁殖方式，以提高效率。

一些弱小的生命雌雄同体，受精就有保障。以扁虫为例，这种动物长有匕首般的阳具。交配时，两只扁虫展开决斗，被刺中的弱小扁虫将成为母亲，担负起抚养后代的重任；胜利者则继续享受单身生活，寻找下一个交配对象。

与扁虫一样，蜗牛与蛞蝓也是雌雄同体动物，也要在交配过程中展开战斗。由于没有阴茎，它们会展开"箭斗大战"，彼此喷射所谓的"爱箭"。"爱箭"主要由钙构成，并不含有精液；而是为了让中箭者更容易接受射击者的精液，进而完成交配。

蚯蚓甚至可以自体再生，将其截成两节，可长成两条蚯蚓。

从交配对象看，几乎所有雄性动物都有多个交配对象；这能最大程度增加后代数量，确保不至于因为后代数量太少意外死亡而导致香火灭绝。在这点上，男人保留了想和更多女人交配的动物本能。

臭虫在这个世界是弱小的动物，随时面临死亡威胁；因此，臭虫选择的是最快的交配方式。雄性臭虫并不像其他一些动物那样，先求爱，后交配；它们在交配时甚至没时间寻找雌性的生殖器官，而是直接将阳具刺入雌性胃部，射精后便匆匆逃跑。精液随后进入雌虫的血液，而后随血液流进受精囊，最后进入卵巢。

鱿鱼和臭虫类似。可生物发光的雄性达纳章鱿利用喙状嘴和锋利的爪子在雌性身上打洞，而后用类似阴茎的附肢将精液射入伤口。南洋力士钩鱿甚至省去刺孔这道程序，直接用精液在雌性身体上挖洞。它们的精液中含有一种酶，能够溶解皮肤组织。

大鳍武装鱿是已知第一种跨性别鱿鱼，一些雄性大鳍武装鱿不仅外形与雌性类似，甚至还长有雌性的性腺。这些特征允许雄性大鳍武装鱿在不被发现情况下进一步靠近潜在配偶。

地球上生活着超过35万种甲虫，交配最悲惨的当属雌性象鼻虫。雄性象鼻虫的阳具长有可怕的刺，经常在交配时伤害雌虫。但象鼻虫生活在异常干旱的地区，精液能够为雌性象鼻虫补充它们急需的水。获得充足的水后，雌性的交配兴趣大幅下降;缺水时,它们又对交配充满饥渴。这种交配奖励机制类似人类的性高潮。因为生活如此艰辛,人生充满痛苦,快乐是那么难以获得;性高潮带来的快乐让男人对性交乐此不疲。因此,在性交上,男人更多纯动物性,不挑食。

/ 幸福隧道 /
Happiness tunnel

靠什么长大？

——好奇心、自由和安全感，是健康成长的保障

成长需求是人的本能需求，产生后就不会灭失，只是受外界的影响，强弱会有变化；包括好奇心、安全感、自由三个方面，它们是少年儿童健康成长的关键，也是成年人完善自我的保障。

一、好奇心

好奇是在妈妈肚子里就具备的天性，是探索世界的本能。好奇让你慢慢知道世界的模样：哪些是你生命的营养，哪些只是你生命的陪伴。好奇心受外界影响，会有强弱变化，但会伴随终生。很多人到老了还有强烈的好奇心，就是所谓老顽童。

好奇心的满足对成长的影响甚大。对此，罗素有过精辟的论述："**长盛不衰的好奇心以及热烈而不带偏见的探索，使古希腊人在历史上获得了独一无二的地位**"。

哲学的理性主义源头在希腊，希腊人对什么都好奇并孜孜以求，对世界的一切总要问是什么？为什么？怎么办？这是增长知识、提升自我的不二法门。是什么指学习常识，知道然；为什么指掌握常识背后的知识，了解所以然；怎么办是有了常识和相关的知识，用来指导实践。

家长和学校过多的干涉会让儿童好奇心得不到满足，产生丧失自由的痛苦，自然对引起痛苦的原因进行反抗。这就是师长过分强调学习，让儿童对其

它事务的好奇心得不到满足，反而让儿童厌学的主要原因。因为强迫读书削弱了他对世界的好奇心，读书是让他痛苦的敌人。

中国的传统教育是不鼓励学生问为什么的。因为教育的目的是培养顺民，记住圣人之言照做就够了；问多了，怀疑多了，权威就倒了。这是管理需求和文化差异造成的。也正因为如此，好奇心被扼杀，导致中国学生靠死记硬背掌握的知识不少，模仿能力强但运用知识创新的能力不强。

二、安全感

安全感是人保护自我的本能。不安全的因素会影响血压、心跳、内分泌，让神经处于紧张、焦虑状态，不安全感必然分散人的注意力，影响效率。在儿童痛阈没有得到拓宽的情况下，安全感的缺失可能造成儿童的恐惧引发孤僻甚至自杀；因此，压制、恐惧、威胁等因素不利儿童的健康成长，也影响儿童学习的效率。

安全感作为心理学概念，从弗洛伊德精神分析理论开始，100多年并无统一定义。

我认为，安全感是主体对所处环境是否安全的一种感觉，是一种即时的思维判断造成的神经反射状态。生理没有受到威胁、伤害，心理没有压力，神经处于放松状态，就觉得安全。反之，神经就紧张、焦虑，就觉得不安全。安全感的强弱受伤害、威胁、担忧、压力的大小的影响。

弗洛伊德认为个体的弱小、男孩的阉割焦虑以及自卑情结对心理健康和神经症的产生有着重要影响。当个体所受到的刺激超过了本身控制和释放能量的界限时，个体就会产生一种创伤感、危险感，伴随这种创伤感、危险感出现的体验就是焦虑。由此弗洛伊德提出了"信号焦虑""分离焦虑""阉割焦虑"以及"超我的焦虑"。也就是说，冲突、焦虑、防御机制等都是由个人幼年及成年阶段某种欲望的控制与满足方面缺乏安全感造成的。

把安全感与焦虑对应，是符合神经反射原理的。但是，成年人的紧张、焦虑、防御机制大多受需求满足与否的影响，安全感只是其中很小的影响因素。

并且，安全感作为是一种情感状态，有强弱之分，而不是简单的有无。

人本主义精神分析学家弗洛姆主张儿童人格的形成复演着人类心理的发展过程。在幼年时期，父母给儿童的界限和禁忌制约着儿童的自由；随着年龄的增长，社会给人们极大自由的同时，现代人与社会、与他人的联系日益减少，个人的责任日益增大。现代人日益缺乏归属感，经常体验到孤独和不安全。

但是，儿童的自由与否，受父母的态度因人而异，很多儿童生活在愚昧暴戾的父母身边，缺少自由但并不缺安全感。很多家庭温馨、安全感强的儿童；成年了受自身能力和环境的制约，走向社会后竞争力弱仍然缺少安全感。实际上，弗洛姆所说的孤独和不安全，是其它需求得不到满足的心理状态，能影响安全感，但不是安全感本身。

社会文化精神分析的代表霍尼反对弗洛伊德的本能决定论，她认为儿童在早期有两种基本的需要：安全的需要和满足的需要，这两种需要的满足完全依赖于父母；当父母不能满足儿童这两个需要时，儿童就会产生基本焦虑。"当父母对儿童实施直接或间接的支配；冷漠或怪癖行为；对儿童个人的需要缺乏尊敬；缺乏真诚的指导；轻蔑的态度；过分颂扬或缺乏赞扬；缺乏令人信赖的温暖；使儿童在父母的争吵中选择一方；负担过多的责任或不负责任；偏袒、隔绝同其他儿童的交往；不公正、歧视、不守信用；充满敌意的气氛"等等方式来对待儿童时，儿童就会对父母产生一种基本敌意。但由于儿童自身的弱小和无助，儿童又必须依赖父母，因而必须压抑对父母的敌意；这种压抑的直接结果导致儿童把敌意投向整个世界和整个社会，使儿童认为世间的一切任何事物对他们来说都充满了危险，这就导致了不安全感的产生并进而转化为基本焦虑。

显然，霍尼的推断是孤岛逻辑。如果一个人不受外界影响，其发展可能是这样。但受文化熏陶后，就算童年时代缺少安全感，很多接受了良好教育的人群赢得了适合自身成长的良好条件，获取的优越感多，童年的阴影对他影响不大；他照样安全感强。

精神病学人际关系理论的代表人物沙利文认为，人类满足生理需求的方式是受社会制约的；儿童会在成长的过程中意识到，有些满足生理需求的方式不是父母所赞许的，儿童必须调节自己的行为，适应父母的标准，以获得安全。

随着儿童的成长，不仅父母，教师和其他一些社会力量的代表如"警察"等会使儿童体验到不安全感，而且其追求满足的要求可能被社会拒绝也会使之体验到不安全感和不舒适感，或被称之为焦虑。

这里，沙利文所谈的安全实际上是父母和社会的认同，这属于他尊需求，也不是安全感本身。同样，很多被父母打压的少年并不缺少安全感；他们有一种放纵的满足，就是平时说的任性。

奥地利精神分析学家埃里克森在1950年提出在个体发展的早期，发展的课题是要个体建立对世界最初的信任感。婴儿初生，如果受到父母或其他看护人的良好照顾，尤其是母亲，如能够对婴儿采取慈爱的态度，并且这种慈爱是经常的、一贯的和可靠的，婴儿就会觉得舒适与满足，会产生最初的安全感，会对周围的世界产生信任和期待。埃里克森认为这种基本信任的获得是儿童的第一个社会成就，是婴儿自我统一性的基础。

埃里克森犯了一个常识性错误，那就是把安全感看成静态的存在；实际上，安全感是不稳定的变量。不管父母如何慈爱让婴儿有安全感，在家里突然被宠物撕咬的时候，婴儿照样会吓哭；这个时候，婴儿是没有安全感的。

人本主义心理学家马斯洛认为，心理的安全感指的是"一种从恐惧和焦虑中脱离出来的信心、安全和自由的感觉，特别是满足一个人现在（和将来）各种需要的感觉"。马斯洛认为，安全感是决定心理健康的最重要的因素，可以被看作是心理健康的同义词。马斯洛在其研究后期，提出十条心理健康的标准，其中第一条就是个体要"有充分的安全感"。

但事实上，马斯洛所说的安全感是指需求的满足带来的快乐以及由此产生的自信，和安全感本身的定义相去甚远。同时，安全感是环境赐予主体的即时心理感觉，是主体的遭遇和环境造成的，和心理是否健康没有必然联系。

当然，任何其它需求的满足，都能增强安全感。

三、自由

每个人的遗传基因不同，细胞构造和内分泌有差别，潜能和性格不同，总是自动选择喜欢的事，并按自己的习惯行动，不愿接受外力的改变；这就是天性中的自由需求。

做自己想做的任何事，就是个人的自由，是自由的人本状态。但由于个人自由和群体自由有时会存在利益上的矛盾，个人自由必然受到道德和法律的约束。因此，个人自由不损害他人的自由是前提条件，这是自由的社会状态。否则，个人自由不被约束，必将损害他人自由。

利皮科在《论人的尊严》中强调，人可以自己决定自己的命运，通过自由的选择而达到他自己所想达到的目的，成为他自己所想成为的那样的人。人是万能的，可以按照他的意志做他所愿意做的一切；因为上帝创造人时，就把人放在没有约束的地位上。由于存在争议和歧义，这种人类中心主义论调已被批判得体无完肤。

爱拉斯谟倡导，最好放纵自己的感情、情欲使人热情奔放，无所顾忌。但这只是维护人的动物天性，对文明发展并无积极意义。

瓦拉《论享乐》在关于意志自由的问题上，认为上帝可以预见人的行为；但这并不能说人完全没有意志的自由。上帝虽能预见到人做的某些将来的行为，可是这行为不是在强制下干的；所以，人做的事还是他自愿干的，他有他的自由。

瓦拉鼓吹个人的自由意志、反对教会的禁欲主义时，把个人利益放在第一位，并把个人利益与他人利益对立起来，认为为了个人利益，可以不顾他人利益和集体利益。他甚至把这种自由放大到极致：我的生命要比整个宇宙的生命有更大的幸福。

以上观点当然符合自由的天性，享有最大程度的自由无疑能挖掘潜能，发展和提升自我。

当自由带来的快乐让自由成为优先需求时，自由就成为一种需求习惯。这就是许多其他需求尚无法满足快乐太少的青少年格外叛逆的原因。

习惯的形成跟饮食有关。缺锌多动症，酗酒爱吵架；猛男爱吃肉，淑女多清淡；瘦人能熬夜，胖子爱睡觉。

一切违背个人习惯的事务都会带来生理上的不适，带来紧张和焦虑。

受审美需求的影响,习惯必然主导个人爱好。随着审美需求的产生和增强,青少年喜欢从发型、穿着到谈吐、特长都想有与众不同。读书、体育、游戏、琴棋书画、吹拉弹唱、追星追名牌,慢慢养成个人独特的爱好。

这些个人审美基础上的爱好所带来的优越感能刺激大脑神经递质多巴胺的分泌,让人快乐,如打牌、下棋、赌博、吸毒、抽烟、嫖娼、喝酒、跳舞、运动、旅游、收藏、绘画、玩音乐、玩文学等等。

苏霍姆林斯基说,教育技巧的全部诀窍就在于抓住儿童的这种上进心,这种道德上的自勉。要是儿童自己不求上进,不知自勉,任何教育者就都不能在他的身上培养出好的品质。可是只有在集体和教师首先看到儿童优点的那些地方,儿童才会产生上进心。

实际上,**培养上进心就是发现儿童的特长和爱好,鼓励他把爱好提升得更加出众,享受更多优越感从而变成优先需求**。这种优先需求即使不体现在学习上,也能保证青少年无碍社会的个人爱好,在进入社会竞争后,其他需求无法满足,也能找到快乐,不至于心理失衡而危害社会。

/ 幸福隧道 /
Happiness tunnel

为什么我讨厌你喜欢的？

——审美之痛，在不愿腥臭又无力保鲜

独裁、专制，民主、法制都是强者的游戏，弱者只能逃避。

逃避的洞穴有三个：一是有门无洞，无处容身；只能站在门外咒骂或哭泣，那道门就是道德。二是有洞无门，进出自由，下雨躲一会，太阳出来又能溜哒，这个洞有两扇门：文学和艺术；洞里有个镜子，一眼就能看到墙上镜子里的自己，玻璃镜子叫信仰，铜镜叫宗教。三是有门有洞，里面摆满压缩饼干和矿泉水，洞外雷电交加，进去了把门关上，基本没人愿意出来，门栓就是哲学。

道德、伦理维护公共利益，保障大多数人的幸福，但很多时候要扼杀个人快乐。宗教目的是逃避现实痛苦，只研究主观，寻找心理宁静的途径。佛教所说的"现象界"的本质就是主观心理；"心"的本质是大脑的思维；心灵上的自我"圆满"就是审美的自我认同。文学和艺术是表现世界，寄托人生的理想，是主观和客观的影像。哲学目的是了解整个世界，既研究客观也研究主观。

一、道德与伦理

当人为了谋求更大利益进行群体合作时，就出现了公共利益。这个时期，自私自利尚可容忍，但损人利已就侵犯了公共利益。道德、伦理就成了相同文化背景的地域内，约定俗成保障公共利益的审美规范。

各族人民的利害关系千差万别，因此道德、伦理具有相对性和可变性。法国爱尔维修认为，各个民族的道德原则、道德概念是相异的，甚至是对立的。

例如：对大多数民族来说盗窃是不道德的，可是在斯巴达却允许盗窃，而且受到尊重；只有盗窃时因手法不高明而被逮捕的人才遭到处罚。同一种行为可能有时对人们是有益的，有时却是有害的。

又如：中国的婚姻道德，原始时期滥交是道德的；周朝一夫一妻是道德的；后来的封建时代允许一夫多妻，也是道德的；新中国认为一夫一妻是道德的。为什么？这和社会条件尤其是人口数量和经济有关，有利于家庭和睦、社会稳定的行为规范就是道德的。为什么赌王梁鸿燊可以娶四个老婆，南非总统也有13位夫人？为什么西藏至今还存在一妻多夫？因为不影响家庭，也不危害他们所处的社会，就是道德的。

道德也好，宗教也好，都倡导人类向善，但道德往往流于言不由衷的口号，宗教只是作恶之后的忏悔。比如宗教和道德都倡导感恩，认为懂得感恩是幸福的。审美让谢谢成为礼貌用语；但很少发自内心，往往流于客套。因为感恩很难成为一种习惯；往往是贪婪驱使下为了继续获利而对外撒放的诱饵。

因此，道德是站在公共利益上的说教，往往无力战胜私欲。正如马克·吐温嘲弄的那样：我认识的每一个人都有道德，虽然我不喜欢问。我知道我有。但我宁可天天教别人道德，而不愿自己实践道德。把道德交给别人去吧！这是我的座右铭。把道德送完了。你就永远用不着了。

茨威格对道德更是充满绝望：历史乃是万神殿的反映，它的活动既非道德又非不道德。它既不惩恶又不报善。因为它不是根据正义而是根据力量。它总是把胜利分配给有权势者，任其肆无忌惮、为所欲为。一般说来，在世俗事务上它总是替为非作歹者撑腰。

道德是利益分割的产物，是为了维护大多数人利益的准则。弱化利益分割的比例，道德就可有可无甚至逐渐消亡。比如寡妇再嫁在某些地区或时代被认为是不道德的行为，但现代已是天经地义的事。

本质上，道德和伦理是一种低级状态的审美；在利益面前，很多是对人不对己的口号，也是多数人贼喊捉贼、声东击西的伎俩。就像赛跑规则，人人都高呼要遵守，也希望别人遵守；但自己有意无意会抢跑。道德是适合强者的游戏规则，反道德只是弱者的无奈。大多数弱者还没开始竞争就注定输了，他们只能抛开道德规则投机一搏。他200斤，我100斤，我怎么跟他遵守道德用手对打？我只能偷偷用石头砸，跟他肉搏是我傻。赢家是少数强者，大多数弱者注定要输；这就是大多数人不愿意遵守道德的理由。

说穿了，无论多么冠冕堂皇，道德既然是维护公利，当然就涉及每个人的私利；我们谴责一切貌似和自己毫无关系的有违公德的行为，潜意识就是在维护自己类似遭遇时所该得的私利。布莱希特认为，无私是稀有的道德，因为从它身上是无利可图的。但实际上，无私表面上是只有奉献没有索取；但收获了审美愉悦，赢得他尊，得到优越感和快乐，是有"利"可图的。

道德的价值在于倡导向善，保护彼此心灵的疆土；而一旦形成精神秩序的欧共体，柏林墙和铁丝网就变得可笑而多余。**人类需要进步的道德，在自由自我自尊平等的框架下，人性化修正，否则道德走向腐朽和没落时，只是无意识的跟随性盲从，也叫集体非理性，绝对只是精神枷锁，是人类的噩梦。**

伦理也是利益取舍的结果。比如：长辈的权威一是保证后代的利益，希望晚辈坐享自己的经验教训，争取少走弯路；二是自己也能弥补社会竞争中无法得到的貌似领导的成就感。在中国皇帝制度下，统治者维护君臣父子这个伦理，利于宣泄被统治者的仇恨，维护稳定；男人都接受这个伦理：在外面是孙子，在家里他就是皇帝，爽歪歪！比如同姓不婚、近亲不婚之类无非是经验证明，这样做有利于优生。古代很多部落首领死了，妻子都归儿子所有，等于是儿子和母亲结婚；但发现后代畸形多，就淘汰了这种跟动物一样的婚姻状态。动物世界就乱交一气，因为他们愚昧，不知道近亲繁殖的危害。

不同时代、地域的伦理有可能是矛盾的。比如吃人是违背常规伦理的，但古代战争中靠吃敌人的尸体存活没有人认为不符合伦理。在今天的非洲，依然有吃人部落存在，他们也不认为有违伦理。一种是吃亲人的肉，这样能让亲人永存自己体内，是一种深沉的怀念；一种是吃敌人或坏人的尸体，是一种富有感召力的同仇敌忾，能凝聚人心，保护部落利益。

伦理是文化的产物，随着社会的变化而变化。比如民主社会，压迫不严重，等级制度就没有用处，反而浪费时间；因此子女可以直呼父母、领导姓名，不用考虑这样做会被人评价为不懂事。比如远古同姓圈子小，血缘近，经过大范围、无数代杂交后，血缘淡了；同姓结婚对后代没有影响了，所以不违背现在的伦理。

二、独裁、专制与民主、法制

在原始时期，只有最大程度顾及公共利益的人，也就是道德最高尚的人，才有资格担任首领分配食物；否则，分配不公会带来部分人的饥饿甚至死亡。这就是早期的首领独裁。在一个贫困的家庭，母亲就是这个独裁者。但这个独裁者实际上是最需要牺牲精神的；独裁的结果往往是孩子们都吃到了想要的食物，母亲却饿着肚子。这就是所谓的母系氏族，母亲的权力实际上是牺牲的权力。

因此，在财富匮乏的上古，独裁者并不是人人都愿意担任的角色，尧舜禹都使自身为天下人吃尽了苦头，大禹治水三过家门而不敢入；因为他只有带头牺牲，天下人才愿意跟着牺牲，才能保障公共利益，他才配得上领袖的资格。

至于许由被认为是最伟大的隐士，那只是个误解。那个时期的皇帝不是后来权倾天下、可任意支配财富的皇帝，充其量是一头带领大家围猎的头狼。齐桓公号称霸主，办公时一个叫轮扁的木匠还可以边干活边跟他聊天甚至教训他呢。如果本事不够强，又不愿吃那份苦，也不贪那份虚名，推辞不当皇帝是明智的。

道德能保障公共利益，但无法保障个人利益。当自身利益得不到保障时，人们不会认可道德的空洞说教。正如哈代所言，一切有生之物，都有一种"寻求快乐的本性"，那是一种伟大的力量，凡是血肉之躯都要受过它的支配，好像毫无办法的海草都要跟着潮水的涨落而摆动一般，这种力量不是议论社会道德的空洞文章所能管得了的。

当社会财富丰富后，一人独裁就被专制取代了。专制是靠一个独裁者指派的一群人用貌似公平的法则分配公共利益。

客观上，封建专制时代，天下人对皇帝在道德上的要求是很高的。只要他处事不公；就会犯了众怒，就要被天下人推翻。因此，皇帝如果不夹紧尾巴做人，勤勉为天下操心；就死无葬身之地。一些普通人可以享受的生活他都被禁止，比如白天多喝点酒，晚上多跟美女快活一下耽误了每天必须的上朝；就要被天下人骂为昏君。要不顺治皇帝宁愿当和尚也不当那鸟皇帝，那不是人干的活啊。又如清代皇帝性交时，有太监和总管守候窗外。为防止皇帝性交中猝死，时间稍长，总管就得在外高唱："是时候了。"若皇帝兴致高，装聋作哑；则再喊一次。"如是者三"，皇帝就不能再拖延；而得"止乎礼"。

当然，科技的进步、文化的发展必然要淘汰独裁和专制。因为人的动物性和自身欲望的膨胀导致独裁和专制越来越侵犯公共利益。而社会财富的极大丰富，这种分配方式也显得效率低下或显失公平。希特勒和墨索里尼都是民主的产物，但因为权力过大，成为个人独裁；因此，对权力的制约、"把权力关进笼子"是民主的核心。否则，民主就是挑选新的道德可能高尚的独裁和专制者，是用公共利益反复交学费的恶性循环。

当利益的诱惑巨大，道德的约束力不从心时，就出现了法律；法律是具有强制约束力的审美标准。正如林肯所言，法律是显露的道德，道德是隐藏的法律。

三、宗教

有道德、有伦理、有独裁、有专制、有民主、有法律，仍然无法保障个人的基本利益，人类总处在任人宰割的悲苦中。这时，上帝就充当了哄小孩不哭闹的家长：孩子，乖！不要紧的，你这辈子做好人，对社会有好处，来生一定能去极乐世界。

因为上帝存在或不存在谁也无法证明，但信仰上帝不会让人绝望，可以支撑着人活下去：反正今生无望，得不到应有的回报，不如将希望寄托在来生吧。总有一部分人会存在这样的幻想，认为来生也许能进天堂，矛盾着遵守符合道德的教义。

从成本角度考虑，遵守宗教的教义并不是很难的事，成本不高；但如果来生真能进天堂，那就等于花2块钱中了2个亿的彩票，不妨一试。因此，宗教是给今生无望的人开出的空头支票，是弱者无力抗争的幻想。

爱拉斯谟认为，中世纪的僧侣不读书，不研究，只以宗教信条来迷惑人们，以宗教仪式来束缚人们的思想就是对人们实行愚民政策。法国爱尔维修认为，宗教使人们违背自己的本性和理性，扑灭自己的一切欲望，厌弃尘世的生活，盲目地崇拜上帝，幻想来世的幸福。

减轻痛苦获得快乐是自己的义务。哪怕满脑子救世的信念，潜意识也非天生的高尚和仁慈，而是自身价值的炫耀，是救世主自身欲求的满足，是为了减轻自己的痛苦，获得快乐。

但是，**宗教客观上能依赖道德的指引规范人的行为，维护公共利益；是有益人类的麻醉剂，是失败的最后一点希望，是画给痛苦人生的最后一条活路。**

同时，宗教的一些生活方式是符合科学原理的，确实能减轻人类的紧张、焦虑和痛苦。

宗教的素食能降低激素水平。从激素产生的源头看，胆固醇是合成激素的原材料，而胆固醇主要来自动物食品。因此，宗教大多主张素食，用化学手段减少激素的生产，性欲自然降低。

闭关修炼躲开喧嚣尘世，没有灯红酒绿的诱惑，欲望总量减少。痛苦当然就少了。

甚至，和尚剃光头，头发对头皮神经感应器的压力减弱，感觉信息量也减少，或许也能缓解性压力；这也是很多性欲旺盛的男人剃光头感觉舒服的理由。还有耳环和鼻环之类的拉坠，应该也是改变了神经的信息接收量，能缓解性压力。

因此，看透宗教本质的伏尔泰也认为，对资产阶级来说，上帝是不需要的，因为他们不缺财富，不指望买彩票一夜暴富；但对穷人来说，上帝是必需的。对劳动人民保留宗教，可以更好地使用他们。他说，我希望我的供应人，我的裁缝匠，我的仆人，都信仰上帝，这样就很少有人再来抢劫我了。由此，伏尔泰赤裸裸地说，即使上帝是没有的，也必须捏造一个。

当宗教成为一种信仰时，就是教徒所认可的审美，一切违背宗教的行为都是丑恶的。这也带来了人类历史上血腥的宗教裁判。据伏尔泰统计，有1700万人被基督教剥夺了生命，平均每个世纪有100万人被基督教处死，包括完全不影响任何阶级审美的布鲁诺，仅仅是他的学说消灭了天堂，侵犯了宗教的利益，说穿了就是侵犯了教徒的个人利益,影响他们来生进天堂。正如恩格斯所说,在宗教狂热的背后,每次都隐藏着实实在在的现世利益。

因此,某种程度上,宗教把教徒逼成了最冷酷无情的人群。他们平时会遵守教义,尽量做个有道德的人;但只要涉及宗教的本质利益,他就可以跟你玩命。就像一个彩民,你撕掉他一张彩票试试?他绝对拿刀砍你;因为你撕掉的不是他2块钱,是他2个亿的梦想。

因为你的来生无关他人,所以今生的修行也要以不侵犯他人利益为准则。因此,宗教的教义基本上符合普世的道德,比如不偷盗、不奸淫、不欺骗都是适用范围最广的道德准则。

因此,人制造了神和佛做自己的影子。神的欲望和佛的指引,其实都是今生道德规范的演练,是在为满足来生欲望做彩排。去掉神佛,教义就是尘世的道德,佛法就是一种活法。

逃避红尘是因为有较高的审美标准,不愿同流合污,这导致理想和现实的差距越来越大,无法满足自己的欲望;只能通过信教找到另一个独特的自己,弥补做人的尊严。

但宗教倡导无欲无求本身只是自欺。很多高僧著书立说、云游讲学,结识达官贵人,喧嚣尘世,本质上还是普通人的欲望;普渡众生也只能算是冠冕堂皇的借口。主观为众生,客观为自己;是要让世人尊敬自己,在找成就感,找快乐。

在科学昌明的今天,飞行器已到达了冥王星,真正作为信仰的宗教已经摇摇欲坠;很多信徒只是把宗教作为一种生活方式,用来逃避痛苦、创造快乐,充实生活。中国很多的寺庙、教堂都职业化了;平时在那上下班,下班了该干嘛和尘世没有任何分别。在很多旅游景点,经常有自称是教徒的驴友,他们嘻嘻哈哈、饶有兴趣地把供果放在石头上轮流磕拜。信不信已经不重要,增加乐趣,好玩!

宗教倡导人无欲无求、清心寡欲地过完一生,就能遨游天堂。这对中产阶级是个鼓舞,因为生活过得去,闲来无事,念经拜佛也挺高雅,还会因良好的口碑得到街坊的一致尊敬,显然是快乐的事;对无知落后的民众,宗教的来生美景也是一种寄托。但对流氓无产者显然没有足够的说服力：这辈子穷死了，苦死了，受够了白眼，一点都不快乐。要能翻身解放发大财做大官被人景仰，就让我下辈子下地狱好了！

宗教是人类无助时的一种精神寄托，能转移和麻醉痛苦，是有价值的自欺。我们可以自由信仰，包括信仰不信仰，也包括不信仰信仰；但我们有义务尊重生命的自由。

在所有宗教中，中国的道教似乎和别的宗教不一样。它既无上帝，也无天堂和地狱；不谈来生，只谈今生的修为。在这点上，它更接近哲学而非宗教。

四、普世信仰

与宗教并存的是非教徒的普世信仰。审美认知影响到道德、伦理观念，也影响到人的思维和行动准则。所有生活的习惯和嗜好会让人形成了稳定的行为准则，这就是信仰。

很多所谓道德高尚的人感叹世风日下，人们丧失了信仰；其实这也是站在自身立场上的误解。怀疑一切、没有信仰实际上也是符合自身利益的一种信仰形式。

有人信上帝，有人信鬼神，有人信功利，有人信自己，有人啥也不信，感觉舒服就行。陈独秀倡导破坏偶像，信仰真理；本质上偶像和真理也只是信仰的不同形式，换个信仰而已。

信仰基本稳定，但在需求的矛盾激化时，会带来改变。如一个善良的人在遭受十分不公的待遇时，会放弃善良；一个恶人在遇到审美感动时会见义勇为。

从成长和自我的独立来看，抛开道德和伦理框架，拥有王国维所倡导的"独立之精神，自由之思想"，不委屈自己，不勉强他人；哪怕不登大雅，也算是健康人格。

因此，信仰于己有利，于世无害，就是上品。

五、文学、艺术、哲学

你想飞，我给你翅膀，那是体育；我保护一切，除了谎言，那是科学；我流着泪微笑，给你力量，那是文学；你能想象的，都在这里，那是艺术；"我不是我，我只是我的研究对象"，那是哲学。

生活在什么阶层，就有什么样的利益取向，就有什么样的审美标准；你理想的美只是有利于你的生活，不一定对他人有利。因此，别人的审美标准，常常跟你是矛盾的；审美之痛，在不愿腥臭又无力保鲜。

为了填补生活审美的缺失，文学和艺术应运而生。文学和艺术刻划的都是时代的审美，让认可其标准的人们享受理想中的审美愉悦。哪怕其超前于时代，终将在某个吻合大多数人利益的时候得到人们的认可。比如西方的《十日谈》和中国的《金瓶梅》一度是违背当时审美的禁书，但因其真实的人性刻画而被后人理解和接纳；当代墨西哥十万人光屁股的广场姿势也被认可为行为艺术。

因此，美会被误解，但不会消失。**在美的指引下，你会自动从喧闹的世界收回疲倦的目光，静静地凝视自己，平静理性地解读这个世界。抹去时间的灰，留下一块晶莹剔透的玉，传给后代，那就是哲学。**

哲学是一种理性的审美，让人明白美的来源、本质、作用，让人知道世界的本来面目，了解自己，理解他人。哲学和文学、艺术的一个最大区别是：文学、艺术给人打鸡血，哲学给人泼冷水。哲学和医学类似，都把人生解剖得血淋林。

但是，哲学也存在和宗教同样的消极作用。哲学和宗教的价值在于反思生命，让人喘息，减轻弱者的痛苦，但都解决不了生命的本质问题。也就是说，从宗教到哲学，都忽视了生命存在的最终目的，宗教让人在麻木中淡化痛苦，哲学让人在清醒中习惯痛苦；都会导致人类丧失斗志，变得麻木，不思进取，影响人类进化。

因此，从珍惜生命对子孙负责的角度来说，应该尊重生命的本能，尽量完善自我，兼顾道德。至于宗教和哲学，那是远离人间烟火的游戏，只能吃饱了撑的时候当高尔夫打；平时该干嘛还得干嘛。不逃避痛苦，不畏惧奋斗。这，才是积极的有价值的审美。

善与恶的较量

——诚信不是道德，是生存手段

当社会竞争触及个人利益与集体利益取舍时，审美需求就产生了；审美本质是为了维护利益，或个人或集体。大众审美是强势群体维护他们认可的利益的事物或行为准则，由此衍生的是不同审美标准下的自私或无私、高尚或卑鄙、善恶、真实或欺骗等评价标准。

一、自私与无私

自私是人的天性，因为婴儿来到世界，本质是没被教化的动物。涉及私利时，人会本能谋求自身发展。一旦触及生存底线，人就会为了达到目的不择手段；所以中国古代荀子认为人性本恶。

但自私只是一种需求本能，是无意识的基本人权，无所谓善恶。就像狼不吃羊，它吃什么？哪怕道德高僧，他也要吃五谷杂粮，难道植物不是生命？

本质上，生命的存在都是无法避免的悲剧。正如马克·吐温所说，一只野兽叫旁的东西痛苦是无意的，这就没什么不对。就像人在没有任何食物的情况下会吃同类的尸体；很多昆虫如蜘蛛、蝗虫等怀孕的母虫，会在食物短缺时直接把丈夫吃掉以保证后代的顺利诞生。

在自私成为优先需求时，道德是毫无抵抗力的；受社会条件的制约，很多时代和地域会出现世风日下、人心不古的道德沦丧期。比如宗教要我吃素，但我觉得重庆火锅味道确实鲜美啊！道德要我一辈子忠贞不二，但我找个情人确实开心啊！法律要我不剥夺别人的自由，但活在社会的最底层，啥需求也满足不了，只有在强奸妇女、听她呻吟或手持利刃将一个人肆意宰割的时候，才能享受到帝王般的成就感啊！是的，这就是变态狂存在的理由，变态能让他们找到久违的快乐。

人心向善；无私是道德、伦理教化的结果。审美需求越强烈，人就会变得越无私，收获的审美感动也越强烈。

二、高尚与卑鄙

为确保个人私利，人类不得不用超越动物的智慧寻找最简便的手段达到目的，那就是卑鄙。动物本能加卑鄙智慧就构成了人性。

人其实是最不可信任、最无聊、最残忍的动物；动物是凭实力赤裸裸搏斗，人会卑鄙伪装耍诡计。很多时候，人在满足自己欲望时，会失去理智由人重新变成豺狼，为了想要的那块肉相互撕咬。就像战争，千万别贴上正义的标签，那只是杀人。

另一方面，人是社会的人，这和一些群居动物有相似性。群居的首要任务是保证种群的延续，必要时就要牺牲个人利益，无私就成为了动物进化的遗传基因。许多群居动物，比人类的道德感更强，对集体更负责任；因为它们只有动物先天忠于职守的遗传基因，没有卑鄙智慧造成的基因变异。比如任何头狼会自觉不惧生死、身先士卒发动攻击；强壮的公牛会自动保护母幼断后；蚂蚁过河时会毫不犹豫浮在水里，为后面的同伴充当桥梁。而人类的首领会临阵脱逃甚至叛变。

但是，人的智慧妙在能减轻自身给遗传造成的灾难，用文化引导人类维护公共利益。因此，文化越向前，人心越向善。

在个人利益得到充分保证后，审美需求变成优先需求时，人们会优先选择维护公共利益，而不计较个人利益——也可能个人利益充足，牺牲一些无伤大雅——这就产生了高尚。

选择卑鄙还是高尚，更多取决于现实需要和能力大小。

就像《悲惨世界》里的德纳第夫妇，他们对女儿溺爱有加，这保留了人作为动物的原始本性，是他们的亲情需求；但因为没文化、能力低下，为了生存，只能不择手段。而同样命运悲惨的冉阿让，因为受到了主教慈悲的感化，却能改邪归正，成为一个善良、仁慈、宽容的好人。理由很简单：德纳第无能，不坑蒙拐骗就活不下去，生存是他们的优先需求；而冉阿让体格健壮、意志坚定、能力超群，很容易赚到钱，生存不是最关键的，他就能像主教那样悲悯世界，这让他能不停享受审美感动，找到做人的尊严。

贫穷落后民族的生存特点，就是根据需要临时选择卑鄙或高尚。基于审美需求，被自己的高尚感动着，很多时候想当个君子，以天下为己任；而一旦得不到回报严重影响私利，就立即撕下高尚的面具卑鄙起来，比谁都背叛得快。因为，高尚是为了赢得尊敬，如果得不到尊敬和审美愉悦，还不如选择卑鄙谋点私利。

乞丐也有高尚的人，在别人困难时他也能慷慨解囊。但要几个饿的发昏的乞丐在面包面前不打架，那太为难他们了。

《圣经》中所说的好多个"事就成了"，其实是总结人类成功的规律，并告诉人类那样可以获得"金子、钻石、玛瑙"；表面上是要人遵从上帝的旨意，本质上是利用了人本能的卑鄙和贪婪。

因此，封建统治者最愿意普及宗教、道德所倡导的劝世良言，实际上是打着高尚的幌子卑鄙着；表面利他本质利己，都是用来忽悠别人的。他最自私却要提倡别人无私，如果都自私，没人下注，他的游戏就没法玩了；所以只能曲线救国，用成功来引诱别人继续游戏。

成功确实是一个体面的诱饵：你不计较地位、金钱，不争不斗，你自律、你善良、你宽容、你道德高尚，你可以流芳千古，你就是成功的！你诚信、你忠厚、你勤奋、你认真、你执着，你就有可能大富或大贵，你就能成功！……

最关键的别忽略了：有你最想要的金子！钻石！玛瑙！

但是，一些成功者在鼓噪高尚和无私时，心里却在偷着乐：瞧这帮二货！俺的霸业是刀砍出来的，俺的钞票是良心黑出来的。要你们高尚，只是为了方便我而已！

三、善与恶

　　很多道德高尚的好人，子女无恶不作；最大的原因在于子女见惯了高尚，反而恶毒能够给他们带来新鲜的刺激，满足成长需求中对世界的好奇心，这就是所谓的纨绔子弟。同样，很多无恶不作的恶人，却有心灵美好的子女；这是因为恶人掠夺、占有资源胜于常人，能给子女提供优越的经济条件，保护了子女的生存和尊严需求；而物质需求的满足和良好的教育，给子女提供了选择向善的可能和机会。在文化的影响下，子女在物质上的追求显得并不十分强烈，精神愉悦倒是优先需求；他们更喜欢选择能带来更多快乐的美和爱。

　　这里，并不是说要想子女做好人，父母就要做恶人。因为，世界并不会以你的意志改变；许多恶人能力不够或者虽有能力但运气不好，恶做的多但成不了事，留给子女的就只剩对世界的仇恨。但总的来说，让子女从小在物质上尽量得到满足，长大后他对物质的需求就没那么贪婪，做好人的可能性要大些。就像"五四"后放弃物质享受救国救民的先驱们，大多出身富贵家庭，父辈基本属于恶人。

　　善恶的变化还有一个有趣的现象，那就是大恶之人在成功后会弃恶从善。这种善并非小市民的伪善，而是发自内心的优先需求。一个生存和尊严永远被扭曲的人是不可能有真善的，他们只是用伪善换取生存和尊严。当然，大恶从善并非道德的教化，而是利益的需要。

　　恶人也是人，他的基本需求和好人是一样的。物质上得到了满足，还被千夫所指，对恶人来说也是件痛苦的事；这个时候，恶人在精神上也需要得到他人的认同。慈善也好，公益也好，体面优雅也好，恶人"漂白"自己并非掩饰和虚伪；因为这些能满足他的精神需求，给恶人带来真正的快乐；他已不缺钱，何乐不为？因此，只要不兜他的老底，让原罪大白于天下，让他身败名裂，失去已有；他们还是愿意改邪归正，尽量做个好人，享受他人的尊敬和赞美。

　　就像李世民，用世俗的道德衡量，杀尽父兄篡取皇位，是丧尽天良的恶人，这是他的优先需求。但成功后，审美需求优先了，他选择流芳百世。事实上，他成为了历史上屈指可数的一代明君，让中国走向了繁荣。

对于政治家来说，是无法用世俗的道德标准衡量其善恶的。作为人，他的恶就是违反世俗道德的"恶"；但作为政治家，他的恶只是维护社会整体利益而别无选择伤及无辜的"善"。曹操灭门吕伯奢应该就是这个逻辑。应该说，他至死不称帝，在位也做了很多利国利民、尤其是弘扬文化的好事，是发自内心的审美需求。

政治和管理的基本规律就是不择手段、六亲不认；如果不这么做，方法肯定错了，必然失败。政治家的可怜和悲哀就在于就算是好人也会被逼成恶人；因为政治家是社会的拓荒者，他的责任和义务是如何为大多数人踩出一条阳关大道，被他肆意砍伐的树木和踩死的小草不需要他承担良心的谴责。

最典型的应该是恶魔希特勒，如果他不玩政治，用世俗标准衡量，是个标准的文艺好男人，精通绘画、性格内向文雅、烟酒毒不沾，到死就只有爱娃一个女人。

又如秦桧，说他卖国杀岳飞，那和岳飞一样的冤。他已经是泱泱大国的宰相，金国又不会让他当皇帝，他卖国有什么好处？说他杀岳飞，他有那个能耐么？十二道金牌又不是他要发的，他只是一个办事员而已，撑死是个帮凶，不是主犯。无非是皇帝不想岳飞灭掉金国，迎回两个太上皇；但审美需求还比较强烈，怕承担千古骂名，只能拿秦桧垫背。

又如汪精卫，他早年刺杀摄政王载沣，在狱中还豪迈吟诗"慷慨歌燕市，从容作楚囚，引刀成一快，不负少年头"。他是胆小怕死之人？并且，当时他是孙中山之后合法的国民政府主席，他不恨日本人？只是，他认为日本人太凶残，中国没有力量无法与之抗衡，为了减少牺牲，希望"曲线救国"。

与汪精卫惊人相似的是法国民族英雄贝当，他在第一次世界大战中指挥了凡尔登战役，打败了德国。可二战中，他选择了向小希同志投降，当了5年的傀儡。历史学家评价，他客观上让法国少流了鲜血，他是爱国爱民的。因此，戴高乐理解他，死刑判决后又赦免了他。

本质上，政治是他尊需求强烈的政客获得快乐的一种方式。其实，谁来统治，老百姓不关心，老百姓只要有好日子过。哪个国家不是在屠杀、侵略的基础上扩张起来的？

因此，评价政治家，没有善与恶，也没有对与错，只有合理不合理，看是否有利于整个国家的进步和大多数国民的共同利益。

四、真实与欺诈

真实之所以被当作审美的楷模，在于利益竞争时能保证公平；这也是商业运作中倡导诚信为本的理由。表面上，真实是一种弱智的自我暴露，容易受到攻击和伤害；因此，哪怕是动物，也学会了伪装。对于目光短浅的人群来说，要牺牲眼前利益真实暴露自己是神经病！因为利益争斗中，真实往往会遭到对手的嘲弄和欺凌；无商不奸在资本的原始积累时期也就顺理成章。

但其实，欺诈是小聪明，真实才是大智慧。

短期来看，欺诈是种更高效更快捷的获利方式，但会付出长远的更大代价。捞钱无非是为了生存，活好，活久点；但人的一生，只保障生存，衣食住行能花多少钱？钱多了不是用来消费，而是用来浪费换精神快乐。如果老欺骗别人，你慢慢就会被熟悉的环境排斥，成为孤家寡人。钱再多，没了审美感动，没了爱和情谊，没了他人发自内心的尊敬，换不到人生的许多快乐。加上欺骗要算计人，提防人，神经系统始终紧张；这和科学家、哲学家思考问题的紧张状态不同，会长期影响生理。这一点，当代美国的科学家也验证过，他们发现，在所有不良情绪中，不是愤怒，也不是悲伤，而是愧疚最损害健康。因为人毕竟是被文化熏陶过的，有共同的审美取向。骗人了，难免担心被拆穿，难免内疚。这种心理长期影响神经、血压、心跳和内分泌，短命！

他可骗十年疯狂，你可守百年微笑。何乐而不为！

另外，真实不只是无愧的道德审美感动，更是赢得更大生存空间的大智慧。因为这个世界，没有人会轻易相信别人。对敌人真实，他反正不会相信，正好保护你；对朋友真实，友谊更能长久。因此，真实能赢得朋友，搞晕敌人。真实无敌！

如果你想自私，就真实地表现出来，可以让不能接受的人及时躲避；就能将伤害降到最小，既减轻他人的损失，也减少自己的审美愧疚。如果你想高尚，也真实地表现出来，让喜欢你的人及时发现和接纳你；就能最大程度赢得亲情、爱情、和友谊。

人都想张扬自我，想说的说，想做的做，不为难自己，痛苦就轻；如果无法避免伤害他人，诚实伤害最小。

因此，真实和欺诈都是为了生存，但要生存得更好更久，还是真实划算。尤其是有野心的人，要把诚信当习惯。马云能做大，靠的就是诚信体系；在淘宝，只要你有欺诈，有差评，你就没有活路。生活中的骗子还能不停骗陌生人，但淘宝不行，只要你骗了一个陌生人；全世界都知道了，你就没有下次了。

爱你我容易吗？

——爱的原则是交换

什么是爱？就是个人审美认知基础上对美好的认可和追求。不要问爱不爱，只要问美好不美好。

爱需求是对人和事物的认可和喜欢，是审美和功利的混合。亲情、爱情、友情、爱好，构成人生爱的全部。其中爱好是对事物的喜欢，其他是对人的认可和喜爱。

一、亲情

亲情是人类基于血缘关系的关心、呵护的自发情感，是与生俱来的天性。亲情的本质是自私。很多离异的夫妻也有亲情，那也是建立在子女血缘上的自发情感。

二、爱情

爱情是男女基于繁殖动机的情感需求，是后天性成熟之后的生理需求和心理需求的混合，是一种内容最丰富、最复杂的爱需求。爱情的本质是选购，爱情载体婚姻的本质是合作。

三、友情

友情是相同利益或相近审美情趣的碰撞,是人生失落和空虚的填补。可能是志同道合、肝胆相照;可能是狼狈为奸、相互利用。友情的本质是相互利用。

四、爱好

爱好是对事物的喜欢,是其它爱需求的补充。执着的爱好可以填补对人的爱的情感的缺失。爱好的本质是寄托。

亲亲我的宝贝

——男人爱女人，女人不爱男人；父母爱孩子，孩子不爱父母

这个观点是楚渔先生提出来的，我认同他的观点。

亲情是以夫妻关系为基础产生的血缘关系，是繁殖过程的本能需求。主要是夫妻、父母、子女、兄弟姐妹以及上下、左右层次的其他血缘关系。

还有一种是婚姻中的夫妻感情，时间久了也能转化为亲情。

因为男人需要女人进行播种，对女人的爱是一种天性。甚至可以说，只要是女人，能满足他的播种需要，男人就无条件地爱；这是普遍规律。西方的骑士为了心爱的女人，是有决斗的习惯的。明知一方必然死去，两个男人中，强壮敏捷的才能留下陪伴心爱的女人；但没有男人愿意退缩，这和动物世界雄性决斗争夺交配权是类似的。

因此，男人即使保留了动物多播种的天性，但有了外遇或被妻子抛弃也能在内心对原配不弃不离，始终把她当成自己的亲人，即所谓"彩旗飘飘、红旗不倒"。这种爱是男人本能认可的逻辑：自己的血脉已经注入女人的身体，女人已经是自己的一部分。而女人潜意识对此是两可的：认账时以此为基础忠贞不渝；不认账时否认男人的注入对她有任何好处，男人身上也没有她的印记，彼此没有关系。

动物世界，雄性的播种并不会给雌性带来任何好处；雌性本质上是排斥雄性的。同样，男人播种是让女人讨厌的行为：生育是男人强加的；生育带来女人生理上尤其是身材的改变、生活的劳累都是男人造成的，不是女人的本能需要。

因此，女人天性并不爱男人，只是被动接受男人的爱。女人高呼爱情至上，只是讨债的舆论攻势，提醒男人承担后果和责任作为女人付出的补偿；说自己多爱男人并不是爱男人本身；而是爱男人所拥有的条件，那些条件能给女人带来有别于其他女人的优越感。就像骑士决斗前女人的爱是不确定的，她爱的是决斗的胜利者。

在靠体力竞争的农耕时代，男人必须有强壮的身体；在智力优先的工业时代，男人必须拥有或具备潜力创造附加值：名誉、地位、权力、财富，让男人的优越感转化成自己的优越感，同时为后代创造良好的成长条件。否则，女人会坚定不移拒之千里或在遇到更加优秀的男人的诱惑时换人。

比较常见的情况是，女人生了孩子以后，只要生活有保障，她对男人的身体是厌倦的。堕胎、生育痛苦或多或少会在女人心里留下阴影，从而性冷淡。很多受生育拖累的女人自身能力下降，沦为男人和子女的保姆，丧失自尊也很难获得他尊；对她而言，性的痛苦往往多于高潮带来的快乐——对于没有领略过高潮的女人来说，性于她只有痛苦。

因此，当一个男人出轨或无法满足女人的需求时，女人很愿意找茬离婚而脱离苦海。从性需求来看，离婚的女人更自由和快乐；因为再次恋爱时，男人比婚姻中的丈夫对女人体贴更多。并且，不用继续给丈夫当保姆，女人更轻松。

当然，随着岁月的流逝，相濡以沫、患难与共的夫妻是有彼此认可的亲情的。那就是彼此血缘的纽带——子女。子女的存在让各怀目的的夫妻最终形成了共识。可以说，没有子女的夫妻感情再好，也谈不上有亲情，顶多有爱情和友情。

从源头和结果看，子女是男人生命的延续；爱子女就是爱自己，这种爱是无条件的。动物世界一个常见的现象就是雄性会吃掉配偶生下来的但不是自己播种的后代。男人保留了动物这种自私天性，对自己播种的后代是呵护有加的。这让一些先觉女人用孩子作筹码，捆住男人承担责任。

女人爱孩子更是自觉。尽管种子是父亲的，孩子在遗传基因上跟母亲离得较远；但生养的艰辛，让孩子在母亲的生命里占有最高的地位。不管是自己认可的男人的种子，还是被迫生下的私生子，女人很清楚那都是自己身上的血肉，爱得无私而纯粹。正如日本当代作家武者小路实笃所说，人生最美的东西之一就是母爱，这是无私的爱，道德与之相形见绌。同时，因为付出太多，孩子代表母亲的成就——母亲不需要子女的回报，但需要子女的成就；这能满足母亲的优越感，给她快乐。

所以，父母爱孩子，如果没有外界的压力，是无条件的自觉的爱。

而孩子不爱父母是天性，因为父母始终是扼杀他快乐的人。首先出生不是自愿的，是父母强加的，子女不欠父母的；还在肚子里，婴儿就很烦躁，经常在里面拳打脚踢进行反抗。而出生后，父母会对子女的吃饭、穿衣、留发、学习、休息、乃至恋爱、婚嫁进行干涉；一切都受父母约束，没有自由，非常痛苦，不可能对父母有发自内心的爱。如果父母干涉太多，他又暂时不能理解，甚至会仇视父母。长大了在作文里写对父母的爱；那都是老师要求那么写的，言不由衷。

所谓痴心父母古来多，孝顺儿孙谁见了？世上有爱父母的子女，那只是行有余力的审美需求和生活艰辛的安全需求。那些遗弃老人的人也很少遗弃自己的子女；因为能力不够，只能牺牲老人以照顾自己的后代；那些遗弃子女的人，肯定是彻底绝望，没有活路了。

而亲情中的兄弟姐妹的感情，关系就很简单了。因为审美的需要，彼此是呵护的；因为安全的需要，彼此是团结的；因为竞争的需要，彼此是排斥的；因为利益的需要，彼此是敌对的。因此，跟虎毒不食子的绝对性相比，既有"打虎亲兄弟"，也有"兄弟阋于墙"，亲情就没有父子那么牢固了。

至于隔代的祖孙和姑表亲，因血缘渐远或并无抚养的亲密接触，亲情就更加淡漠，维系无非靠审美的伦理道德和利益交换。但总的趋势是，和父母爱子女，子女不爱父母一样，孙辈是祖辈的血脉继承，祖辈仍愿为孙辈无私付出；而孙辈基于不爱父母的同样理由，感情是平淡而缺少冲动的。

但不管怎样亲疏有别，亲情的存在，是人天生的需要，也是扩大生存空间、增强安全感和收获审美愉悦的途径，是风雨人生不可缺少的太阳。

享有完美的亲情，是人生大幸。

逃离亲情的绑架

——亲情被绑架痛苦无边

人生最珍贵的是亲情，最无奈的也是亲情；亲情如果伴随无知，必然绑架人生的快乐。

子女是父母生命的延续，父母愿意为子女付出力所能及的一切，亲情是无私的。但这种基于自身生命延续带来的感情，同时也是在维护自身最根本的利益，本质又是自私的；父母的爱，潜意识就是希望子女优秀、活得幸福，完成自己的生命和理想的接力。另外，亲情也有卑鄙的时候，那是没有活路的极少数个案。比如卖儿卖女，比如强奸亲生女儿，比如骨肉相残等等。

父母基于无私基础上对子女的帮助，如果有足够的经验和方法，这种爱是让人快乐的。实际上，父母的经验是交了学费得来的，指点后代可以让他们少走很多弯路。但可惜的是：很多父母知识的贫乏导致他们在儿女的成长期束手无策；或者受个人价值观和道德的左右，表面上给了儿女很多爱，但实际上是绑架。他们希望儿女按自己的意志活，或拔苗助长，或恨铁不成钢；往往给儿女制造很多痛苦。

例如：出生后，婴儿喜欢哭；但很多父母并不知道婴儿为什么哭。实际上，是婴儿遇到了困难，向父母求助；但不会说话，只能通过哭来引起注意。所以，遇到婴儿哭千万不要慌张和烦躁；要去思考他究竟是热还是冷，是受到了伤害还是不舒服，是想要赖皮达到目的还是倔强地反抗你强加给他的要求，要耐心去解决问题。如果一味哄啊拍啊骗啊，解决不了根本问题，只会误导骄纵孩子；如果态度粗暴，那种恐惧会深入孩子骨髓，几乎没法挽回。

/ 幸福隧道 /
Happiness tunnel

婴儿要最快了解陌生世界,眼睛和耳朵是第一位的。因此,建议开通母亲旅游免费专车作为社会福利,让婴儿有最大的机会接触外界。

同时,学语言的关键是规范用语。要用标准的现代汉语和婴儿对话,不要怕婴儿听不懂,更不要和婴儿说不规范的语言,那样会降低婴儿的表达能力。从一开始说话,婴儿没学过不规范的,当然也就不会说不规范的话了。在语言的学习上,婴儿很想表达清楚,让大人一听就懂;可大人偏偏扮个仁慈的模样,跟他们一样说些残缺不全的嗯啊呀,让他们不能立即学会正确的表达。

至于学习,很多父母都犯了一个要命的错误,扼杀了绝大多数人童年的快乐。都知道知识对儿女将来的发展意味着什么;但是,很多时候并不知道什么是真正的知识。其实,学习尽管是生存和发展的手段;但和吃饭睡觉一样,是人一生每天都必须坚持的,不能饱一顿饿一顿。那种暴饮暴食追求短期成绩的做法没有任何意义。中国恢复高考的30多年里,所有高考状元和少年班的骄子们全军覆没;没有一个人能成为某个领域的拔尖人才。这说明学习需要坚持一生,不是靠念个大学、读个博士就一劳永逸的。一生需要的技能太多,需要永远学习。

面对很多愚昧的家长,婚恋也是让人抓狂的绑架。很多时候你想违抗,但你不敢,因为习惯了顺从;或者不忍,因为父母会伤心。在帮你挑选对象时,父母以自己的经历推测你们是不是会幸福,她的干涉是一种爱。实际上,只有当你叛逆过、苦难过、后悔过之后,才明白老同志的眼睛有多毒,看人是多么的准。当然,遇到绩优股,也有自己铁心赌博成功的;但那种情况并不多见。

如果父母一辈子卑贱、贫穷,他们会梦想依靠你来改变她的命运,用儿女的成就满足自己的他尊需求。因此,很多自私的父母会打着爱的旗号,拿儿女当商品进行交易。如果你胆敢违抗他们的意愿,砸碎他们的梦想,他们就不惜威胁、用亲情绑架你的婚姻。绑架婚姻的恶果是,很多女人会潜移默化父母的观念而变得势利,挑来挑去,只是浪费青春,一无所获。因为势力是有违审美的一种品行,会遭到许多志气男的蔑视。

因此,如果一个女人跟你说,我虽然同意,但我妈妈反对,我不敢伤她的心;那你就可以离开了。她如果真在乎你,父母的绑架她始终是在反抗的;涉及她的终身大事,反抗更强烈。她自己还没拿定主意;妈妈只是一个借口。

同样,老人也有被子女绑架的时候。

比如,在传统观念下的中国,有的老人丧偶,因为生活需要,确实想再找个老伴;但儿女因为面子和财产问题,大多数反对,老人很多时候只能压抑自己,郁郁寡欢。更有甚者,有的子女会粗暴干涉老人再婚,让老人深陷痛苦;很多老人也会选择隐忍牺牲自己。

有的子女工作忙,就依赖父母给他带小孩;但父母可能自己还有父母在。不带吧,情感上说不过去;带吧,要兼顾父辈、子女、孙辈三代人,实在力不从心。尤其叫人痛苦的是,哪怕是亲生儿女,因为受教育程度不同,观念有差异,儿女会反对祖辈教育孙辈的方法;祖辈就费力不讨好,里外不是人,没有成就感,很痛苦。父母和儿女还好点,毕竟是亲血脉;如果是婆媳,亲情的天平很难让彼此保持公正和理性,会无端生出许多猜疑和怨恨,激化家庭矛盾。这几乎是所有三代同堂的家庭的普遍现象,总为一些鸡皮蒜毛的事明争暗斗。

因为,我们活着,进化基因决定我们都不愿意比别人差,比别人差意味着没有成就感,不快乐。但既然是比较,总有一个会被比下去;哪怕父子、夫妻、兄弟姐妹、师生、朋友、同事,都面临同样的两难问题。尤其是亲人,对于正确的一方,更想坚持主见维护家庭利益,但要照顾对方的情绪就要放弃是非,被亲情绑架,委屈自己;这也是家庭矛盾的根源。

一般情况下,强势父母会打压子女,强势子女会指责父母;这都会带来对方的痛苦。因为,强势父母想要证明自己还有价值,凸显权威,找到尊严和快乐;强势儿女想要证明自己能干,找到自我和自由,获得快乐。而亲情的存在又很难让亲人之间有勇气像外人一样很快撕破脸;所以总是欲言又止,欲争又放弃,痛苦矛盾。

而矛盾积累到一定程度,痛苦超过痛阈,会爆发得比外人更强烈。因为平时被亲情绑架了,作出了很多牺牲;一旦无法忍受时,怨恨会更深,反抗会更强烈。很多貌似不可理喻的虐待事件就是这么来的。

因此,家庭悲剧很多时候比社会悲剧更加惨烈,让人无法想象。比如有的男人会杀光父母兄弟姐妹然后自杀,有的女人会杀死儿女然后自杀。这都不是偶然事件导致的，是长期的亲情绑架带来的压抑集中爆发。

要减少绑架亲情带来的痛苦；父母需要智慧和勇气，子女需要胸怀和见识。这样，才能减少亲情的悲剧。

善良合理的办法是：先认真找出对方的优点进行表扬或赞美，再理性进行友好沟通；这样，先让对方快乐，就可对抗接下来你批评对方所带来的痛苦。否则，一味打压、指责和贬低对方，亲爹也要跟你翻脸！而不理睬是最伤人自尊的；那等于说：我根本不把你当回事！

爱情的本质

——爱情是以生殖为目的挑选配偶的心理过程

　　人类的交配选择，不再是动物的体力征服，而是智力的角逐和考量。这带来了大脑无限的想象和情感的复杂变化；交配不只是纯粹的生殖目的，还会兼顾配偶的心情，满足彼此心理上的优越感，这叫爱情。

　　但是，爱情从来不是男女相互挑选交配对象的心理过程；交配权始终是单方掌控，另一方只有顺从的份。

　　和动物一样，人类有一个时期的交配权是雄性主导的。

　　动物的竞争主要是依靠体力争取生存空间，如果体格不强壮，随时都会成为天敌的口粮，面临死亡的威胁。只有遗传强壮的基因，才有更大成活机会；动物就自动遵守强者优先的交配规则。除了蜜蜂等少数物种，动物世界基本是雄性体格比雌性强壮；因此，最强壮的雄性在群体中拥有至高无上的地位，弱小的雄性基本被剥夺了交配权。这一点，在动物世界很普遍。在狮群里，狮王是拥有三宫六院的皇帝，其它公狮相当于太监。

　　人类早期的部落，跟动物世界类似，强壮首领的地位也至高无上，可以主宰所有女性，种群的延续也和动物类似，这保证了种群的整体质量。

　　随着大脑的快速进化，智力让人类成为了世界的主宰，动物已不是对手。人的竞争已经不是和别的动物竞争，而是与同类竞争。

　　强奸为什么在动物世界正常而被人类排斥？因为，动物体能训练多，许多种类如蜜蜂、蜘蛛的雌性比雄性强壮，强奸得逞说明身体强壮，不损害种群利益；而人类分工导致女人体能普遍退化，很少有蜂后那样身体夸张的巨无霸，强奸显然证明不了男人强大或有能力;这剥夺了充满智慧的女人的优生选择权,可能导致后代的弱小和成长无保障,是损害人类种群进化的行为。

私有制下,富裕男人因为占有大量财产,拥有强势的交配权,这是一夫多妻制存在的理由。男人一夫多妻,并非像动物世界靠强奸获得,而是财富购买来的;说明这个男人有生存优势。

当然,如果财富由女人支配,女人也有强势交配权。比如:尼泊尔和中国的西藏,至今仍然存在一妻多夫制。女人一妻多夫,从受孕的几率看,仍然是强大的精子取胜机会多,不会影响后代质量。至于是谁的后代,那只是伦理问题,不影响家庭和后代。

但男人的本性和女人的功利目的强化,导致人类的交配权集中到了女人手中。

男人的交配目的是直接单一的,潜意识是为了繁殖后代,现实手段是性占有,因此受审美影响小的男人和雄性动物是没有区别的:只要女人可以生育健康的后代,男人就可以爱这个女人。而是否健康通过外貌就可以判断出来:腰细是处女没接受别的男人的基因,也就是常说的没被玷污;臀大利生育;乳丰好喂奶;五官端正、身材匀称、貌美肤嫩,说明营养良好无疾病。因此,男人对女人的审美标准实际上就是利于后代的健康标准;美女实际上就是是适合播种的肥沃土壤。只要是美女,男人就会一见钟情。另外,受一夫一妻制的约束,男人也不得不像女人一样挑优秀的;但这是被迫,而非男人本性。

由于竞争激烈,美女是稀有资源,男人就保留了动物多播种的天性。因此,如果没有审美的矛盾,男人可以在爱情之外保留与之无关的随意性交:在哪里播种无所谓,只要种子能发芽成长就行。客观上,滥交能给男人带来更多性快乐,有利于多繁殖后代,对男人自身没有危害。

中国古代男人流行的"妻不如妾,妾不如偷,偷不如偷不着",是男人典型的性心理。妻不如妾,无非妻是已经满足的欲望,妾是想多播种的新欲望;已经满足的欲望当然不如没有满足的欲望重要了。妾不如偷是因为偷的难度大;难度越大,越能满足好奇需求和尊严需求,通过新鲜的生理刺激和证明自己的强大获得更多的快乐。偷不如偷不着无非是偷情失败后留下痛苦,但不甘心失败,保留了继续勾引的欲望;而这个欲望又带来新的紧张和焦虑,在脑海中留下了深刻的记忆，让男人刻骨铭心。

因此，在爱情中，男人基本属于不挑食；如果没有阻力，来者不拒。

但女人不能这样。性交后果常给女人带来伤害：破处的疼痛、怀孕的疲惫、养育的艰辛……

出于自我保护，女人在交配前必须慎重选择男人，否则怀孕一次，营养就损失严重；如果后代质量和成长条件不好，女人没有安全感。加上男人骨子里都把妻子当成私有财产，不愿轻易放弃；男人更愿意选择处女或没生育过的女人，这也增加了女人想要重新选择的难度。一旦选错，女人将悔恨终生。

因此，社会发展到今天，男人已经在交配选择上逐渐丧失话语权，男人只有被挑选的份；爱情成为了女人的专利，是女人对满意男人的挑选过程，本质是女人订购生活伴侣，繁衍后代。

女人把爱情看得十分重要，因为挑选结果会影响女人的一生。而男人本质上被剥夺了爱情；崇尚美好爱情的男人只是暂时的审美误解，在明白爱情的本质时审美愉悦将烟消云散。

女人通过认真谨慎的比较和考察，决定是否允许男人交配；一个优秀的男人被女人认可了，就有爱情。因此，永恒的爱情是个谎言。爱情只是女人审美认知基础上对美好男人的选择和认可；比较起来没原来美好，或者不如别人美好，就不会继续爱了。无论是生理还是心理，在男人身上找不到女人认可的美好，不要奢谈爱情。

女人如何挑选优秀男人，有利于后代，无非是从两个方面考量：一是身体健康，二是拥有后代成长需要的足够财富。这能给遗传和养育提供双重优质保障，自然是最合理的选择标准。

这一完美的交配规则也逐渐成为了普世价值和道德标准，因此，历史上的文学作品讴歌的所谓伟大爱情，大多是郎才女貌之类的游戏。

德国格林童话的七个小矮人都是男人；但他们只能善良地帮助白雪公主克服后母的诅咒找到王子，只有看的份，并没资格跟白雪公主上床。我想，假如我是其中一个小矮人，和公主朝夕相处，不天天梦遗才怪。但是，世俗和道德并不认可我的权力，公主也不会给我机会。为什么？为了后代不再是小矮人；

这是白雪公主的责任，也是小矮人的义务。当然，这只是揭示一个普遍规律，并不排斥残疾人的交配权；就算个别人生理上有缺陷，并不妨碍人类的整体发展，这是文化。

法国的巴黎圣母院，也只是让卡西莫多保护爱丝梅拉达不受弗罗洛的强奸，并没有给这个品德高尚的驼背男人任何爱情上的回报。他深爱着爱丝梅拉达，但爱情也是一厢情愿的事。他有缺陷，爱丝梅拉达如果愿意跟他上床，撑死算报恩；但决不是爱情。

所谓圣洁爱情排斥世俗的条件，强调男女之间的真挚感情，忽视男人所拥有的基本物质条件；那只是女人挑选的自信，加上成长、审美、自尊等需求的影响。这只是歌颂爱情之外的善行，在为没有竞争优势的男人争取交配权；无关爱情本身。

因此，爱情中女人是谨慎的。女人的购物心理和爱情心理是完全吻合的：总想选到最好的产品，但越比较越不满意。女人喜欢淘宝，这种心理就是女人典型的爱情心理：选得多，成交难。

毫无例外，从健康和财富角度综合考量，"高富帅"是首选。

要克服地球的重力，细胞必须有强大的生命力，高大威猛的男人无疑有更强大的遗传基因，也有优于同类的力量潜力，能更好保护女人和孩子；这是动物世界靠体力竞争取胜留下的传统。男人的帅和女人的漂亮享有同等证明力，证明男人健康，种子优秀。

但随着科技的进步，体力在竞争中的优势渐弱；基因是否优秀，已经无法单纯从身体上衡量。就算父亲先天有缺陷，但只要有足够的财富、营养、教育、医疗等手段都能改善后代的质量。

因此，**势利攀附、爱慕虚荣是女人的天性，是母亲保护后代的本能。门当户对怎么啦？文化品位怎么啦？房子车子怎么啦？爱情就是女人为了找个合适的人生孩子，一起过日子。没有这些怎么过？**一生那么长，难道都凭三分钟激情一起服毒或化蝶？

但是，"高富帅"是凤毛麟角。退而求其次，女人最看重的还是财富。现代社会女人倾向爱情向钱看，并不是倒退而是本性：如果女人自己没有钱没地位，再嫁个穷人，孩子喝西北风、住桥洞？她当然选择大款、高官、名人；这是生存需求优先。这个时候，男人的外表、年龄都是女人在乎但不是最在乎的条件。

如果女人自己经济条件优裕，她当然也喜欢"高富帅"，是审美需求和"潜力股"带给女人的准他尊需求优先。不能求全时则选"高"和"帅"，这对女人来说也有优越感。再退一步必然是才华、技能优先，男人的这种潜力保留了满足女人他尊需求的可能。

至于很多女人上了混混的床，那是因为混混本身身体不错，性能力强让女人快活；或者交往时甜言蜜语、出手大方，女人活在当下有了快乐，暂时认可了。

混混们一般喜欢穷追猛打、锲而不舍；给了女人自尊的满足和男人成功潜质的证明。因为越坚持说明男人越在乎女人，将来越愿意付出；女人没有满意的男人时可将就接受。

同时，越执着的男人将来成功的可能性也越大，有可能满足女人的他尊需求。但这种情况翻盘的多；越往后，如果女人的其他需求男人满足不了，必然反悔。这也是许多混混在女人反悔时无力回天、狗急跳墙的原因。

当然，性需求没有强烈到成为优先需求时，女人总是犹豫不决的；因此很多软磨硬泡的男人一无所获，这就诞生了流氓和强奸。

还有一些一无所有的"矮穷挫"也有女人愿意接受，那他身上必然有与众不同的潜力或品德，能够满足女人的某种优先需求。

如果女人受道德教化深刻，她可能在审美冲动时选个善良的弱者甚至是残疾人，保留了审美满足和他尊满足的可能。至于能否如愿，那就要看未来她的优先需求会不会发生变化。很多女人为爱人吃一辈子苦也不变心；但这不是爱情，是同情。因为社会舆论始终满足了自己的审美需求，这种快乐足以战胜其它痛苦。

因此，这个世界，本质上都是女人选男人；男人选女人是个假象，因为他自己说了不算，他背后拥有的资本才是硬通货。男人追女人是因为女人太挑剔，不抓住机遇做广告，女人就进了别的商铺。而所谓女人追男人也只是男人还没推销，女人已经对产品很了解，不需要再废话。男人追女人，女人会对产品质量和性价比有所顾忌，担心是个划不来的买卖，因此，难度很大。而女人追男人，无论是性满足还是繁殖后代，男人都是只赚不赔的买卖；女人一个暗示，男人就会屁颠屁颠答应，根本不存在追的问题。这就是英雄难过美人关的原因。

事实上，就算是世界上最丑陋的女人，也不存在嫁不出去的情况；只要她愿意，总有男人要她，因为她可以满足男人性欲并繁殖后代。但再丑的女人，也有本能的挑剔毛病；她仍然渴望她的男人是优秀的。"女怕嫁错郎""宁可抱香枝上老，不随黄叶舞秋风。" 女人把爱情看得格外重，始终挑三拣四，待价而沽；因为一旦嫁得不好，就留憾终身。这就是社会为什么有那么多剩女的原因。

《傲慢与偏见》中，小乡绅班纳特五个女儿的爱情故事，就是爱情心理的写实。新来的邻居宾利是个有钱的单身汉，这是吸引女人的基础。因此，在舞会上，宾利对班纳特家的大女儿简一见钟情；对于拔得头筹的简来说，有被妹妹和女伴们羡慕的优越感，她就不挑剔宾利了。在乎钱是女人爱情最基本的自然状态。

而男人爱情最基本的自然状态是在乎外貌。参加舞会的还有宾利的好友达西。他仪表堂堂，收入是宾利的数倍。他选老婆当然就想要漂亮的；但简被好友挑了，"其他都不配做他的舞伴"，包括简的妹妹伊丽莎白，达西对宾利说，她长得也只是可以"容忍"。

伊丽莎白自尊心很强，决定不去理睬这个傲慢的家伙。可是不久，达西对她活泼可爱的举止产生了好感，在另一次舞会上主动请她同舞。这时宾利的审美不只是外貌，涉及到修养层面的审美。如果外貌不很美，心灵必须美；这是达西的择偶标准。

宾利的妹妹卡罗琳一心想嫁给达西，她发现达西对伊丽莎白有好感后，决意从中阻挠。这就是常见的"第三者"争夺战。

达西虽然欣赏伊丽莎白，但却无法忍受她的母亲以及妹妹们粗俗、无礼的举止；担心简并非欣赏宾利这个人，而是看中了他的财产，便劝说宾利放弃娶简。这种心理在生活中也常见。因为一旦结婚，亲人之间的交往会影响婚姻的情感和快乐。

宾利当然不能免俗，就去了伦敦。干嘛去了？当然包括挑别的女人去了。但简对他还是一往深情，这就是常见的"忠贞不二"。应该说，宾利的条件正好符合简的择偶标准。实际上，简也是且等且看；如果遇到了比宾利更好的，那就不会等了。

根据当时法律，班纳特家的财产只能由远亲柯林斯继承，而班纳特家的女儿们只能得到五千英镑作为嫁妆。柯林斯有多少钱？不就是自家现在这点财产么？并且他举止委琐，伊丽莎白当然看不上。这是常见的既要钱又要人的挑剔女人。

而柯林斯则属于普通男人常有的心态，喜欢伊丽莎白就求婚；遭拒绝后，马上就与她的密友夏洛特结了婚。"备胎淘汰法"：不吊死一棵树。

附近小镇有个英俊潇洒的青年军官威克汉姆，伊丽莎白也对他产生了好感。一天，他对伊丽莎白说，他父亲是达西家的总管，达西的父亲曾在遗嘱中建议达西给他一笔财产，而这笔财产却被达西吞没了。伊丽莎白听后，对达西更加反感。在五姐妹中，伊丽莎白的审美需求是最强烈的，她也希望嫁个有钱的丈夫；但她不能放弃做人的美好。

柯林斯夫妇请伊丽莎白去他们家作客，伊丽莎白在那里遇到达西的姨妈凯瑟琳夫人，并且被邀去她的罗辛斯山庄做客。不久，又见到了来那里过复活节的达西。达西在外飘了一圈，发现还是伊丽莎白适合做妻子，就向她求婚；但态度还是那么"傲慢"。作为条件优越的达西，如果妻子不能貌若天仙，当然要温柔体贴、"小鸟依人"，他将来的婚姻生活会更有尊严；"傲慢"只是自以为太优秀，对伊丽莎白不太满意，"将军"而已。

伊丽莎白看不起他的人品，坚决谢绝。达西痛苦地离开了她，临走前留下一封长信作了几点解释：他承认宾利不辞而别是他促使的；威克汉姆说的却全是谎言，威克汉姆自己把那笔遗产挥霍殆尽，还企图勾引达西的妹妹乔治安娜私奔。

威克汉姆首选泡伊丽莎白，最后总算骗到了她妹妹；这是生活中常见的"癞蛤蟆骗吃天鹅肉"的代表。

之后可以想象，伊丽莎白和达西都在继续挑选别的对象。但因为都没找到合适的人，所以才有后面的继续。

第二年夏天，伊丽莎白随舅父母来到达西的庄园彭伯里，在管家的门口了解到达西在当地很受人们尊敬，而且对他妹妹乔治安娜非常爱护。正当其时，伊丽莎白接到家信，说小妹莉迪亚随身负累累赌债的威克汉姆私奔了。这种家丑使伊丽莎白非常难堪，以为达西会更瞧不起自己。但达西替威克汉姆还清赌债，还给了他一笔巨款，让他与莉迪亚完婚。

别以为莉迪亚真傻，她也只是拿骗子威克汉姆当"备胎"图个开心；真要结婚，还是有了大款达西给的巨款。男人没钱不要紧，要紧的是有靠山；爹妈靠不住，大方的亲戚也成！普通人的相亲，就是相身体，相钱，相背景；这是将来一起过日子的基础。

自此以后，伊丽莎白对达西的认可就水到渠成：年轻英俊、有钱、品德端庄。

宾利挑一圈，发现还是简合适，就回来找简；简没有发现更好的，当然发展就没障碍。而一心想让自己的女儿嫁给达西的凯瑟琳夫人蛮横地要伊丽莎白保证不与达西结婚，对于自尊心强列的伊丽莎白，自然拒绝。达西四处游荡，没找到更合适的女人；此事传到达西耳中，就再次向伊丽莎白求婚，"事就成了"。

因此，爱情是以生殖为目的挑选配偶的心理过程；挑选需要本钱，有个人期望值。本质上，文学描绘的美好爱情，是人类向往的爱情乌托邦，是对现实爱情不美好的控诉；不是爱情本身。纯真的爱情是一种美好的愿望，永恒的爱情是一个幼稚的童话。

同性恋不符合爱情的定义，因为器官不匹配，没有实质上的性行为，不产生生殖后果；更多属于性友情。但仍然是合理的人类审美情感。因为同性相恋，彼此有审美愉悦和温暖，也不妨碍他人。

初恋不是爱情，只是蒙昧的性冲动，是对爱情的想象；热恋不是爱情，是对爱情的了解；能最终进入婚姻的情感才是爱情。

挑选的结束，意味着爱情完成了它的使命，该由婚姻接力了。婚姻之所以被宣判为爱情的坟墓，是因为婚姻惊醒了初恋的美梦，也打碎了热恋的蛋壳。至于对婚姻的失望，无关爱情本身；那只是婚姻应有的其他需求无法满足带来的痛苦。

/第4编/生活的天平：情感炼狱/
Balance of contradictions

婚姻的背后

——婚姻要求保质期是一辈子，怎能对挑选的商品没怨言呢

爱情是女人挑选商品，幸福的爱情是挑到了满意的商品；婚姻是成功交易，美满的婚姻是商品使用时符合女人挑选的预期。男人对婚姻没有怨言，怨言只是对女人不满意自己的怨言的无力辩解。

婚姻心理是使用商品时的感受，与挑选商品时的心情有联系但完全不同。婚姻阶段收获的快乐不是爱情本身带来的，而是满足了共同生活时其他的需求。也就是说，婚姻无关爱情。

爱情充满诗意，婚姻却充满遗憾。一如苏格拉底的寓言：爱情是只准在麦田摘一个麦穗，因为想要最好的，结果一个也没摘；婚姻是只准砍一棵树，怕重蹈麦穗覆辙，结果砍了棵勉强的，不好不坏。

爱情是选购，好坏凭感觉；婚姻是收货使用，但发现豆子变质往往是磨成豆浆喝了以后。离婚是折旧退货，虽有讨价还价，还算诚信交易；再婚是购买旧货，期望值不高，对付着能用就行；骗婚是商业欺诈，遇到优柔寡断者也就认命凑合着过。

托尔斯泰说，"幸福的婚姻是类似的"，那就是这种婚姻能够满足夫妻彼此的需求；"不幸的婚姻各有各的不幸"，无非是需求满足不同，造成的痛苦不同。

在物质匮乏的人群中，因为欲求标准不高，能过小康的安稳日子就算幸福生活；在物质层面双方都能自给自足的人群中，婚姻主要追求的是能够满足心理需求的情感。实际上，这种情感就是爱和被爱的感觉，这种感觉是成长、审

美、爱、尊严等心理需求的综合；心理需求满足得越多，就越快乐，也就是人们所期望的幸福的婚姻。

一、幸福婚姻的七大支柱

婚姻是非常现实而辛苦的爱情归宿，依赖人生所有需求的满足作为保障。

无疑，婚姻面临的首要需求是生存，男人无疑要提供妻儿生活的经济保障。女人的分工决定她的主要职责不是去抢夺粮食而是养育后代。因此，饥饿可直接赶走女人，因为男人满足不了女人的生存需求。爱情对婚姻来说，是过去式，无论曾经的感情多么美丽感人，都是不能当饭吃的。贫贱夫妻百事哀。很多因为审美需求优先，为爱情私奔或反叛的人，最后都在饭碗前低下了头。因此，男人的第一任务是捞钱：狠捞钱，多捞钱！

在生存面前，无能的丈夫会助长妻子的猜疑和嫉妒。妻子的心思大多放在如何控制男人上，控制的重点是经济和男人的阴茎。经济是内政，阴茎是外交。家庭的争吵基本就是女人控制与男人反控制的斗争。软到柔情蜜意、温馨体贴、撒娇哭泣，硬到吵闹、威胁、出走、自杀；反正不搞定男人，女人是睡不好觉的。

同理，如果女人对自己的男人的阴茎和钞票无所谓，那说明她可能心有他属，愿意接受甚至渴望婚姻解体。

第二是健康需求。健康既是满足自身需求的基础，也是满足对方性需求的基础。注意饮食、休息、运动和保健，保证自己的健康，是婚姻内必须承担的责任。否则，久病床前无孝子，何况只是同林鸟的夫妻。当然，一些体弱多病者也能得到爱人长期无悔的照顾，那是审美需求优先而已。

第三是性需求。性作为人生十分强烈的快乐源泉，男女双方都有满足对方的义务。无法满足女人高潮的男人会被女人当成废品，她会毫不犹豫地投入别人的怀抱。哪怕贵如皇帝，溥仪也无法阻止性欲并不亢进的婉容妃子上司机的床。至于女人性冷淡，男人偷情嫖妓那更是顺理成章。但因性欲受脑垂体支配，无论男女，生活压力过大、情绪不好的人都可能性冷淡。这就需要男女学习和了解一些知识，把满足彼此的性欲当成义务。一些对婚姻不满的妻子把性交作为控制丈夫的手段，短期效果良好但实际上是不公平的，是忘记了自己的义务。最终可能导致丈夫反目。男人结婚的最大目的就是性交繁殖后代，把他的这个需求扼杀了，要他很认真对女人负责是不可能的。

从男人的本性来看，渴望更多占有女人。因此，无论是美如戴安娜、才如希拉里，也无法阻挡男人性器官的扩张欲望。而女人的挑剔导致她们心中永远只有一个理想的丈夫，而现实中她们是得不到的。这一对矛盾导致所有夫妻都只是貌合神离。为了生存或子女，男女都会选择妥协，妥协的结果诞生了所谓的幸福婚姻。

婚姻中的女人是不大愿意出轨的，除非她们想要的东西丈夫永远满足不了。不是没有想法，而是成本太高，输不起。

第四是成长需求。人的天性是喜新厌旧的。几十年一张老面孔，当然抵不住外界新鲜的诱惑。这也是一些生活单调乏味的人很容易被网络中从未谋面的异性勾引的理由。性格古板、不懂浪漫、不风趣幽默、不能给配偶制造新鲜刺激满足好奇心会让对方厌倦。电影《和莎莫的500天》说的就是这个道理。莎莫不缺被爱，她缺少的是能给她痛苦刺激的男人。汤姆的新奇只是让莎莫比别的被爱稍微新奇，但500天后寡然无趣。

渴望自由的天性也让人灵魂深处总有不想告人的隐私。如果不能理解，过分干涉，只会导致自由需求更加强烈，从而走向反面。很多本来没有外遇的人，由于总被爱人猜忌，往往弄假成真。

安全感对女人十分重要，源头当然包括很多，尤其是生存需求和强势男人的不离不弃。能力低下被女人视为窝囊废或者性格暴戾让女人没安全感的男人，往往也是在帮别的男人输送情人。

第五是审美需求。审美既是成长过程文化熏陶的结果，也是婚姻生活共同利益取舍的结果。因此，强调门当户对实际是保证婚姻内夫妻的审美基本一致。所谓不是一种人，不进一家门。不同的阶级、阶层、出身，在审美标准上的差异是很大的。而婚姻内审美最大的矛盾在于婚前男女都会按世俗的审美标准虚假改变自己，给对方一个好印象；但婚后往往露出本来嘴脸，让对方失望。其实，嫁一个男人，就嫁给了这个男人的习惯和性格，以及这个男人背后的家族。这些都是长期的生活习惯决定的；无论恋爱期间怎么掩饰，本质都不会改变。娶一个女人，还要娶这个女人自身的追求，以及女人身后的背景。女人的追求在婚后就转嫁到男人的身上，无论女人嘴里怎么说嫁鸡随鸡，嫁狗随狗，实际上是隐瞒了前提：你要帮我圆我想圆的梦！

第六是爱需求。不是走投无路，生活陷入绝境，亲情的阳光始终能温暖每颗受伤的心。但女人都想证明自己是为其付出最多的男人生命中最重要的人；婆媳矛盾在几代同堂的家庭中是司空见惯的事。家长在社会竞争中的弱势地位，需要在子女面前的权威作为弥补，往往加深了代沟。爱情的谢幕更让婚姻中的人心存留恋和不甘，婚外情似乎是许多人心中无法灭失的梦想——至于是否付诸行动，那就要看爱人满足你需求的多少和诱惑的分量。友情曾是成长和工作的美好回忆，婚姻内的同性友谊比较牢靠，也就是闺蜜和哥们；但异性的友谊本质上是没有结果的爱情，对婚姻是个危险的定时炸弹；夫妻一方的强烈排斥或自己的迫切需要都可能在生活低落时引爆。爱好是个人情感的寄托方式，是快乐的；如果一方干涉过多，会把爱人推向远方。

第七是尊严需求。这是婚姻中最敏感也是最难满足的需求。从自尊角度来说，女人竞争力减弱导致自信度不高，特别需要得到男人的认可。因此，婚姻内男人对女人的嘲讽是致命的。为什么男人随意的几句夸奖就能让女人打了鸡血一样兴奋？因为她们的自信得到了增强。对一些十分缺少自信的女人，男人的批评和挖苦很容易把女人送进其他男人的怀抱。这时的女人已经不是在重拾爱情，而是找回自尊。同样，男人尽管在家庭中也许比女人强势，但社会竞争的残酷让很多男人并不自信；他们同样需要在家庭中得到妻子的尊重，找到自己。因此，女人的冷言冷语足以摧垮男人；而那些善解人意的温柔体贴女轻而易举就可让男人背叛家庭。自我个性的张扬，无疑会破坏对方的自我和自由，诸如吸烟、喝酒、赌博等个人嗜好在多次劝阻无效时严重挫伤爱人的自尊。

《包法利夫人》的主角爱玛在婚姻中的心理状态，是对婚姻需求的最好注解。人生的七大需求，她是残缺的。爱玛天生丽质，接受过贵族教育，对婚姻的期待高，但命运只是让她嫁给了一个平庸的乡村医生；在潜意识中，从一开始她就对自己的婚姻不满意。她的生存状态并不差，可以随便购物。但她知识多，需求基线比乡村其他女人高，并不满足现有的物质条件，她向往巴黎上流社会的生活。性生活遇到古板的医生，只是平淡无奇。健康方面，她总是晕倒，肯定有毛病。成长中的自由她享受了，安全感没问题，但好奇心是那个"三棍子打不出一个闷屁"的老实医生无法满足的。审美感动对她来说是奢侈，她周围都是些俗不可耐的人。亲情她没问题；友情她缺失，没有朋友。爱好也只是梳妆打扮，那些高雅的能给她快乐的文学艺术活动已被偏僻的小镇封杀。自尊她不缺；他尊她没有，因为只是个家庭主妇，没工作，没社会地位，没成就感。

因此，在爱玛的婚姻中，她的需求满足很不完整，这些潜意识决定她渴望改变；爱情是潜伏的火山，随时可能爆发。因此，在遇到有知识、有情趣，也有钱的男人时，她情不自禁飞蛾扑火，希望私奔改变婚姻。但两次出轨都希望破灭，尤其是为了物质享受欠下高利贷；面对破产，生存和尊严遭遇毁灭性打击，她只有一死了之。

在婚姻中，女人进入家庭后，分工导致她与社会渐行渐远，精力更多投入了家庭；她的需求满足主要来自家庭和丈夫。

因此，如果妻子想离开你，让她走吧！她一定是想要或者已经找到更好的男人，能满足她更多的需求；看在孩子或患难一场的份上，没必要怨恨和报复；要怨只能怨你作为男人的能力还不够，该承担的责任没有承担好。或者，你寻花问柳，严重伤害了她的自尊；她需要离开你找回自己做人的尊严。

和女人主要依赖丈夫满足基本需求不同的是，婚姻中男人的需求基本主要靠自己满足。生存不能靠女人吧？要靠自己到社会上打拼。女人不存在阳痿的问题，都能满足男人的性需求。健康的保障不像女人有月经的困扰，也靠男人自己学习相关知识；女人的呵护作用不大。成长全靠男人自强不息。审美感动也主要到社会生活中获取；悍妇毕竟是少数，大多数女人看重家庭，能隐忍谦让男人。亲情和女人关系不大，靠男人自己维系。爱情对于男人来说，要求并不高，没有女人那么挑剔，只要女人健康有生育能力就行——有的男人沉迷风月场，那不是爱情需求，只是陶醉于自己的能力找优越感。友情的获得更与妻子无关。自尊靠男人自强，他尊靠社会给予，都与女人没多大关系。

因此，如果没有一夫一妻制的道德制约，没有男人愿意抛弃自己的妻子。愿意"红旗不倒"。因为，婚姻中的女人对男人的基本需求损害很小，加上亲生子女需要妻子的照顾——这是男人娶妻的最原始的繁殖目的。

二、婚姻的责任不对等

受一个月几天月经的困扰，还有天生的体力比男人差，让女人参与社会竞争是不公平的；而生育的分工也需要女人为家庭做出牺牲，导致自身能力下降。因此，让男人充当工具代替女人参与社会竞争是女人明智的选择。这决定婚姻中的男人肩负的责任不仅仅是满足自己的需求，还必须满足女人以及孩子的需求。这是义务，是女人爱情选择时并未明说却约定俗成的债务。

一般来说，男人在社会竞争中比女人强是合理的；否则，女人请你竞争还不如她自己竞争。在大多数女人看来，用一生的积蓄买来的产品应该是全能机器，能满足自己的所有需求；因此十分挑剔，要求保质期是一辈子。无法退货时当然要隔三叉五埋怨一番，遇甜言蜜语哄得开心也就算了。但遇确实无辜或者倒打一耙的无良商家，女人指责、无理取闹而男人感觉莫名其妙就是婚姻的常态。女人唠叨的、埋怨的并不只是一时一事，而是发泄对婚姻的整体情绪。

能力不强但有自知之明的男人，在生活中愿意听从妻子的领导；因为他无力满足女人的他尊需求，他内疚，只能投降。而女人虽然没有满足他尊，但男人俯首听命实际上就是弥补他尊，她也活得比较开心，是可以忍受的。女人最恨的是无能还要欺负自己的无耻男人。

男人压力山大是命！怪不得天，怨不得地，只怪你不该是个男人。很多男人误以为自己在小范围内比上不足，比下有余，应该可以给女人交差。但错了！女人的标准不是你的熟人，而是她的熟人。因此，尽量少让妻子和那些成功男人的妻子交朋友；否则，你总挨骂是找不到原因的。

从纯婚姻角度考量，男人应该找比自己低几个层次的女人；她们所接触的世界狭小，欲求标准低，容易知足，对男人的要求没那么高。如果不明白这个道理，男人的一切努力都是白费；因为努力的结果只会把女人带到更加优越的环境，提高女人的欲求基线，让她的胃口越来越大，女人只会更难满足，紧张、焦虑和痛苦会更多。

同时，物质需求满足的结果必然会把优先需求转移到精神层面。要同时满足审美、爱、尊严需求，一个同是凡胎的男人是没有战无不胜的本领的。贵如斯大林，也让老婆尊严殆尽而自杀。高大如林肯、狗熊般魁梧的大总统也经常挨老婆骂；或许是没管孩子让老婆太辛苦，或许是有外遇，总之有对不起老婆的地方。但因为总统的声誉十分要命，害怕老婆发飙公开揭短；他吓得经常低头求饶是必须的。当然，这只是玩笑，也许，共患难时老婆付出太多，林肯成功了作些补偿，满足自己作为大男人的审美需求：这也是世俗标准公认的宠老婆的好男人。不怕老婆的男人只有两种：一是信誉可靠的期货代理商，他的完美回报让老婆无可挑剔；二是赔得精光的蠢货，无法交差，索性赖账。

如果是层次高的女人，或许她自己并不咋的，但她的同学、同事中的女人的老公名誉、地位、权力、财富都很牛；比不过，他尊就是她永远的痛。男人为了满足女人，必须让自己有知识，有才能，以便拥有更多他尊。男人不哭，是因为女人不给男人哭的机会。任重道远，时间紧迫，男人肩负着满足自己和女人需求的双重责任，哪有时间让你停下来哭？

男人要想偷懒，最好的办法是让女人做秦香莲和王宝钏，让她们一直活在艰辛里，对男人还充满信心和希望。因为艰辛里女人欲求标准没有提高，跟周围苦难的人比较，她还有一个未来的伟大的饼比周围的女人优越，这足以支撑她战胜其他一切苦难。事实上，贫苦女人比优裕女人更幸福；因为为家庭的付出更多，更有做人的尊严和成就感。

当然，随着时代的进步，很多女人接受了良好的教育，自身能力发展不错，像居里夫人、撒切尔夫人之类的女强人，她们并不把需要男人获得的他尊满足自己的他尊需求。娶到这样的女人，那恭喜你！中大奖了，该你有偷懒的福气。

三、婚姻带来的争斗

婚姻对于男人,就是性交和养育后代。对于女人,就是一生的全部,本质是女人把自己交给男人,合作炒股。

从人类生存的保障看,要保证后代的健康成长,就必须占有更多的资源,就必须凶猛争斗。由于女人生理上处于劣势,还要承担生育,当然乐意让争斗任务由男人承担。雄性激素保障了男人争强好斗的天性,斗赢后的奖励是精神上的优越感,诸如对手的认输和女人的尊敬和赞美等。优越感让人快乐,也鼓励男人永无休止地斗下去。

斗的分类很复杂:尊严角度叫征服,命运角度叫抗争,自我角度叫独立,公平角度叫竞争,合作角度叫成长,友谊角度叫双赢……

男人也想偷懒,但女人的诱惑和监督让男人无法停下争斗的脚步:与爸爸妈妈斗,与老师斗,与老板斗,与同事斗,与朋友斗,与敌人斗,与天斗,与地斗……希特勒之流尤其上瘾:其乐无穷!

当然,男人也会耍滑头,比如中国古代的男人就设法让女人监督无力:女子无才便是德。女子愚昧无知,无能无才,自然安于现状相夫教子,对男人的要求就不会不停加码,男人的争斗任务就轻多了。否则,老婆懂得越多越能干,她会和别的女人攀比,渴望老公更优秀,男人就遭殃了。

前面说过,社会分工决定女人争斗大多属于委托男人炒股,女人的优越感和快乐主要来自操盘手的能力。因此,拜伦说,男人的爱情是男人生命的一部分,女人的爱情是女人生命的全部。因为一旦选错了男人,就会全盘皆输。因此,嫁个好男人,哪怕屈身傍大款都是得到成果的最快途径。许多自我感觉良好的男人诅咒鲜花总是插在牛粪上,不明白鲜花根本不在乎牛粪的外表,关心的是牛粪的营养。地里可以长,瓶里可以插,盆里可以栽,鲜花要的很实际也很简单。

女人的争斗充满娱乐甚至美感,她们不需要在正面战场杀得血肉模糊,只需在边境放点烟花或礼炮给自己的男人助威,然后陈列胜利果实让对手羡慕就满足了。因此，通过聊天和购物，炫耀自家战利品多从而找到优越感是女人的最爱。

从本质上说，女人的一生实际上就是找到一个强壮的男人，牵着跟别的女人比赛的一生。通常情况，跨栏的是男人；女人是啦啦队，递递毛巾、高呼几声而已。哪怕自己的男人被打得鲜血淋漓，她还是会在后面拼命壮威，这就是所谓的"一个成功男人背后一定站着一个好女人"。

从他尊角度来看，女人用自己的一生做筹码，交给男人去博弈，输赢既是男人的事，也是自己的事。男人赢等于自己赢，男人输等于自己输。因此，女人的他尊需求大多是通过男人间接满足的。醉心自己扬名立万的女强人并不多见，但痴迷夫婿觅封侯，似乎是良家妇女的本分。

很自然，女人的他尊需求满足不了，会把责任直接归咎于男人这个"窝囊废"。"悔教夫婿觅封侯"只是暂时觉得天冷，天一转晴必须立即长亭送别。因此，男人在失败面前，千万别奢求女人的怜悯，她感兴趣的也许是尽快换个能干的男人。

当然，科技进步让人类不用担心种族灭绝的问题，社会进步甚至带来了丁克家庭，婚姻所承载的生育责任就会弱化；女性的自强和独立也降低了经济上对男人的依附，对一个男人优秀不优秀的衡量标准也更多元，不再囿于男人现有的成就去仅仅坐享其成，愿意通过自己的努力去找到个人的尊严。

女人会对男人越来越宽厚仁慈，这对男人利好！

朋友的面具

——朋友就是能利用的人；或物质，或精神

总会有雨天，让我们变成落汤鸡。因此，屋檐也好，蓑衣也罢，伞也好，斗笠也罢；无论贵贱，都能为我们遮风挡雨。

总会有冬天，让我们瑟瑟发抖。因此，阳光也罢，火炉也好，外套也罢，棉被也好；无论好坏，都能为我们去寒取暖。

我们需要朋友，就像需要雨伞和屋檐、火炉和棉被。友情是亲情和爱情之外的第三个爱需求。

但是，我们无需给友情上纲上线，把它说得多么神圣。说穿了，**朋友只是人格平等基础上相互利用的工具**。小人喻以利；臭味相投、狼狈为奸，朋友是相互利用的拐杖。常人利情双管齐下；朋友是互助互惠的合作伙伴。君子喻以义；志同道合、肝胆相照，朋友就是另一个审美愉悦的自己。小人利尽而散，是失去了物质上的利用价值；常人不咸不淡，聚散随缘；君子义绝割袍，是失去了精神上的愉悦。

撕掉朋友的面具，就知道朋友相处之道；聚散由人，不存怨恨。相互之间没有利用价值，谈何友情？缘尽而散，反目倒是多余。原谅朋友的自私，因为他毕竟曾给你温暖。哪日又有共同需要，还可握手言欢，不必计较曾经不顾你死活。所谓君子之交淡如水；朋友只是人生旅途的一个玩伴，本来谁也不欠谁，没有亲情和爱情所附带的责任和义务。如水自然，如山宁静，友情方可长久。

一、益友和损友的八种典型

损友、益友有时纯粹,有时损益交织。比较典型的是以下八种:

一是存友,损益看人品。存友主要是为了生存而相互利用。如果审美固化、人品可靠,互惠互利当然有益;但对于审美弱化、人品差的存友,要么沆瀣一气、狼狈为奸,要么交友不慎、误入歧途,有害无益。

二是泛友,损益看运气。或许有潜在的利益需求,或许有偶然相似的审美情趣,几根烟、一杯茶、一顿饭再在酒精的作用下说几句慷慨激昂的话,就可以称兄道弟。和同学、战友、同事的深入了解不同,这种朋友来得突然,忘得也快。

不过芸芸众生,倒是最热衷广交泛友,以此作为寻找有用工具的主要途径。因此,商场和官场都热衷泛泛之交,借此拓展可以利用的目标。但泛泛之交是需要经济基础的,不能投桃报李,总是蹭人吃喝往往遭人厌弃。另外,一桌子董事长,你陪董事长蹭饭,也无法改变你名片上的秘书头衔,别人不会把你当朋友;场面上人家跟你客套几句,无非是看上了你的老板,你可帮着递个信而已。

如果在审美上没有感染力,人家更会从心底里藐视。极尽逢迎,巴结权贵,那只是一厢情愿的乞讨,已经不属友情的范畴。与其浪费时间,不如保留自尊,节省时间完善自我。

泛泛之交讲究对等的利用价值;因为仓促,或损或益,全凭运气。

三是愤友,有损有益。这些人或许有一技之长,但性格偏激、容易得罪人,从而树敌多;跟他做朋友,是需要忍受被别人敌视的。但愤友嫉恶如仇、恩怨分明,审美需求强烈,不会背后捅你刀子,有困难也会援助你。

四是势友,损大于益。这类人自身有优势但十分自私,只想占便宜壮大自己,十分势利;同时又很想显摆自己,十分要面子,选友标准苛刻,只交对自己有用的人。你比他有名有利有权有势,他就巴结你;否则不屑一顾。结果很简单:你一旦落魄,他就躲你如瘟神;要他帮你比较困难。

五是励友，有益无损。因为有过患难情谊，彼此希望对方好。但因为个人尊严的需要，又希望自己能出类拔萃，不比朋友差。因此，彼此把对方当作赶超的对象；没成就时能彼此关心取暖，有成就时第一时间想和对方分享。这是良性竞争的朋友，能彼此激励上进，最值得珍惜。

六是妒友，有损无益。哪怕曾经有过友谊，也挡不住个人尊严的膨胀，非打压朋友显摆自己不可；不是学习和赶超朋友，而是嫉妒和贬低对方。表面是朋友，本质是敌人。"文人相轻"、"同行生嫉妒"，交友时涉及利害冲突一定要掂量下对方的胸怀；否则只要你想出头，会和孙膑一样，膝盖被庞涓嫉妒掉。

七是诤友，益大于损。诤友的优先需求是审美；诤友因为不是图你的钱，不需要违心讨好你，只是想突出自己的高明，会对你的过失错漏知无不言；除了让你不快乐没别的损失。因此，交情没到对方认可的程度，当诤友是不划算的；任何批评都是对他人自我的否定。诤友当过了头，也许会误解为仇人。谁爱听批评？连亲人、爱人也不例外；何况只是情如流水的朋友。

八是知己，只益无损。朋友的最高境界当然是知己，讲究的是志趣相投、志同道合。朋友有难，两肋插刀，排忧解难沐春风；闲来无事，嘘寒问暖，轻敲棋子听落花。

知己实际上是审美需求高度一致的同类，相当于另一个自己，体现的是自己的审美追求和人生理想。知己符合孔子交友之道的三个标准：友直、友谅、友多闻。知己知识渊博，以对方为荣；知己能直言过失，帮助彼此进步；知己能从谏如流，理解对方善意。

中国古代的管鲍之交是如此。鲍叔胸怀天下，但知道自己能力不行，就把所有希望寄托在管仲身上，管仲的理想就是鲍叔的理想，管仲的成就也是鲍叔的成就；无论管仲贪他的小便宜，还是地位日高，他都毫无怨言，因为管仲也把他当成了知己，

德国的马恩之交也是如此。恩格斯关心的是和马克思同样的问题，但恩格斯自知才华不如马克思，所以，尽管他不喜欢经商，但也任劳任怨地赚钱；因为马克思需要，他们共同的事业需要。没有恩格斯的钱，这个连女儿都被饿死

的伟人不可能有余力创造伟大的理论。马克思也没忘记这个知己,许多恩格斯的著作看上去就是马克思的文风,是不是恩格斯所著很难说。但这不重要,两个人都是为了同一个伟大理想在奋斗,只是分工不同;就算恩格斯没写一个字,他和马克思一起署名流芳百世也当之无愧。

交友既是人格平等基础上的相互利用,人格不平等,光是利用,就不可能是朋友。没有人格上的平等,什么志同道合,什么肝胆相照,什么坦诚耿直,和朋友二字是不搭界的。对此,要有清醒的认识:朋友是用来利用的,但利用是有限度的;如果不能回报,尽量少利用。债欠多了不还必然带来怨恨,继续利用就没有机会了。

二、交友三难

因此,受功利、伦理、生理影响,三类人是很难成为朋友的,必须有清醒的认识:

一是上下朋友。世人苦心争夺的,无非是名所赐予的优越感和地位带来的利益。上司好不容易争来的,就是在下属面前那点可怜的成就感,如果他愿意跟你平等做朋友,凡事认真听取你的意见,那他还有什么快乐可言?因此,无论上司如何器重你,那只是为了利益拉帮结派;你表示感谢即可,不必当真。不论对错,属下服从命令是本分;因为上司的权力大,责任也大,错了他兜着,不用你负责。私下可以友善建议,但公开场合一定要维护他的权威。利用价值和人格地位不对等,如何做朋友?在游戏规则内,只有上下级,没有朋友。

当然,不做手下了,倒是可以做朋友。上司也是人,也需要朋友,没了职场的利害冲突,官腔就是多余;符合彼此的审美标准,上下级私下照样可以像康熙和韦小宝一样打闹。因此,要在职场上赢得上司成为潜在的朋友,为自己的发展争取更大空间,必须谨守本分,尊重自己,也尊重他人,让自己成为美好的人。否则,只是阿谀奉承没真本事,是巴结不了上司的。上司也是人,照样喜欢美好的人。就算暂时利用你,心里也是鄙视的。不说穿不代表他傻。

二是忘年朋友。在专制的国家,国民的自尊被随便阉割,所剩的只有依赖家长、老师、长者这些可怜的等级观念在弥补，如果忘年成为朋友，那么长者那点可怜的他尊就荡然无存，了无乐趣。如果哪天社会自美到每个人都能找到自我、自信、自尊，可以不靠长幼尊卑的等级秩序弥补他尊，你可以拍着你爸的肩膀说：帅哥，今天喝酒去？那忘年之交才不会扼杀了尊者的快乐。

三是男女朋友。男女的友情是定时炸弹，随时可能朝爱情挺进。所谓红颜、蓝颜知己也只是爱情的前奏和借口。友情发展的结果往往不是上床就是陌路，不会停留在原地。除非有了友情又保持距离，就免了对家庭的骚扰而平添烦恼。

当然，惟其艰难，弥足珍贵。放下架子的上司、童心不泯的长者、默默付出的红颜，足可让孤寂的黑夜泪洒倾盆。

习惯很要命

——习惯是神经系统存放的道德资本

爱是什么？就是喜欢。亲情是天性中的爱，爱情是生理发育产生的爱，友情是利益选择的爱，这都是对人而言。对事物也有爱，那就是爱好和习惯。

受遗传的影响，爱好因人而异。

个人技能和收藏方面的爱好，潜意识是为了满足自尊需求：人拙我能，人无我有，有炫耀的快感。

诗词歌赋、琴棋书画、吹拉弹唱、歌舞运动，凡出众者必洋洋得意，乐此不疲。因此，世间充满奇人奇事也就不足为怪。生吞玻璃、头发拉汽车、眼睛吹气球……凡此种种，世间独一无二，谁说没有帝王般的自豪感？即使不登大雅，也不损他人；自己喜欢，其乐融融。

希特勒的一张便签，也有人愿意掏千万美金购买；其人臭不可闻，其字实在无奇，内容片言只语，其纸也很普通。价值何在？因为他名气太大，目前只发现了一张他的便签，而且在我手里，我就牛逼！反正钱多了花不完，买个独一无二够我炫耀一辈子甚至永远。如果有更大的二货能出更大价钱，我也能赚一笔。这和前些年父亲花几万元为女儿竞拍贝克汉姆住过、残留有体毛、没打扫过的客房类似。

生活方面的爱好，涉及个人的需求更为广泛。

喜欢烟酒毒品，无非是迷恋多巴胺，让自己快乐。喜欢品茶，一是能调整身体酸碱度，感觉舒服；二是被世俗认为是高雅行为，有高人一等的得意。喜欢暴饮暴食，无非是缺少健康常识，追求口舌刺激带来的快感。喜欢零食逛街旅游，很可能是欲望太多，无法满足，借此转移注意力，减少紧张和焦虑；也能满足好奇心，增加快感。喜欢熬夜，无非是精力旺盛，不知疲倦；而熬夜所作之事又有乐趣。喜欢懒床，很可能是缺少睡眠，需要补充；或者存在疾病，需要休息。喜欢梳妆打扮，无非是多博几个回头率，能沾沾自喜。

当爱好能持续给人带来快乐时，就会固化为人的一种依赖，这就是习惯。习惯能让人形成一种适合个体的生理状态，这种生理状态让人感到放松、舒适；当这种习惯被破坏时，就会带来生理参数的改变，产生负面情绪。

这能解释嫉恶如仇、眼里不能容沙的原因。其实，他人的行为不是自己的欲望；但会冒犯自己的审美标准和生活习惯，引起情绪上的排斥。

自由、安全感、好奇心、审美、亲情等需求容易变成一种依赖性需求；当这种依赖习惯遭到破坏时，必然带来负面情绪。

比如，在家庭生活中，妻子操持家务，习惯了把家弄得整洁有条理。这能满足健康需求，同时也能满足尊严需求。因为她的劳动付出，能得到客人的赞美。但社会竞争的激烈，让丈夫必须在社会上夹紧尾巴做人，这压制了他的欲望；而回到家里，这属于他可以随心所欲的帝国，所以，乱扔袜子、抽烟喝酒把家搞得乱七八糟也许是顺理成章的事，他习惯了在家里不受拘束，享受自以为是的自尊。

而丈夫漠视妻子的付出会伤她尊严，给她痛苦；但丈夫习惯了在家我行我素，以弥补在社会竞争中无法迅速得到的安全感和自我所带来的快乐。他不愿意听妻子的指挥，因为习惯的改变对他也是一件痛苦的事。

因此，习惯会因侵犯他人权力而引发矛盾，遭到厌弃。比如公众场合喧哗、吸烟、乱扔垃圾，比如爆粗口、议论他人过失；自己习惯了，舒服了，但妨害了他人。因此，乌申斯基说，良好的习惯是人在其神经系统存放的道德资本，这个资本不断地增值，而人在其整个一生中就享受着它的利息。

所以，爱好和习惯只有一个底线：不损害他人。从这个角度看，谁愿意躲在无人处光屁股吊在树上晒太阳，或者关着门数汗毛，是允许的。只是，如果公开说或写到书里，道德君子是不认可的；因为，作为大众的审美载体，文字传播的是公共审美情趣，这就有关他人利益。这也就是鲁迅描述的生日说人家孩子会死的真话要被暴打的理由。有些真话是自己说得痛快，符合自己追求真实的审美标准，但让人讨厌；因为不符合公众的审美标准。

所谓家长、老师、领导、老婆、朋友的行为强迫症，实际上就是审美习惯带来痛苦的问题。因为子女、学生、下属的言行不符合自己的审美标准和生活习惯，给自己带来了痛苦，必须进行纠正，让他们符合自己的审美习惯。因此，保守的家长希望儿女循规蹈矩，开明的老师喜欢有个性的学生，权力欲重的领导希望手下言听计从，滥情的老婆对丈夫花心视若罔闻，诚实的朋友决不能容忍相互的欺骗。

本质上，强迫他人只是为了一己之习惯，减少自己的痛苦，但会带来对方自由丧失的痛苦；而抵制强迫一是自尊带来的排斥，更多也是保护自己的审美习惯，让自己快乐。

自己是最好的

——黄永玉:"站在太阳下的坦荡,大声无愧地称赞自己。"

自尊是对自己的认可,是与生俱来的尊严需求,以有别于周围人群的出身、身体、容貌、健康、学识、技能、修养构成的自身条件作为自我、自信、平等的基础,靠相对固化的审美认知和道德准则作为支撑。

每个人的优点自己最清楚,因此,自尊的强弱随自身条件的变化而变化;但自尊是自己说了算,不会被外力改变。所谓伤了自尊就是别人的评价不符合自我评价带来的痛苦;"臭不要脸"则是指一个人自尊需求弱,不把自己当人了。

维护自尊就是维护自己的优点;因此,表扬、赞美能满足你的自尊,贬低、攻击、毁谤会侵犯你的自尊。在教育学和营销学中,"你是最棒的"几乎是指挥人和糊弄人屡试不爽的法宝,因为说到了每个人的心坎上。

从优越感的获得来看,是弱者给予强者的,强者给不了弱者优越感。跟强者相处,如果没有别的利益,是件痛苦的事:你满足了自尊,我毫无成就感、毫无快乐。因此人们愿意帮助弱者获得优越感而不是巴结强者委屈自尊。一般来说,自身条件越出类拔萃的人,比如出身高贵、外貌俊美、学识渊博的人自我评价高,自尊心强,就是平常所说的"这人太狂";但自尊过度必然影响他人的自尊,社交中难以获得他人支持。所谓"得道多助、失道寡助";这个"道"其实就是尊重他人,满足他人的自尊。同时,因为自我感觉好,他人又不买账;这种反差往往带来不公平感,优秀的人会更加个性强烈和逆反,造成自尊越强,支持越少的恶性循环。

因此,优秀的人处在平庸的人群中,必须低调做人,否则,你的趾高气

扬、骄傲自负压迫了别人的自尊，必然引起公愤。

骄傲是需要资本的，骄傲也是有理由的。因此，骄傲本身不是罪过，但被人发现就是弱智。你骄傲等于贬低了别人，你高兴了却让别人痛苦，不是找骂吗？所以，骄傲一定要藏在心底，一个人偷着乐就行了，不要总飞到别人的自尊前挑衅；否则，等待你的将是无数闷棍。比较明智的是心底狂妄骄傲，外表谦虚低调，也就是装孙子。这是一种理性的骄傲，是对他人自尊的同情，也是对自我生存的保护，免得莫名其妙招徕一堆敌人，死了都不知道怎么死的。最近深圳两个哥们在厕所比身高，莫名其妙被旁边一个陌生矮子砍伤，就是骄傲伤了别人自尊惹的祸。

因此，骄傲和自吹是受人厌弃的行为。撒缪尔·约翰逊甚至说，人的诸种恶行中，骄傲为最，它以多种多样的形式出现，而又在极其繁复的伪装下隐匿，那种伪装好似掩盖月光的那层翳障，既是月亮的光辉，又是月亮的阴影，它虽可以把月亮藏匿起来，叫我们看不见，又因藏匿得不彻底而叫月亮泄漏了自身。

从自尊需求的不可缺少来看，他人评价和自我认同一致是件开心的事。酒逢知己就是遇到了那个真正懂我的人，让我在自尊中得到快乐。因此，客观寻找并由衷赞美他人的优点，是保护人类自尊的一种义务。实话实说，无需技巧；心存善念，即为友好。当然，虚假赞美别人即违心拍马屁，会遭到旁人和自知者的唾弃。

1. 自我

自我即对自己与众不同的优势的认可，自我的特点就是在环境中突出我的存在和重要性。那些骄傲外露的人往往是环境认可与自我认可反差造成的逆反，即所谓愤世嫉俗。这时，自我需求是他的优先需求。自我需求越强烈，就越要和环境作对，试图征服环境，让环境认可自我。

当前，不管站着、坐着、躺着，大家的最爱似乎就是玩手机？为什么？因为快乐啊。看看人家在微信圈里发的新奇事，能满足好奇心，是快乐的；但更多的是跟着大家讨论一下热点问题，发表自己的观点。对错不重要，重要的是突出自我的与众不同，收获几个大拇指，十分快乐！

但是，时间一久，微信群就越来越无话可说。因为人都想以自己为中心，而自我的囚徒困境让人陷入了敌对和矛盾。对于卑微的人类而言，无论是亲人还是爱人、朋友，领导还是同事，都在本能强调自己的自我，排斥他人的自我；如果影响别人的自我，没有谁会在乎你。理想中的自我往往是一厢情愿。我理解这点是看三毛的自传，她很自我，也一直认为所有亲人很在乎她，结果发现有她不多，无她不少，她才很伤心、失望跑到非洲独自流浪去的。

三毛的自杀，我想和她的自我有关。她爱荷西是一种倔强的抗争，她相貌平平但很有才华，她的自我意识十分强，不相信没人真心爱她。但是，没等她找到答案，戏剧就已经谢幕：荷西死了。以后的很多年，她仍然倔强地呆在那个舞台，她渴望有别的演员上台去替代。可惜，青春不再，尘世的势利让她只能听到幕后的鼓点，却找不到配角和观众，她孤零零站在台上又不甘退出，实在凄凉而找不到自我，只能一死了之。

2. 自信

尊严是什么？科恩说不是认为自己比别人优越，而只是对自己有信心。但尊严和自信是整体和局部的关系，无法划等号。

我认为，环境认可与自我认可的吻合系数即自信。说一个人自信或不自信是不科学的，因为任何人都有自信，自信不是有无问题，是强弱问题。对于学识和才华，萨特和霍金都是自信的，但对于容貌萨特不自信，对于健康霍金也无法自信。你说他们是自信还是不自信？

因为自信是自己给的，自己几斤几两最清楚。因此，哪怕尊如皇帝，也不见得自信心有多强。因为他时刻有危机感，害怕皇位不保。在朝廷上，皇帝是不自信的；因此，皇帝需要一呼百应和主宰世界弥补自信，呵护他的尊严。但在后宫和太监面前，他是自信的；因此，康熙喜欢搂着韦小宝打架玩而不怕失去尊严。挖地道嫖宋师师的宋徽宗，一开始并没暴露皇帝的身份，人家对他的服务也是尽心公道的，比后宫妃嫔假意逢迎让他觉得自己更像个男人。他找到的是普通嫖客真实的自信，故乐此不疲。

历史上的奸臣都是能看穿皇帝的裤衩，善于维护皇帝自信的人。他们知道皇帝不自信的时候该拍马屁，满足皇帝的虚荣心；皇帝自信的时候可以据理力争,貌似赤胆忠心、肝脑涂地。

而那些所谓谏臣其实更在乎的是自己的尊严,并没把皇帝的利益看得高于一切。他们关心的是自己留芳千古,非要逼皇帝公开承认自己弱智而丧失信心,不被砍脑袋才怪。其实,站在与人为善的角度,你私下跟皇帝说,或写信悄悄说,不伤皇帝自尊,效果不见得不好。

因此,真正的忠臣是那些维护皇帝权威但不溜须拍马,在原则问题上又能有效沟通,同时不贪功诿过伤害皇帝自尊的人。

回到现实,老板和员工的关系其实也一样。老板貌似风光,但他们的发家史同样饱含血泪。有原罪的要担惊受怕,没原罪也经常会监管部门潜规则或穿小鞋,憋屈是躲不掉的!上哪找自尊去?当然就靠员工贡献了。你拿了他的钱,不修理你修理谁?他欺负你只是因为赚钱受了别人欺负;你要分享他的钱,分担欺负也天经地义。要么你不要钱走人,要么拿人钱当孙子。不满和牢骚?闭嘴!

出身、容貌是先天注定的,我们无法改变;要提高自信,只有靠自自强不息、不断学习提升。试图通过争斗找回自信是毫无价值的扑腾;争斗无非是为了证明自己强。有这时间好好捋捋羽毛,无垠的天空你可以任意翱翔,跟鸡争赢了也无法证明自己是凤凰。明代吕坤说得好:亡我者我也,人不自亡,谁能亡之?

在世俗的拥挤中,你可以努力去寻找适合自己的位置。而一旦没有希望,你就应该放弃。既然买不起私车,又舍不得打的,一个破公交有啥好挤的?让他们先上吧!

不然,好不容易挤个座位,接着上来一个老太太,你好意思不让座?除非你运气好,能抢到最后一排,自己舒服了,还不必接受良心的煎熬,冠冕堂皇地在那里假装看书装斯文,接受身边漂亮女孩的好感,偶尔放电勾引一下。

但那种运气不是人人都有的。要么司机是你爹,你和他一同上班,打开车门你第一个上去,你爱坐哪坐哪;要么是起点站或车空,大家都有座;要么你假装前门人多,求售票员让你后门加塞直奔空座;要么你刚站一会,你旁边那人就下车了。

不然，就算你力大如牛，挤得满身臭汗，没有空座，你只能老实站着。与其劳而无功，不如心态放平和点；等所有人上了，你再上。人很多，你只能站在门边上；但在那汗臭熏天的人堆里，一旦到站，你却是第一个逃离折磨的人。

3. 平等

如果没有节制，受私欲的影响，个人自由必然滥用，自由就变成了自由的屠夫。正如孟德斯鸠所说，一切有权力的人都容易滥用权力，这是万古不易的一条经验。有权力的人们使用权力一直到遇到有界限阻碍的地方才休止。

当自由侵犯他人利益或公共利益时，保障他人天赋的权力就成为必然，那就是平等。因此伯克主张与制度结合的自由才是唯一的自由。自由不仅要同制度和道德并存，而且还须臾缺不了它们。

平等不是先天需求，是为保障自由而催生的后天需求。卢梭说人生而自由平等，只说对了一半：人生而自由但不平等，平等是生了想活好的一种追求。

因此，从保障社会公平的角度看，法国孟德斯鸠的三权分立是科学的。立法权区分基于人人平等的公共自由；行政权是执行公共自由，但受执行者个人自由裁量的局限，不受制约必然损害公共自由；司法权是对假公济私的自由的制裁。三种权力相互牵制，总体上是能保证平等的。

人生而平等，是平等行使自己权力，不干涉他人权力。这种权力是灵魂和私权力上的平等。肉体上、公权范围内只有绝对的不平等。

人来到世界只有一趟，做你想做的自己，这是灵魂上的绝对平等。比如我遭到诽谤，嘴巴在他身上，笔墨键盘在他手里；他拥有完整意义上的物权，他爱咋咋的，跟我的权力毫不相干。我有时间或能力，可以狗咬狗或蛮棍打恶狗；没时间没兴趣，就由他去。我不能不允许狗吃屎，猫放屁。反击或容忍都是在行使我自己的权力，我照样爱咋咋的。

但是，一定要把灵魂和肉体分开。尘世的肉体只有绝对的不平等，你必须承认这是真理。人家天生是贵族，地位显赫，你要名誉？开玩笑！人家是老板，你是打工仔，你要自尊又要他给你高工资？做梦吧！你老婆是首相或常委或董事长，你作为公民或者她的员工，在8小时之内只有绝对的服从，谁跟你谈平等？就算你是其他公司的，她的公权力也跟你毫无关系，你如果想插手那是弱智。但是，8小时之外，可以平等做朋友、情人、爱人。

而人类往往容易混淆两者的界线，要么滥用公权力，把工作中的余威带入家庭；要么滥用私权力，用情感要挟公权。结果在工作和生活中永远摆不正自己位置，导致做事很狼狈，做人很尴尬。

试想，如果用感情左右工作，那到底听谁的？如果生活也要分尊卑，那床上还有什么乐趣？谁上谁下，用力大小还要犹豫半天，还活不活？

因此，做事不认人，接受不公平的公权。是什么岗位干什么活，别说你爷爷是领袖，你爸爸是贵族。做牛做马做奴才做狗，没什么好废话的，不服你去努力向上爬；别动不动就拿亲情、友情、爱情做筹码，牺牲义务和责任。

但做人不搅事，只认平等的私权。情感角度上快乐的基础是承认灵魂和肉体都平等。这里需要强调爱情私权的绝对性。那就是你有爱的权力，这是上天赋予你的不可剥夺的人权；但你同时必须尊重别人爱你或不爱你的权力。人为什么会因变心而欺骗？是因为不知道爱的权力是属于自己的，你完全有权说不爱而不用欺骗。人为什么会因被对方抛弃而受伤或仇恨？是因为误把别人的私权力当成了自己的。别人不爱是他的权力，我没有资格仇恨。

如果你能划清公权和私权的界线，理解权力的平等性，就能坦然面对成败得失。人家行使私权给你温暖你会感谢；他人抛弃或背叛你不会仇恨，因为那仍然只是人家行使他天授的私权，跟你毫无关系。相聚能感恩，离别能祝福，又何来扭曲的离合悲欢、爱恨情仇？

知识没多大力量

——自以为是可悲；自作聪明可怕

"知识就是力量。"培根这句话让许多读书人十年寒窗，渴望知识改变命运。

其实，失败不是知识无用；成功也不是知识万能。知识改变命运只是偶然，不是必然，也不是理所当然。知识的力量在传承文明，让人类持续享受文明成果；但对个体而言，知识力量不大，对命运起不了决定性作用。

知识让人有超越他人的优越感，让人自信。但一个人知识越多，了解世界越深，就越难摆正自己；因为自信增强后容易忽略实际的难度。一肚子学问却一事无成、处处碰壁者大有人在。

命运的改变取决于基础、能力、毅力和运气四个方面，知识改变不了基础和运气，对能力和毅力的影响也有限。

首先，每个人的先天基础，差距可能是马里亚纳海沟的污泥与珠穆朗玛峰峰顶的白云。如果你天生是一只青蛙，知道了大海又怎样？许多大鳄能爬到大海，你可能刚出井口就被老鼠吞了。因此，朝中无人莫做官，父辈无钱莫求财；除非拜了丞相做干爹，或走运捡了公主的绣球。媒体总赞美比尔盖茨大学都没念完，靠个人奋斗成了世界首富，但忽略了他妈妈是戴尔的董事。王石当年在地产界如鱼得水，成功经验一套套；但从来不提他爹当过柳州铁路副局长，岳父曾是广东省委副书记。当然，知识给了他们基础，否则，换别的人，有这些靠山也成不了事；但这不代表有知识就能成事，就该成事。

其次，能力主要来自于实践；文凭高知识多却能力差是读书人的通病。知识越多越容易"眼比天高":知道了海洋的辽阔,会看不起池塘和河流。但游泳太少,往往"命如纸薄"被淹死了。

再次,知识多往往会思考目标实现的可能性,患得患失、半途而返;这种思想的巨人、行动的矮子比比皆是。还不如彻底无知的混世魔王,只是不想呆在井里,一发狠,跳出井口;再一发狂,蹦到了池塘;不满足再跑,瞎游就到了河流;再一使劲游,到了海洋。

另外,很多看成功学看傻了的书呆子,踌躇满志地认为自己有知识,有目标,有方法,还很努力,成功是必须的。但不好意思,一阵狂风,你又回到了井里;连再爬进池塘的机会都没有。所以,如果你怀才不遇,真不该大惊小怪。

更有受知识毒害的倒霉青年,在强大的现实面前不甘失败而愤世嫉俗,放弃奋斗;最终沦为了人体图书馆,空有一肚子学问,于己于世毫无用途。

当然,这只是生活的理性逻辑。如果有知识,就像黄永玉给前辈曹禺信中所提倡的那样,来点"草莽精神"也不是坏事。因为人类如果一直生活在理性中,那就还是猴子;世界就是由那些有知识但不自量力的莽夫冒险推动的。

为何死要面子活受罪？

——死要面子不要脸就是不要自尊要他尊

叔本华说："人性一个最特别的弱点就是：在意别人如何看待自己。"世人那么在乎面子，本质上就是在乎他尊带来的优越感和快乐。失去面子往往带来嫉妒、不满和仇恨，因此，维护面子很多时候会伤及无辜。

"死要面子"的软肋是人生的快乐过于集中在他尊需求，他尊需求是优先需求；即所谓"看人脸色"、"为他人活"。

"死要面子"有四类人：第一是曾经不自信，通过努力进步了，迫切想要他人认可。第二是曾经享有较高社会评价的人，他尊一直是快乐的源泉，没面子是件痛苦的事。一旦被人看扁，失落明显，十分痛苦；所以谁说他坏话，谁就是仇人。第三是生活在底层但口碑较好的人，审美的自我认同让他活得有尊严，给他道德上的优越感，他也快乐，所以他选择委屈自己也不愿失去口碑。第四是十分不自信的人，因为能力不够特别不自信，特别在乎他人的评价，他人无意的玩笑都会被他认为是对他人格的侮辱，势不两立。

越是贫穷落后、竞争惨烈的民族，越在乎面子；因为面子难得又必不可少。

要面子的好处是处事顾忌他人的感受，固化个体的审美愉悦，也有益社会；弊端是条件改变、他尊无法满足时，要面子首先就必须压制自己的其他欲望，做事会缩手缩脚，就给自己制造了痛苦，即所谓"死要面子活受罪"。

要面子会伤害别人少些，不要面子肯定让他人难受。不要面子必然肆意妄为，满足了成长需求中的自由，是给自己快乐。例如儿童不在乎面子，比大人快乐多。

因为面子是他人给的；一个没文化，没体验过他尊快乐的人，他尊就是多余。他不想要也不懂得要。因此，一个大人如果能更多保持童心，少看他人脸色，做一个自然纯朴的人，快乐更多。当然，由于开始的唐突和冒昧，可能冒犯别人的他尊，很难赢得他人的支持，给自己造成其他痛苦；但从长远看，当你的诚实得到他人认可，只要在言语上注意基本的礼貌，还是会有许多人愿意和你做朋友的，也许比挖空心思算计别人得到的帮助要更多更持久。因为爱需求中的友情人人需要，你的真诚会被认为是可以信赖的朋友；同时，也满足了朋友成长需求中的安全感。很多时候，不加任何伪饰，做个诚实的人，选择看上去对自己不利、很弱智的行为，活在儿童般的世界里，快乐更多。当然，说真话如果粗俗无礼，会冒犯很多人；但是，那些人心胸狭窄，不做朋友也罢。另外，这种儿童性格的保留是需要巨大代价的，你随时可能被敌人踩死，要想活下去只有自强不息。

不要面子的也有两类人：第一是生理需求和除他尊外的其它心理需求是优先需求，压倒了他尊，如生存、性、健康、成长需求强烈时，是不会在乎面子的，即所谓厚颜无耻、不择手段；第二是自尊达到巅峰的人，有自恋、自美情结，不愿遵守世俗的道德，希望按个人意愿改进和重建规则，不把暂时的他尊当回事，属于目中无人的狂徒。不要面子的好处在做事目的明确，不大受他人影响、效率高；弊端是行为一旦脱轨，必然祸害社会。

自尊和他尊是尊严需求的两个构成部分，但他们又是一对矛盾需求。要自尊就会减少他尊；要他尊就要委屈自尊。

自身条件好的人，自尊需求强烈，容易遭到同类排斥，被认为清高孤傲、酸不拉几。自身条件差的人，因为有自知之明，很难有强烈的自尊，只能依赖他尊来弥补尊严需求的缺失。而他尊的获取，需要用个人成就来显摆；为了面子臭不要脸的人就属于此类。这里，面子是指公众对个人成就的评价，脸指为实现成就的个人行为是否符合标准道德的评价。

亚当.斯密总结了中国国民普遍存在"死要面子不要脸的劣根性"。其实，不光是中国，在竞争惨烈、生存艰难的民族，为了有所成就，得到社会的尊重，是很容易放弃道德的。狗屁不是能做官，丧尽天良能发财，不择手段能出名谈不上是社会不公，因为他们放弃自尊去换取他尊，是一种等价交换。你既想保留道德上的自尊，不能放开手脚做事，又想取得很大成就，天下哪有那么容易吃的果子？因此，你可以清贫自尊地快乐着，也可以无耻风光地快乐着。当然，能力足够，富贵自尊地快乐着，那是最快乐的。

受环境和条件的制约，有时放弃自尊并不能带来他尊。因此，审美需求不强的弱者在取胜无望的情况下，必然欺诈或耍阴谋诡计；而审美优先者可能回归自尊，喜欢离群索居，与现实渐行渐远。

而自身条件比上不足、比下有余的芸芸众生，就在维护自尊和赢得他尊中矛盾摇摆。有时自尊强烈，可能怒发冲冠，拂袖而去；有时他尊强烈，只能忍气吞声，苟且偷安。

他尊受自身条件、客观环境、相对主体的价值观等诸多因素制约太多，主观动机和客观效果往往相悖，满足的过程更加艰难而漫长，个人很难左右其结果；它所带来的快乐是被动而不稳定的，属于我的快乐他做主。而坚持自我、自强不息、平等待人所获得的自尊相对来说要容易得多，这种快乐是我可以主宰的，是我的快乐我做主。

因此，减轻人生痛苦的明智选择是把欲望的重点放在自尊而非他尊上。自得其乐的自尊比参与狼性竞争从外界所争取的他尊所获得的快乐更持久而稳定。这也算是道德教化的善意吧！

谁都想牛逼，爱咋的咋的，快意人生；但是必须清醒：只有爱惜自己，保障健康，同时不停学习进步，足够自信，才有资本牛。

马屁是无辜的

——给罪恶之外的无辜以尊重是上帝的义务

我为什么赞美你？是我想告诉你我内行，我懂你，我能和你共鸣，我想得到你认可。如果我不内行，我也想赞美你，那只是希望表达我的善意，我愿意跟你成为朋友；或者，暗示你也赞美我一下，给我一点快乐。

陌生人怕对方反感，会注意礼貌，哪怕言不由衷，也会赞美人家几句，算是友好的表示，这样满足了对方的他尊需求，让他快乐。

关系一般的朋友，也会礼节多些，这是对别人的尊重；关系越好的朋友就越少赞美，倒是相互嘲弄取乐的多，这叫不把对方当外人；一般彼此也能理解，并不太计较。

亲人就会走极端，因为太了解，该赞美的都赞美完了；人的进步也没那么神速，实在很难找到可以继续赞美的优点。因为彼此的感情是真实的，没人有兴趣整天装逼，非要违心赞美对方几句。另外，就算亲人不停赞美，我们也不会很快乐，这是神经反复同样的刺激后变得迟钝引起的，没有新鲜感。于是，亲人之间往往忽略赞美；成就感少了，快乐就少了。

但是，随着社交圈的扩大，很多陌生人会亲近你，很多久违的朋友会对你刮目相看，给你由衷的赞美；你又会开始得瑟，其乐无穷！这也是我们希望扩大社交圈，推销自己，赢得赞美的一个重要原因。当然，社交还有别的功利目的也不排除。

同性无所谓，男女交往就要小心了；可能会因为爱人赞美太少而外遇，然后深深被这种初恋的感觉所迷惑而不能自拔。但结果往往只是掉进一口新井；

/ 幸福隧道 /
Happiness tunnel

因为你不是神,你只是个人,你无法无限制提升自我让对方总是感到新奇,发自内心对你崇拜有加。

赞美的艺术在于找到对方最大的优点,认真诚恳地赞美,这是件快乐的事。而分不清对方最大的优点,只要是优点就一概赞美,虽不会让对方反感,但会遭到旁人的鄙视。最白痴的是连对方都明白那是他的缺点,你还去赞美,那等于揭人疮疤,你死定了。

人世间的争斗,无非是高与低的比较。要获得尊严,抬高自己是一种途径,贬低别人也是一种途径,双管齐下才事半功倍。自己赞美自己,只能是私下的自恋,公开或是笑柄。而交换赞美还要遇到识趣的人;不然你赞美他他享受了,还当真,也不还个赞美给你受用一下,你白赞美了。因此,世俗中还是教训别人、贬低别人更有快感。

我为什么要教训你,贬低你?不是我和你感情上有裂痕,是要证明我比你高明,我很开心。

当然,贬低别人虽然可以得到短暂的快感,但会招徕反感和对抗,会导致别人也寻找你的弱点进行贬低,侵犯你的自尊。我贬低他人的优点,恰恰是不自信带来的嫉妒和敌视。实际上,凡是我想排斥的,恰恰是需要学习的。

因此,最好是咱也不去贬低别人,只自我赞美好了。要自己发自内心地赞美自己得到快乐,你除了努力去完善自己,别无选择。这其实更真实更具有挑战性更有难度,因为谁也骗不了自己。你虚假地赞美自己,是没有快乐的。

从与人为善的角度看,赞美是个好东西,权当娱乐或交际手段也无可厚非。但赞美是有技巧的:努力发现人家的优点,认真赞美!人家收获自尊,你赢得情感,说不定对方反过来也赞美你,让你爽歪歪。或者,遇到困难人家也愿意帮你。

善于发现他人优点并公开赞美的人受欢迎,因为赞到点子上,你的赞美正合他的自我评价,就满足了他的自尊,他很快乐!见人就有礼貌地赞美也不让人讨厌,因为赞美不存在攻击、贬低,不会让对方不开心。常说的"千穿万穿,马屁不穿"。

表达不准确,应该是"千穿万穿,真诚赞美不穿"。谁都不傻,马屁肯定是会穿的。

你说假话违心拍马屁，遇到大度的人，能体谅你的善意；但遇到审美偏执也就是嫉恶如仇的主，你可能就倒霉了。他知道你纯粹为了功利讨好他，又不了解他的强项，瞎拍一通；人家自己都不相信是真的，不可能满足自尊，当然反感。一个矮子你非要赞他多伟岸，傻瓜都认为你是违心，甚至怀疑你在讽刺，就属于马屁拍在马腿上了。

马屁作为交际手段，如果符合赞美的规律，倒也不让对方讨厌。但拍马屁还真需要谨慎。人多时，除了能捏你小命的主你可以跟着身份高的人一起拍，最好别抢先；因为县长想拍省长的马屁，被你抢了风头，心里是不爽的，你这个乡长的前途就堪忧了。也不能见人就拍，你可能讨好一个，无形中得罪了另一个；你拍了旁人反感的人，他就讨厌你。或者拍错了人，会遭到他的对手的敌视，莫名其妙成了新敌人。

说爱拍马屁的人没有自尊，那是冤枉。拍马屁的潜意识或许是提醒你投桃报李，也赞美他一下，等价交换，让他找到他尊；或者，你是权贵，拍你的马屁能给他带来好处。要悲悯爱拍马屁的人，因为他是用用自尊换他尊，这是他的权力。

因此，马屁是无辜的；给罪恶之外的无辜以尊重是上帝的义务。对拍马屁的人要心存敬畏和感激，不要藐视人家的劳动付出：他友好地给你自尊，你嗤之以鼻，他下次可能报复你、贬低你。或者，他拍来拍去，希望你给点好处，却做了无用功；他的欲望被你扼杀，心生怨恨也是自然。

自古以来，官场是最流行拍马屁的，因为拍马屁能从上司那里得到好处。少数人面前的屈辱可以换取大多数人面前的荣耀；从心理补偿的角度看，这是合算的买卖。因此，给上司拍马屁肯定不亏，就怕没机会。而为了补偿做人的尊严，对上谄者对下必骄；下级给自己拍拍马屁弥补一下受伤的自尊也是必需的。

当然，马屁既然并非真心，与自尊是有冲突的。很多时候，拍完人家马屁，因为感觉自己比别人强，口服心不服，掉转头就说人家坏话；这就是平时说的两面三刀、口是心非，其副作用比不拍马屁还要糟糕。至少，你不拍人家马屁，人家不怪你。拍了马屁又诋毁人家，被他知道必然成了敌人。只要说给

/ 幸福隧道 /
Happiness tunnel

人听的话，就一定会传到被说的人耳朵里；这是迟早的事，符合人喜欢传播和听小道消息的好奇心。

　　因此，拍马屁难，因为要牺牲自尊；拍好马屁更难，因为要拍到点子上才有效果；做一个只拍马屁的人更难，因为人非圣贤，孰能无过，而每个人都有一双想贬低他人、抬高自己获得优越感的嘴。

他人即地狱

——虐待发泄不满，自虐抵挡绝望，争斗掩盖自卑

从审美的角度看，虐待他人是会受到贬斥的。

但在生活中，许多人自觉不自觉虐人，并无审美上的自我否定和情感上的内疚。因为社会结构的差异决定了不同地位的人，拥有自觉的权力定位，并把享有此特权虐待他人当成理所当然。比如男权社会男人吆喝老婆，上司使唤下属，父母师长强迫晚辈等都被视为正常；因为在虐人者心中，你低他一等，没资格和他平起平坐。

实际上，强者不能失去的只是高人一等的优越感，这是他们每天赖以获得快乐的支撑；也是他们持续虐待、欺凌他人的动力。权贵出于审美认知也会同情一个弱者，但不要奢望他内心给弱者平等的人权。

从进化的角度看，戏弄、侮辱、欺凌、压迫是强者的特权；造化就是奖励这些行为所带来的快乐激励人成为强者。

而弱者因为自己平时受虐太多，只要有机会，照样喜欢虐待他人。就像俗话说的，多年媳妇熬成婆后，会全然忘却当媳妇时受虐的痛，变本加厉虐待自己的儿媳妇。

因此，无论强者还是弱者，在自己的需求得不到满足时，都喜欢虐待他人，发泄不满，获得快乐。

遇到虐待如何应对？唐代隐士寒山子问天台山国清寺隐僧拾得曰："世间有人谤我、欺我、辱我、笑我、轻我、贱我，如何处之乎？"拾得笑曰："只要忍他、让他、避他、由他、耐他、敬他，不要理他，再过几年，你且看他。"

这里，拾得所总结的只是一种消极的逃避哲学，并没有找到积极的出路。

奢望欺人者必遭报应，再过几年，"且看他"下场一定很惨，那只是弱者天真的幻想。世界往往是强者更强，弱者更弱；这就是马太效应。就算虐人者下场很惨，对被虐者又有何益？人毕竟只是简单的生命，被虐者一味忍耐，生理基础尤其是神经质量决定忍耐是有限度的。要么反复刺激神经，被虐者变得麻木后习惯，只是凉水慢煮的青蛙，丧失斗志，任人宰割；要么自虐，用其它痛苦来转移、替换现有的痛苦；要么忍耐超过痛阈，忍无可忍时誓死抗争同归于尽。

而自虐是最可怜也最无益的抗争，是绝望的逃避。

当然，仇恨和争斗也于事无补。争斗本质是不自信的表现；因为不自信，希望通过争斗侥幸获胜。事实上，弱者和强者争斗往往是自取其辱。所谓"民不与官争，穷不与富斗"，因为不是一个重量级；斗的结果肯定是强者取胜，只会增加强者的刺激感，让他更加痴迷虐待他人。这也是甘地所倡导的非暴力不合作运动的合理性。

要消除这种似乎天经地义的虐待，没有别的办法，只有壮大自己，让你成为精神的贵族。

将受虐藏在心底吧！这是耻辱恩赐给你的宝贵种子；它能生根发芽，能成为你自强不息的动力。哪天，你比虐待你的人更强大，他就不会虐待你而是巴结你。就像朱买臣的妻和苏秦的嫂，她们只是成王败寇的世俗法则的当然遵守者，谈不上道德有多无耻。

你要学习再学习，成长再成长，强大再强大。**当你足够强大时，你就是自己的君王；就算有人想虐待你、欺凌你，他没那个能耐！**

• 第 5 编

/ 活好的方法：幸福密码 /
Ways of enjoy

痛苦少点弱点短点，快乐多点强点长点，就是幸福。要想达此目的，不二法门只有一个：自美地活着！

/幸福隧道/
Happiness tunnel

幸福在哪里？

——快乐影响幸福，但不等于幸福

您今天快乐吗？不好回答，因为今天可能有痛苦，可能有快乐。

上午在街头下棋没对手，一直喋喋不休炫耀。爽！中午吃了个从没吃过的小吃，刺激！下午彩票中500大洋，偷着乐了几个小时；晚上看美国大片，过瘾！我能不快乐？

但是，今天我也有痛苦。早上起床上厕所摔一跤，问候了几分钟瓷砖的妈；上午被领导批评了，郁闷了半小时；晚上和老婆吵一架，互不搭理1小时。我能不痛苦？

因此，快乐是和痛苦对应的具体的神经反射，有时间长短、强弱和数量多少。

你今天幸福吗？好回答，因为你有一个大体上的感觉，这个感觉来自己一天情绪好坏的整体体验。

因为每天的痛苦和快乐你都亲身经历了，是否幸福你一定有个大致的感觉，所以，对幸福不幸福的整体评价并非空穴来风，而是基于客观体验。

如果24小时内，痛苦次数多、时间长、强度大、快乐弱而时间短暂，次数少；你整体感觉就不幸福。反之，你整体感觉就幸福。

因此，评价一天、一周、一年、一生是否幸福，是对这个具体时段生活质量的整体评价。

人生有痛苦有快乐，都是生理伤害或享受以及不同需求下的具体欲望是否满足带来的具体神经反射。神经坏死的人，无所谓痛苦和快乐，幸福不幸福也失去了评价的客观依据。大脑痴呆无所谓幸福或不幸福，因为他已失去了对痛苦和快乐的整体感知。

所以，痛苦或快乐的存在是客观而可以度量的事实，是对具体事件的客观反映，不随主观判断而改变。幸福是基于痛苦或快乐的客观事实对某段生活的整体评价和抽象评价。

幸福自古以来扯不清的原因，就是没搞清快乐和幸福的定义以及它们的区别和联系。有关幸福的感性学术史，反复出现同一观点，那就是幸福生活就是得到想要的东西。但是，这是对欲望满足后产生的快乐的注解，而不是幸福。

柏拉图在《高尔吉亚》篇中借苏格拉底反对快乐主义把欲望满足得到快乐当成幸福时，用了一个归谬的假设："请告诉我，如果一个人身上发痒，用手去挠，挠到心满意足，并且一生都这样挠下去，是否也能说他生活幸福呢？"

这个归谬论证足以让快乐主义陷入尴尬：承认此观点是个笑话，因为没有人愿意一辈子痒，挠得再舒服也不是人想要的幸福生活；否认此观点等于打自己嘴：你挠痒的欲望满足了，快乐了，不就是你主张的幸福么？

其实，挠痒只是一个具体的欲望，满足了就快乐。但人生不只有挠痒一个欲望，其它欲望满足与否，其它快乐、痛苦的比例有多大，才能决定生活在某个时间段内生活的整体质量，才知道是否幸福。

人生就是一场赶考，做对一题就得到一次快乐，错一个就痛苦一次；对的多，错的少就及格，生活就幸福。但是，作对一题只是可以加分，不代表及格；同样，快乐一次只是给生活加分，不代表幸福，更不等于幸福。这也是感性快乐主义所犯的逻辑错误。

能不能做成幸福蛋糕，光有面粉不够，还要水，火，蛋，碱等，任何一个不合适，就会毁了蛋糕。单个快乐也一样，本身伴生更大痛苦就会毁了幸福，别的欲望带来的痛苦足以打压这个欲望满足带来的快乐也不会幸福。

生活是杯苦咖啡，快乐就是糖，糖的量小了，咖啡照样苦。快乐数量小了，人生照样不幸福。

虽然错把面粉当成蛋糕，但快乐主义毕竟找对了生产蛋糕的面粉；至于理性学派，连蛋糕是面粉做成的都不愿意承认：由于害怕快乐的负作用，排斥快乐对幸福的决定性作用，结果导致连幸福是什么也无法解释。

我认为，快乐是对生活质量的即时反映、局部反映和具体反映；而幸福是对生活的阶段反映、整体反映和抽象反映。只有幸福的时段与快乐的长短完全重合时，快乐才代表幸福的全部。否则，因为有各种负面情绪的存在，快乐作为正面情绪的一种表现形式，被负面情绪打压时，人不可能幸福。

比如快乐了5分钟，考察这5分钟的生活时，因为不存在负面情绪，可以用快乐代表幸福，并且是百分之百的幸福。如果5分钟后遭遇55分钟厄运，痛苦很强烈；考察这1小时的生活时，就是不幸福。当然，这不代表1小时的生活没有乐趣，毕竟，有5分钟的快乐。但是，如果5分钟快乐之后遭遇的只是55分钟小小的失落，不足以抵消5分钟的强烈快乐，这一个小时的生活仍然幸福。

另外，快乐只是组成幸福的原材料；如果获得快乐的同时，造成痛苦后果，对之后的幸福不会增强而是减弱。

必须承认，这个世界许多人是不幸福的。在奴隶社会，奴隶也有快乐，但没有幸福；在集中营中，囚犯也有快乐，但不幸福；很多自杀的人群也有快乐，但不幸福：因为他们在特定的时间段内，生活质量整体上痛苦度大于快乐度。

快乐是客观的生理反应，是具体而可以量化的，而幸福本身是抽象而无法量化的；但这不代表幸福不可捉摸，我们可以通过对客观的量化得出科学的主观结论来衡量某个时间段内的生活是否幸福。

要量化生活，必须把各种深浅不一的具体心理状态涵盖进去。心理状态可分为三类：正面情绪（好情绪）、负面情绪（坏情绪）、稳定情绪。因稳定情绪既不影响痛苦也不影响快乐，可不纳入幸福考核范围。

下面，我们设定与幸福有关概念的量化指数和计算公式：

（一）欲望级数

人的欲望本身是有大小的。比如想当总统，想当县长，想当村长，这是欲望大小；可有可无，想，十分想，这是欲望强度。

满足欲望的结果与自己的欲求基线的差距叫欲望级差。级差越大，结果离基线越远，带来的神经刺激也越强烈，带来的痛苦和快乐的强度也更强烈。比如：一个人拥有1万元，这是他的财富基数，满足了赚100万的欲望或者这个梦想破灭；另一个人拥有100万元，这是他的财富基数，满足了赚1个亿的欲望或者相反；在神经刺激的程度上，我们可以视为两人的欲望级数相同。因为同样100万元，对只有1万元的人来说，赚到了刺激强烈，足以让他欣喜若狂；如果亏损，也能让他跳楼。但对于已有100万元的人来说，没多大刺激，赚到了也只是快乐，亏损了他不至于寻死。

因此，欲望级数=欲望大小×欲望强度×欲望级差。

欲望大小	小	中	大	欲望级数
欲望强度	有	强烈	很强烈	
欲望级差	达标	超标	意外	
量化指标	1	2	3	

（二）情绪级数

情绪是正面的还是负面的，受两个因素的影响：

一是审美取向。经济基础决定上层建筑，因此利益决定审美取向；而审美取向决定人的情绪走向，决定是快乐还是痛苦。同样的行为或后果，审美标准不同的人，情绪可能相反。如突然看到我摔个狗啃屎，老妈会立即紧张痛苦，而邻家小孩却会开怀大笑。

道德优先者，认为道德等于幸福：道德能带来快乐，是幸福；不道德带来痛苦，是不幸福。历史上的理性主义尤其是禁欲主义和信仰坚定的宗教徒都是道德优先的人群，他们以克己让人为荣，以损人利己为耻。一些常人视为快乐的行为中，他们认为这有悖于道德，是痛苦的事。让自己痛苦让别人快乐，能让他们得到道德上的优越感也就是快乐；因此，他们认可"痛苦越多越幸福"。

而道德沦丧者恰恰相反，他们认为人天生都是自私的，人不为己、天诛地灭。损人、虐人都是快乐的事，都是在为自己的幸福生活添砖加瓦。

二是价值判断。个人对行为或事件的价值有无和大小的判断,决定个人对事件的认可或排斥,这就是价值判断。当一个人判断有价值时,哪怕会夹杂痛苦情绪,但最后都会压倒性地将痛苦稀释掉。比如中药是苦的,对常人会带来生理上的痛苦情绪,对没有经受太多病痛折磨的人来说,也觉得难以下咽,也存在痛苦情绪;但对于久病卧床,投医无效的人来说,如果他觉得这个苦药能治好他的病,那么,药的苦味对他是可以忽略不计的事,他整个的情绪都是超快乐方向发展。

还有一些有坚定信念和远大理想的人,当他认为自己做的事是有价值时,他会藐视人间的一切苦难;天下没有他吃不了的苦,没有他受不了的罪。外人看他是自讨苦吃,但实际上,他收获的是快乐情绪。还有那些自美的人,外人看他要啥没啥,小人物一枚;但他自我评价登峰造极,整天是一只骄傲的公鸡,不屑和人攀比世俗的高低。

情绪级数表

正情绪	生理	放松	舒服	很舒服	刺激	很刺激
	心理	冲动	兴奋	满意	快乐	很快乐
负情绪	生理	瘙痒	不适	疲劳	疼痛	很疼痛
	心理	紧张	焦虑	不满	痛苦	很痛苦
级数		1	2	3	4	5

(三)自信级数

自信心会影响事件后果带来的情绪变化。自信度是个人对欲望实现可能性或后果带给人危害多少的的自信程度。按绝望、不自信、自信、自恋、自美,分0-4级,称为自信级数,将其逆向排序则称为自卑级数。

自信度高,正情绪会增强,负情绪会减弱;快乐度与自信度成正比,与痛苦度成反比。

自信到极点即自美;自卑到极点即绝望。绝望会消灭一切快乐,让人自杀；自美可以战胜一切痛苦，让人屡败屡战。

自信（自卑）级数

自信度	绝望	不自信	自信	自恋	自美
自信级数	0	1	2	3	无穷
自卑级数	无穷	3	2	1	0

（四）快乐度和痛苦度

正面情绪都属于快乐家族，我们把正面情绪的多少简称快乐度或满意度。负面情绪都属于痛苦家族，负面情绪的多少简称痛苦度或失落度。正负情绪度的总量叫情绪度。

各种情绪多少受欲望级数、情绪级数、时长比例、自信度的影响。

快乐度=欲望级数×正情绪级数×时长比例×自信级数。

痛苦度=欲望级数×负情绪级数×时长比例×自卑级数。

情绪度=快乐度+痛苦度。

这里，时长比例指正负情绪占幸福计算时段的比例。

（五）生活指数与幸福

生活由各种正负情绪构成，正情绪总量大于负情绪总量，显然生活质量就高，就幸福。本质上，正情绪都是构成幸福的点滴雨水；雨水多了，就是幸福的河流。

因此，我给几千年来争论不休的幸福重新下一个定义：**幸福是单位时间内快乐度大于痛苦度的生活状态。当生活指数高于50%时，才是幸福，低于50%叫不幸。等于50%属于稳情绪，既不快乐也不痛苦，无所谓幸福或不幸。**

单位时间内的生活指数=快乐度/情绪度%。

从统计开始点到即时点的局部阶段的生活指数叫浮动生活指数，开始点和终结点的生活指数等于浮动生活指数。

下面，以某大叔昨天的生活为例计算一下昨天的生活指数（从昨天6：30起

/ 幸福隧道 /
Happiness tunnel

床到今天早上约24个小时作为昨天的考核时段）。

1. 早上6：30醒来，发呆10分钟、情绪无波动。属于稳定情绪。

2. 洗漱、大便20分钟，满意。欲望级数1；正情绪级数3；时长比例1/72；自信级数3；快乐度1/8。

3. 7：00—7：30跑步锻炼，结果满意。欲望级数1；正情绪级数3；时长比例1/48；身体状况良好，自信级数2；快乐度1/8。

4. 7：30早餐，换了品种，尤其是喝了订的酸奶，口感满意。欲望级数2；正情绪级数3；时长比例1/48；感觉会对健康有好处，自信级数2；快乐度1/4。

5. 8点—9点坐地铁上班，车上无所事事到处瞅，没啥新鲜事，属于稳定情绪。

6. 上午事不多，Q聊半小时，和朋友争执，话不投机闹掰，很不爽。欲望级数2；负情绪级数3，时长比例1/48；自卑级数3；痛苦度1/3。

7. 上网看新闻3个多小时，内容丰富，比较满意。欲望级数1；正情绪级数3；时长比例1/8；感觉没浪费时间学了知识，自信级数2。快乐度3/4。

8. 期间上2次厕所耗时6分钟，喝3次水耗时10分钟，因为有次撒尿是边和人闲聊边一起进的厕所，情绪无变化，属于无聊状态，忽略。但有次尿是被憋后发现的，因为上网拖久了，尿完很舒服。欲望级数2；正情绪级数3；时长比例1/480；自信级数3；快乐度3/80。

9. 喝水有两次是无意识，顺手拿杯子喝的，情绪无变化，属于无聊状态，忽略。有次泡了一杯新茶，感觉很香，细细品了1刻钟，舒服。欲望级数2；正情绪级数3；时长比例1/96；自信级数2；快乐度1/8。

10. 坐久了脖子疼查阅资料兼按摩半小时，焦虑。欲望级数2；负情绪级数为2；时长比例1/48；感觉自己颈椎有问题，但只是偶然，应该不是颈椎病，运动一下就没事了，仍然自信，自信级数2。痛苦度1/6。

11. 中餐被食堂催着去吃饭1刻钟，例行公事，没什么感觉。属于稳情绪。

12. 想午休没睡着，不满意。欲望级数2；负情绪级数3；时长比例1/48；自信身体没毛病，自信级数2；痛苦度1/4。

13. 躺着继续赖床希望再睡会，感觉比较舒服。欲望级数1；正情绪级数3；

时长比例1/96；自信级数2；快乐度1/16。

14. 下午帮人写稿，比较满意。欲望级数2；正情绪级数3；时长比例1/12；自信级数3；快乐度3/2。

15. 期间顺手喝3次水，属于无聊状态，忽略。但有2次尿都是想写完一段憋久了去的，之后感觉舒服。欲望级数2；正情绪级数3；时长比例1/144；自信级数2；快乐度1/12。

16. 对方收到后很满意，电话里大肆吹捧，大叔很高兴。欲望级数3；正情绪级数4；时长1/96，自信级数4；快乐度1/2。

17. 接到远方朋友来电，闲聊中跟朋友介绍稿子的情况，朋友继续表扬，大叔满意。欲望级数2；正情绪级数3；时长比例1/72；自信级数4；快乐度1/3。

18. 下午中彩票5000元，很高兴，不停将好消息告诉亲友。因虽然是小事，但大叔希望靠它改变经济状况，是要事；盼望中奖，结果超出了平时的标准一大截，欲望级数8；正情绪级数5；时长比例1/24；自信级数2；快乐度25/12。

19. 晚餐吃到从没吃过的土特产，满意。欲望级数2；正情绪级数3；时长比例1/48；自信级数2；快乐度1/4。

20. 饭后散步，比较舒服。欲望级数1；正情绪级数3；时长比例1/48；认为坚持下去有好处，自信级数3；快乐度为3/16。

21. 突然摔一跤，磕破脚，后悔不小心，痛苦。欲望级数4；负情绪级数4；时长比例1/48；担心有后遗症，自卑级数3；痛苦度1。

22. 半小时后感觉不严重。欲望级数3；负情绪级数3；时长比例1/8；自卑级数2；痛苦度9/4。

23. 老婆关心照顾，很满意。欲望级数2；正情绪级数3；时长比例为1/48；自信级数3；快乐度3/8。

24. 想洗澡脚烂了无法洗，沮丧。欲望级数3；负情绪级数3；时长比例1/48；自卑级数3；痛苦度9/16。

25. 兴致起来想做爱，可又碰破伤口流血，很扫兴，愤怒骂娘，倒头睡觉边呻吟。欲望级数2；负情绪级数4；时长比例1/24；自卑级数3；痛苦度1。

26. 睡眠不错，满意。欲望级数1；正情绪级数3；时长比例7/24；自信级数

2；快乐度7/4。

综上，生活指数为67.4%，高于50%；昨天虽倒了大霉，大叔仍属于幸福一族。

一天生活指数考核表

事件	欲望级数	正情绪级数	负情绪级数	时长比例	自信(卑)级数	快乐度	痛苦度	累计时长	浮动生活指数
1				1/6				1/6小时	50%
2	1	3		1/72	3	1/8		2/3小时	100%
3	1			1/48	2	1/8		7/6小时	100%
4	2	3		1/48	2	1/4		5/3小时	100%
5				1/24				8/3小时	100%
6	2		3	1/48	3		1/3	19/6小时	60%
7	1	3		1/8	2	3/4		37/6小时	78.9%
8	2		3	1/480	3	3/80		20/3小时	79.4%
9	2		3	1/96	2	1/8		83/12小时	80.9%
10	2		2	1/48	2		1/6	89/12小时	73.9%
11				1/96				23/3小时	73.9%
12	2		3	1/48	2		1/4	49/6小时	65.3%
13	1	3		1/96	2	1/16		101/12小时	66.3%
14	2	3		1/12	3	3/2		125/12小时	79.9%
15	2	3		1/144	2	1/12		251/24小时	80.3%

续表

事件	欲望级数	正情绪级数	负情绪级数	时长比例	自信(卑)级数	快乐度	痛苦度	累计时长	浮动生活指数
16	3	4		1/96	4	1/2		257/24小时	82.6%
17	2	3		1/72	4	1/3		263/24小时	83.8%
18	8	5		1/24	2	10/3		287/24小时	90.6%
19	2	3		1/48	2	1/4		299/24小时	90.9%
20	1	3		1/48	3	3/16		311/24小时	91.1%
21	4		4	1/48	3		1	323/24小时	81.5%
22	3	3		1/12	2		3/2	371/24小时	70.3%
23	2	3		1/48	3	3/8		383/24小时	73.8%
24	3		3	1/48	3		9/16	395/24小时	67.9%
25	2		4	1/24	4		1	419/24小时	62.7%
26	1	3		1/4	3	9/4		563/24小时	67.4%
合计						2469/240	239/48	563/24小时	67.4%
情绪度									全天生活指数

/幸福隧道/
Happiness tunnel

幸福的方法

——幸福就是让快乐多点强点久点，痛苦少点弱点短点

《幸福有方法》的作者、美国当代权威的心理学家索尼娅·柳博米尔斯基认为，50%的幸福是天生的，由基因决定；10%的幸福由生活环境决定；剩下40%的幸福则由我们的行为和思维决定，而幸福的秘密就在于这40%。

不可否认，以上因素对幸福有影响，但不是决定因素。

首先，我们假设确实存在幸福基因，那幸福也不是基因决定的，是健康状况决定的。因为先天基因很难改变，但健康状况可以通过营养和锻炼进行调整。基因只决定先天的痛阈，但后天的痛阈可以被营养和锻炼拓宽，这决定痛苦度和快乐度，也决定幸福度。何况，幸福基因是否存在，还没有得到验证。

其次，受能力的影响，生活环境对人的欲望满足的阻力不同。同样的环境，有人能满足自己的欲望，得到的快乐多，生活指数就高；有人生活在同样的环境下，无力满足自己的欲望，痛苦多快乐少，生活指数就低。就算是同一个人，同样的环境，继续努力或放弃，还是可以改变欲望的结果。

第三，行为的动机是满足需求下的具体欲望，一个人同样的行为，有可能是为了满足不同需求下的欲望。比如借钱给别人，第一次是满足自己的审美需要，救了对方的急，得到了感谢和尊敬；钱也及时归还了，就是快乐的。假如第一次的钱没还，第二次又借，为了满足爱需求下的友情需求，还是借出去了；如果对方继续不还，甚至欺骗或赖帐，既满足不了审美需求，又满足不了友情需求，带来的就是痛苦。

思维的习惯是审美、情感和功利的混合惯性。不同的人相似的思维习惯，

也是为了满足不同情感需求下的具体欲望，带来的是快乐还是痛苦结果可能是矛盾的。比如帮助弱者的思维习惯，不同的人带来的后果往往是矛盾的。在斗殴中，义士是为了满足自己的审美需求帮助弱者，认为是主持公道。但如果那弱者是小偷，义士不明真相，帮错了人他同样快乐不起来。如果弱者仅仅是强盗同伙，那是为了满足爱需求里的友情需求，无所谓审美。但是，这种思维习惯是人类长期道德、伦理、信仰熏陶下的潜意识。一个强盗不做强盗的时候，看到弱者被欺凌得悲惨，也会不由自主去帮助，这是审美需求的回归。

所以，基因、环境、行为、思维都能影响快乐的强弱和幸福度，但不是决定因素。什么决定幸福？简单说就是快乐的次数和强度决定幸福。

幸福的方法是什么？一言以蔽之：提高快乐度降低痛苦度，让快乐多点强点久点，让痛苦少点弱点短点。

前面说过，决定快乐度的因素有5个：审美取向、欲望级数、快乐级数、时长比例、自信级数。同理，决定痛苦度的因素有5个：审美取向、欲望级数、痛苦级数、时长比例、自卑级数。

审美取向受文化熏陶深浅的影响，是接受教育的结果。同一件事，不同审美取向的人得到的痛苦和快乐有差异甚至相反。

作为人生的基本需求，审美愉悦能带来宽容和理解，能带来善良和感动，能够减少仇恨，减弱痛苦。

诸如欣赏艺术作品、看球赛、参加聚会、宗教仪式等，因为它们都是文化的载体，能拓展视野，引导审美倾向；审美标准的改变和拓展，又能拓宽思维的包容性，避免思维集中在某一个狭窄的领域，导致审美观的固化。世界的多样性需要审美的包容，这才有悲天悯人的情怀；不至于遇到挫折时怨天尤人，或自暴自弃或仇恨报复，自身的痛苦就轻多了。

要想获取更多的快乐，必须让自己的审美取向接近生存条件，不能脱离现实。比如：一个生存不好的人，你就不必死要面子活受罪。如果死守高尚的审美取向又舍不得放弃拥有，那必然是无法同流合污的悲剧人物，比如屈原。解脱的办法就是学范蠡，能屈服就屈服，不能屈服就放弃。当官没乐趣了，带着西施泛舟湖海，仍然悠哉乐哉。一个生存优越的人，多做符合自己审美取向的事情比如公益和慈善，带来的审美愉悦必然更多。

提高情绪级数有一个方法：做想做也能做的自己。也就是尽量及时行乐。当然，如果犯法，后果给你带来的更多是痛苦。

谁都想满足自己的欲望，但是很不幸，你不一定有那个本事。因此，你只能选择那些你擅长的、容易满足的欲望。家境贫寒但喜欢社交、口齿伶俐可以做销售；经济宽裕又喜欢安静爱思考可以做学问；没靠山但有资本善于笼络利用别人你可以当老板；没才华但凡事无所谓性格圆滑有靠山可以当官。你的性格优势和资源优势都能让你成功更快更大，收获的快乐数量众多，级数就高，从而抵消想做而做不到带来的痛苦。宗教所倡导的"放下"，实际上就是不为难自己，把有限的生命放在容易创造快乐的事情上，放弃那些劳而无功的努力，减少失败带来的痛苦。

让快乐级数高、痛苦级数低的办法有两个：一是削弱、分散优先需求，不把欲望放一个篮子。比如很多人死读书，什么业余爱好都放弃，一旦学业受挫，就任何快乐都没了；还有人不择手段升官或孤注一掷发财，结果或身败名裂，或一夜破产，只能一死了之。如果把欲望分散一点，多点业余爱好，增加的快乐就可以削弱甚至超过已有的痛苦，人生还是有幸福可言的。比如琴棋书画、唱歌跳舞、练武、旅游、垂钓、喝酒、聚会等。二是提高痛阈，让自己抗打击能力增强。这样痛苦就没那么强烈。

增加快乐的时长比例很简单：尽量延长能带来快乐的事情。少年的网瘾就是自觉运用了这个规律；"久逢知己千杯少"无非就是友情和酒精带来的快乐让人欲罢不能，不醉不罢休。当然，要注意量力而行，否则可能乐极生悲。

提高自信级数降低自卑级数的办法只有一个：学习进步，壮大自己。当一个人身体越好、知识越广、能力越强时，成功了更快乐；失败了也能降低痛苦度。自信达到自美境界时，痛苦对人的打击可以视为不存在。这也就是平时所说的"死猪不怕开水烫"。历史上很多伟人，不管经历何种苦难和失败，都能昂首挺胸、坚定不移地追求自己的理想，毫无疑问，他是走火入魔般自美了。

如何拓展痛阈

——理解世界，麻木神经，就能抵挡痛苦。

人被文化浸淫后，比动物增加了更多的心理需求，其带来的欲望比动物更复杂，更难满足，这导致痛苦的广度和深度也更复杂。

承受痛苦的思维认可度和事件刺激对应的神经反射的最大和最小的生理参数范围，叫痛阈。痛阈决定人面临痛苦时是紧张、恐惧、逃避还是冷静、无畏、接受。

如果健康上缺少保障，单次伤害太深超过痛阈，会让神经失去弹性，导致大脑和神经指挥器官失控，想和做无法统一，都有可能导致精神和神经疾病甚至自杀。

自杀有两种类型：第一是所有痛苦无法消除的万念俱灰；第二是忽略一切，去战胜一个最大痛苦的解脱。前者是弱者的绝望如跳楼的小孩，后者是强者的放弃如海明威。但上述两种类型，都是神经的紧张超越了弹性限度，人的承受力超越了痛阈，从而崩溃。

拓宽痛阈的方法主要是三个：一是加强营养，改善神经的质量；二是加大思维的认可度疏导心理；三是反复训练让神经迟钝。

有人打针都痛得受不了，但关公能不打麻药刮骨疗毒。这主要是个体神经质量的差异，承受痛苦的能力有大小。有的女人穿耳洞，男人纹身；非洲女人架唇盘，打鼻钉；东南亚女人戴颈圈；中国"798"的艺术青年用铁钩刺穿后背皮肤把自己吊起来……这些都是神经质量好，痛阈比较宽的人才能做的。

很多英雄能抵挡生活中的一切痛苦，是审美和自尊需求强烈，思维对承受痛苦的认可度高，不把痛苦当回事。

小孩摔一跤会哇哇大哭，因为他摔少了，生理上的痛觉灵敏。同时，因为不了解摔跤究竟会有多大的伤害，神经传输相关信息到大脑后，大脑无法应对时只能指挥脸部相关器官寻求帮助，眼泪和哭声会引来帮助者的关注。而大人摔一跤会比较放松，因为经历多了以后，大脑明白这些小伤害无伤大雅。

类似的还有女人的月经，经历多了，大脑明白是正常现象，痛经就自然缓解了。

一、营养上改善神经质量

痛苦既然是神经反射，我们先搞清神经反射的基本原理。

按医学的分类，神经分为脑神经和脊神经。脑神经说白了就是指挥头部的器官有关的神经，但我认为12对脑神经里除了1894年发现的"0"对神经外，应该还有别的神经存在。因为头皮部分的感知无法归类到已知的任何一对脑神经里。你总不能说头顶的怒发冲冠是眼、耳、舌、鼻相关的神经指挥的吧？并且，不少人和灵长类动物一样，整个头皮和耳朵都能运动，这是啥神经支配的？运动肯定是神经末梢指挥的，但它是谁的末梢？应该有个主人才对。这是我的"颅骨外新神经"的猜想。

下面先说说脑神经的分类：

1. 感觉神经，包括嗅、视和位听神经；说白话点就是鼻、眼、耳神经。

2. 运动神经，包括动眼、滑车、展、副和舌下神经；简单说就是指挥眼球、眼皮、舌头运动的神经。

3. 混合神经，包括三叉、面、舌咽和迷走神经。包括指挥脸部和吞咽的肌肉运动的神经。

我们逐个来分析一下：

眼睛看到凶恶、威胁、攻击，耳朵听到咒骂、侮辱，视神经和位听神经会把信息传送给大脑；而大脑会通过已经储存的信息，判断出该如何应对。发出求助或反抗的信号指挥头部器官和肢体。从动物的本能反应来看，动眼神经、滑车神经、展神经指挥眼皮和眼珠，习惯性地瞪眼、眼珠乱动或眯眼，三叉、面、舌咽和迷走神经会让人脸部出现各种表情，或哭或笑或咆哮或呻吟，人类叫它愤怒、恐惧、惊奇或悲伤。

脑神经的信息还会通过31对脊神经向全身发出信号指挥脏器和肢体。

而神经以电流形式传递信息，神经细胞的质量和神经鞘膜的绝缘是关键。

神经是纤维束，结构上更接近结缔组织而不是肌肉。所以重点要补充硫元素，多吃点大蒜、洋葱、韭菜和鸡蛋，增加神经的弹性和韧性，多吃点肉皮、牛筋补充胶原蛋白保证神经细胞的质量。

神经鞘膜是脂肪为主，就要保证脂肪的足量供应。因此，太瘦的人神经鞘膜脂肪不够，容易漏电，神经反射容易紊乱，要适当增肥；所谓"体胖心宽"。

二、加大思维的认可度，疏导心理

痛苦和大脑思维有关，但大脑本身的质量和痛苦关系恰好成反比。一个典型例子就是脑萎缩大脑痴呆的人，痛苦反而会少；我无法为了拓宽痛阈而提倡大家变得痴呆。所以，如何提高或削弱大脑的质量就变得没有讨论的价值。

但痛苦也是大脑思维后带来的神经反射，改变大脑思维就能改变痛苦的强度。

受思维的影响，人们面临痛苦时会有两种心理：一种是主动自控；一种是被动隐忍。

主动自控虽然有点自欺，但不失为明智的心理调控方法；能拓宽痛阈，属于自我安慰的"阿Q精神"。

你的痛苦大多是敌人或恶人造成的。但客观上，要感谢你的敌人并向他学习，因为他时刻让你有危机感，催你上进；要理解恶人，因为恶人是个人优先需求长期形成的惯性，你自己也不是完人，也有作恶的时候；要感谢你的朋友，哪怕他曾背后捅你刀子，但毕竟曾给你温暖。至于成不了敌人和朋友的人，忘记他，因为他没能力害你，也没能力帮你。悲悯人类的渺小，永远自强不息，这样就能在不幸中自控。

被动隐忍者一般痛阈窄。隐忍的原因很多，身体弱小、地位低下、财富稀缺都会让人隐忍。它会让人找不到自我，活得没有尊严，当这种痛苦超越极限时会突然失控，带来严重后果，会自残或报复他人。因为被动隐忍者哪怕狗咬狗满嘴毛，他也有报复的快感，能稀释自己的痛苦。

而如果见识和阅历太少，理解世界缺少理性，是不可能变被动隐忍为主动自控的。

思维的认可度来自对世界的了解和理解；这需要足够的知识和修养，需要多读书，多经历事，也就是常说的"读万卷书，行万里路"。见多识广、阅历丰富，就明白事物的基本规律；面临挫折时，大脑思维不把它当回事，心理不紧张，神经自然就放松，痛阈就宽了。

读书不要局限于捞名捞利的专业书，要博览群书，跟生活相关的任何知识都要学习。一个人知识越多，了解世界越多，看问题就能越理性，就懂得换位思考，理解他人；就能扩大痛阈，增强抗打击能力。

另外，要多读些哲学、宗教、思想方面的书，是有助于理解世界的。这就是我们常说的"想得开""放得下""心宽是福"。任何事情，能理解自己，体谅他人，遭受的痛苦就会弱化，这就是心理上的自我疏导。但文学、艺术方面的书因为表达过于典型，往往给人带来的是情绪上的共鸣，有审美感动，但无法疏导心理；很多爱好文学、艺术的人很容易和书中的典型人物的遭遇同病相怜，逆反这个世界，痛苦会加剧。历史上的不少著名文学家、艺术家情感都很强烈，动不动就自杀或自残；而哲学家、宗教人士、思想家几乎没有自杀的。因为文学和艺术是在扮演疯子，反抗这个世界；而哲学、宗教、思想是在理解疯子、理解这个世界。

三是让神经反应变迟钝。神经坏死了，痛苦就消失；神经迟钝了，感受痛苦也就没那么灵敏。痛阈自然就宽。

让神经迟钝可以根据"痛苦三律"中的反频律、和抵消律进行对应训练：

1. 反频法：反频律是指痛苦的大小与外界同类刺激的频率成反比。反频法就是让神经反复经受外界同类刺激，这样神经反应就会逐渐迟钝，痛阈就宽了。就是常说的"如入鲍鱼之肆，久而不闻其臭""死猪不怕开水烫"。

由此我想到儿童的成长，有可能的话，魔鬼训练是必要的。我小时候家里条件差，父母脾气急躁，对我非打即骂，所以我长大后对别人的侮辱反应淡漠。读书后，受伟人传记的影响，也想做个伟人，所以残酷地磨练自己，从初中开始就冷水浴，疯狂锻炼身体，经常伤痕累累，对肉体的痛苦也非常麻木，所以后来敢给自己做手术。前半生经历了3次死亡，无数次失败；什么都看淡了，也就意志坚定，能理性看待世界和生命。

中国古代所谓"天将降大任于斯人也，必将劳其筋骨、饿其体肤"，就是指痛苦的多次磨练拓宽痛阈后人有更强的承受力和应变能力。

"棍棒下面出孝子"，实际上是"棍棒"的训练让子女遇到痛苦时见惯不惊，自控能力强，遇事反而冷静，懂得自我保护，也懂得体谅他人；而许多娇生惯养的子女往往会在突然打击时特别紧张，无法自控，经常作出过激行为甚至自杀。

巴基斯坦的成人礼是受鞭刑，这就是典型的痛阈扩宽法：成年意味着要承受更多的痛苦，所以，先尝尝皮开肉绽的滋味，以后遇到类似的痛苦就没那么可怕了。

军队的魔鬼训练法也是为了拓宽痛阈，增强人的抗打击能力。

体育锻炼会带来身体的疼痛、劳累，显然是拓宽痛阈的一个好方法。

但是，神经本身脆弱带来的痛阈狭窄，只能通过药物或别的方法治疗，如治疗精神病时的电击法。

2. 抵消法。根据痛苦的抵消律，当多个痛苦是同一原因导致的，痛苦可以相互抵消，从而减轻痛苦。抵消法就是在同一原因上制造另外一种痛苦来抵消、减轻痛苦。

自残人群就是自觉在运用抵消法，因同一原因而自残身体带来肉体痛苦，但肉体的痛苦会抵消部分心理的痛苦，痛阈就宽了。

比如求爱未遂会痛苦。解脱的办法不是逃避，而是往死里追。结果有两种：一是达到目的，独占花魁，得到快乐；二是被嗤之以鼻，痛不欲生；但是不要紧，因为被拒绝后直接带来痛苦，会激发维护尊严的同属欲望；因为这个

/ 幸福隧道 /
Happiness tunnel

时候自尊受伤带来的痛苦和爱的痛苦是同一原因,两种痛苦就会相互抵消,从而减轻痛苦。

就像小仲马死缠烂打求爱被无情嘲笑:"我讨厌像你这样的花花公子挡住视线。"这既打击了他的泡妞欲望,又产生了自尊杀伤力,是两个痛苦;但这两个痛苦是可以抵消的。甚至更多刺激他把自尊转化为优先需求,造就了一个不朽的文学家。

跟痛苦开个玩笑

——草食温顺，肉食刚烈，杂食狡诈

饮食习惯不同，性格就不同。

草食动物性格并不温顺，但因为食物是草而非别的动物，所以攻击性不强；同时，因为容易受到猛兽的攻击，自动选择群居，富有协作精神。

肉食动物以别的动物为食，富有攻击性和冒险精神。在草原，地域辽阔，逃跑方便，独自捕食效率低；所以鬣狗、狮子虽然勇猛但仍然遗传了协作基因。而在丛林，逃跑艰难，猛兽能轻易单独捕食，不需要协作；所以狗熊、老虎都选择单打独斗。

杂食动物因为食物的短缺和自身不够强大、容易遭受攻击，选择群居并狡诈多疑。

同时，从繁殖的基因来看，越是难以成活、面临伤害多的种群必须靠大量繁殖来弥补死亡的数量，因此生育能力更强。这就是老鼠一次生一窝，老虎一次生一两个的原因。

和动物类似，农耕民族、渔猎民族，城里人、乡下人，发达地区、落后地区，或素食为主、或肉食为主、或杂食为主，饮食习惯决定人的内分泌、身体构成和性格，所谓一方水土养一方人。

不管文化如何熏陶，渔猎民族要比农耕和杂食的民族野蛮但坦率，素食者要比肉食者性格温和，杂食者性格狡诈而多疑。

落后民族的人口也是老鼠般的繁殖速度，所谓人多力量大。当然，除了和肉食动物有类似的生育基因外，生育率低可能和纵欲有关；等不到精子成熟就

/ 幸福隧道 /
Happiness tunnel

射掉了,自然就减少了受孕的机会。而落后民族在生育上顾忌较多,性道德比较保守,精子成熟度高,比性放纵的民族受孕率高。

杂食最典型的是中国人。

中国本来是个农耕民族,但因物产丰富,1000多年饱受外族入侵,类似可怜的老鼠。食物的短缺缔造了中国独一无二的饮食文化,世界上没有中国人不吃或不敢吃的东西。很多发达国家饮食很挑剔,很多东西比如动物内脏、爪子不吃;类似狮子,吃了羚羊营养最好的肉,减轻肠胃的负担,剩下的残骸就让给鬣狗和秃鹫。

中国人吃得最多的肉是猪肉,其饲料和人的食物十分接近,很多就是人的残羹,中国人和猪循环了不少接近的基因。甚至有报道说猪最接近人肉,可以进行器官移植。

因此,中国人的饮食习惯使得这个民族整体的激素水平要比欧美人低得多。男人爆发力差,性器官短小,性格懦弱,缺少勇气和担当;所以让不少女人厌倦:中国已看不到真正的男人!女人则性冷淡,但生育能力强;有老鼠般的功利和善变。

性格脆弱的中国人缺少独立性,为了弥补实力的缺陷,喜欢抱团群居。而群居需要合作,这形成了中国独有的克己让人的文化;但克己无疑首先要压制自身的欲望,是违背人性的。而分享战利品的时候,僧多粥少,又无法避免鼠咬鼠满嘴血,这让抱团的中国人擅长窝里斗。克己让人的文化最终只是表里不一的虚伪文化。

日本也是个抱团的脆弱民族,但由于海鱼吃得多,里面含有大量的锌,日本男人的性激素上比中国人要多,基因更接近鬣狗而不是老鼠。他们有鬣狗般的勇敢和合作精神,敢和狮子叫板。中国人做不到,发现食物时会一窝蜂,但只要看到一只猫,立即逃之夭夭。

因此,中国人要比西方人生活得更痛苦,因为营养结构不合理,导致内分泌不达标,同时痛阈狭窄,神经脆弱。

数据显示,中国当前有1亿精神病人。尽管媒体有夸大炒作之嫌,但中国人从来没有活出过自我,长期被屠杀被欺压,需求无法满足,不得精神病才怪。

与外人抱团合作的风险让中国人更加注重亲情，因为亲人的抱团更有安全感。因此，所有人都希望得到亲人的帮助，也愿意为了赢得亲人的帮助而委屈自己。中国人本质上也是为自己活，但选择的方式是先为亲人活；否则，无法赢得亲人的全力支持。而由于文化修养和认知水平的差异，很多时候亲人善意的帮助和干涉会成为中国人的包袱和枷锁，更加剧人生的痛苦。这让本来就脆弱的中国人很多无法承受痛苦的压力。从世界范围的统计来看，中国人是世界上自杀率最高的民族，而全世界57%的女性自杀者是中国人。

自杀也许是优生基因导致的：如果这个人脆弱到无法承受一定的痛苦，必然会祸害后代；因此，自我了断是对后代的保护。而从种群的繁殖来看，生育能力太强的中国人必须通过女性的自杀来减少繁殖的数量；这是动物遗传基因里发出的信号，动物世界此类现象屡见不鲜。

要改造中国人，增强中国人承受痛苦的能力，需要从两方面入手：一是降低农业的比例，大力发展养殖业，改变饮食结构；多吃肉，少吃粮食，改造生理基础；让他们摆脱天生的软弱性、依赖性，由老鼠进化为鬣狗甚至狮子。第二是通过体育锻炼培养老虎、狮子精神。

至于人口太多带来的恶性循环，靠计划生育的强制性，只是灭鼠行动，解决不了根本问题；中国人从老鼠变成了老虎，自然就会选择少生优生。

/ 幸福隧道 /
Happiness tunnel

减少痛苦的方法

——人之为人，就是有审美和尊严

如果只是和动物一样活着，人也只需要满足生存和繁殖；但人已经不愿意像动物那样活了，人有更复杂的精神需求，尤其是审美和尊严，是人之为人的标志。

要活出个人样，就要谨守做人的两个底线；否则，哪怕物质上满足了，精神上的痛苦会更多。

一、善待你的生活环境

人不是活在真空中，人生比较强烈的他控快乐都与环境有关。如果不善待环境，过分自私；很可能快乐一时，痛苦无边。

比如亲情，总有牙齿和嘴唇打架的时候，如果过分强调自己的尊严，无视亲人的感受；对方必然对抗，进入长期拉锯战，彼此折磨。既然是一家人，父子本质就是同一个生命延续的关系，父母向子女低头，子女向长辈让步，等于自己给自己让步，并不损害做人的尊严，也不会被他人耻笑。

比如爱情和婚姻。既然彼此的身体都能托付，希望能厮守终生，有多大的必要非要争个是非曲直、你死我活？少点责怪，多点表扬，让对方开心点，有何不可？一吵起来半天谁也不理谁，只是平添烦恼！

比如工作竞争，都想赢，如果靠实力，他人无话可说；就算遭到别人暗算，你也不会心存愧疚。但如果你搞阴谋诡计，一旦被人识破，你就名声扫地，被同事和朋友不耻，那你每天还能昂首做人么？

比如朋友，来到世界谁也不欠谁，真是偶然的缘分。和则聚，不和则散，没有大不了的仇恨。退一步海阔天空，自己问心无愧，朋友还会发自内心认可，何乐不为？

人非圣贤，孰能无过？犯错不可怕，可怕的是在一个环境里犯了错，一定会被人差评，带来成见，人们的习惯思维是"狗改不了吃屎"，把你划入某一类人。就算你意识到了自己的过错，想办法改正或补救，也很难得到他人谅解，让你长期陷入痛苦。并且，出于自尊，人们往往拒绝改正错误，习惯了犯同样的错误，陷入恶性循环。

如果在某个环境里犯了不可弥补的错，改变生活环境吧！或换工作，或出国；你可以修正自己，从零开始，减少痛苦。

二、不做亏心事

受文化的影响，每个人、每种人群的审美标准不同甚至相反，但任何人无法摆脱审美的约束。哪怕是杀人越货的盗贼，他也不敢不讲义气，不主持自己所在群体的公道。张子强绑架李嘉诚的儿子，但他无条件要因为一个同伙私吞了另一个的钱而冒险主持公道；否则，他这个老大就当不成，下次就没人跟他玩了。林冲杀王伦就是梁山的公道，是好汉们的审美标准。

诚实、善良、宽厚等全人类认可的品德，几乎是超越了人种、阶级的共同审美标准。好人认可，坏人也同样认可。

欺骗是一种因小失大的小聪明，只顾眼前的蝇头小利；一旦穿帮，就会成为过街老鼠。欺骗的本意只是捞点好处，但结果往往得不偿失。一旦被人评价为骗子，从追名逐利的角度，他今生还能赢得好名声么？还能做官么？还有机会获得更高地位么？还有多少人愿意跟他合作赚钱？还有多少朋友会继续把他当朋友？都是唯恐避之而不及。

可以跪下求人，可以冷漠拒绝他人，不要骗人。否则，会被世人的口水淹没，痛苦无边。

/ 幸福隧道 /
Happiness tunnel

  善良很多时候会被强者利用和欺负；但实际上，痛苦更多的是欺负别人的人。因为，除非文盲，只要受过文化熏陶的人，欺压别人只有短暂的快乐，欺人者自己会陷入良心的煎熬；而善良者不会，他的痛苦只是暂时的，不会长久。

  宽厚是种悲天悯人的情怀，只有理解了世界的人才能真正做到。因为知道自己的渺小，也知道别人和自己一样渺小，自然就减轻了愤怒和仇恨，少了痛苦。哪怕是自我压制的违心的宽厚，也会得到他人的认可；对己的痛苦也是暂时而容易消退的。而耿耿于怀必然持续痛苦，加上有报复行为，他人为了尊严也继续对抗，痛苦就没完没了。

  善待他人，问心无愧。就算眼前吃点亏，但长期不吃亏，你会因为做人的底线赢得更多更大的支持。"为人不做亏心事，不怕夜半鬼敲门。"这是符合痛苦存在的生理规律的。做了亏心事，难免被审美牵着鼻子心存愧疚。想要掩盖、想为自己找借口，总是担惊受怕，疑神疑鬼；搞得自己神经兮兮，就是我们常说的自己找罪受，庸人自扰。

如何弱化痛苦？

——如果隔离、倾诉、遗忘、替换不了痛苦，吃药吧

痛苦的本质是自我保护和激励的警示信号，是神经反射。多学知识，理解世界；保证健康，让神经强大；多训练神经、扩大痛阈这三个方面能增强抗打击能力。这是从内因上抵抗痛苦。此外，还可以从外因上弱化痛苦：一是阻止或减少导致痛苦的刺激因素，二是减少褪黑素，增加多巴胺，让神经放松。具体方法如下：

一、转移思维

和生理痛苦是神经的直接反射不同，心理痛苦是神经刺激信息传给大脑，通过大脑思维后再影响神经的结果。因此，转移痛苦思维，痛苦信息就会中断或消失。

（一）隔离法

人有七情：喜、怒、忧、思、悲、恐、惊。看到或听到危险的信息，人会焦虑；失去了精神依赖的对象，人会悲伤；遇到殴打、危险，人会惊恐。听到辱骂、贬低、训斥、噪音，人会愤怒，大脑或通过脑神经指挥嘴巴对骂，或通过脊神经指挥手脚等器官反击，遏止侵犯；当然，顾虑反击后果的人会忍耐，将怨恨隐入心田。七情中除了喜、思外都是痛苦的胎盘，是坏信息带来的。减少或截断信息源，就能中止或减轻痛苦。

很多人痛苦时不愿见任何人，是一种自我保护；因为眼睛、耳朵暂时中断

了不良信息的接收或重现，痛苦或被窒息，不会加大。

由此，我有个猜测：除了痛苦始萌期，盲人、聋哑人的痛苦种类会慢慢少于正常人：接触外界信息少，激发的欲望总量就减少，痛苦的总量也就减少；同时，眼睛看不到丑恶，耳朵听不到恶毒，造成直接伤害的痛苦数量也减少。这两类人群在经历了早期的痛苦磨练扩大痛阈后，自杀率反而会降低。

（二）倾诉法

在朋友那里听到赞美、表扬、友善的信息，听觉神经会把信息传递给大脑；同时，朋友的分析和建议也许能提供解决问题的办法，重塑自信。这将刺激大脑快乐素多巴胺的分泌，抵挡痛苦。

但朋友的劝慰要注意技巧。

第一种是很好的朋友，那就千万不要同情。同情可以让大脑重现痛苦、神经逐渐反应迟钝，从而提高痛阈，缓解痛苦；但后遗症是会抬升需求基线，让人误以为自己不该受到不公平的待遇，以后遇到类似痛苦，反应更强烈。治标不治本，对痛苦者没有好处。好朋友可以找受伤者自身的错误，或者告诉他更惨的遭遇，让他意识到伤害是可以接受的。委屈感降低，痛苦就减轻。

第二种是普通朋友，也不要过多同情，理由如前；静静倾听就行了。千万不要自作多情责怪受伤者，他有可能扇你耳光走人甚至反目成仇。

倾诉也可以用文字表达，如日记、文章；这时，自己是自己的朋友，效果同前。

生活中，那些朋友多的人不会走极端，因为他们会去倾诉；通过语言告诉大脑未来的方向和活着的理由，大脑会判断伤害没有想象的那么严重，神经的痛苦反应就不会太强烈。当然，倾诉可以暂时缓解痛苦，但不能消除痛苦；如果倾诉的对象找错了，有时还会适得其反；特别是因倾诉者的期望值高而被倾诉者方法不对会加剧痛苦。

因此，跟强者倾诉不是好办法；因为他可能不愿听你倾诉，认为你是无病呻吟。最好选择比自己弱的对象；那样，会在交流中发现对方其实比你还痛苦，你就能找到优越感。

这就是人生需得一知己、死党、闺蜜、肝胆相照、狼狈为奸的来由。

（三）遗忘法

柏拉图说：获得幸福的不二法门是珍视你所拥有的、遗忘你所没有的。

心理痛苦和思维密不可分，都不想了，当然就不痛苦了。但想忘记却总想起怎么办？办法是接收大量新信息，让大脑的思维转移到新信息上，干扰旧信息。因为大脑的思维是单一的，同一时间里不会思考两个问题。

比如体育锻炼中，人的精力集中在体力上，大脑没有闲暇去思考痛苦的事，自然就不痛苦了。

比如颂经，眼睛闭着，没有新信息进入，嘴巴不停念下去，大脑就没有机会去思考别的，痛苦被迫暂时忘记了。

比如唱歌，思维集中在歌词和旋律上，大脑没机会关注现有痛苦的内容，出现遗忘。

因此，如果你伤害了别人，可以道歉保留对方尊严，但不要反复道歉，因为复述会让痛苦记忆更深刻；可以用行动悄悄弥补或者干脆逃之夭夭。如果没人再提起，就淡忘了。

让大脑遗忘痛苦的方法有三类。

1. 攻击大脑和拍打胸口，造成痛苦思维短路。

攻击大脑的办法有两个：一是乱搓头皮，二是直接敲打头部。这个办法韩国人最喜欢用，我们可以在韩剧中看到，他们生气或痛苦时，喜欢拍胸口和脑袋。

拍打胸口实际上是改变痛苦的生理状态。人在焦虑或痛苦时胸口会感到很压抑，就是人们常说的心痛的感觉。但实际上，痛苦完全是神经和大脑的事，和心脏没有必然联系。胸口痛是神经紧张影响了心脏，因为神经紧张会带来血液流量和血压的变化，影响心脏功能；拍打胸口将痛苦状态下的心率、血压参数突然改变，等于脱离痛苦。我们常说一个人痛苦得捶胸顿足，实际上等于捶胸顿脑，是在自觉减轻痛苦。

雨中狂奔、冬天吹冷风、冷水洗头、到野外狂喊乱叫等办法也不错，都能影响大脑和心脏的生理状态，中断思维、突然改变血液含氧量等生理指标，脱离痛苦临界点。当然，这些办法，体弱多病者需谨慎选择。

2. 忘我工作、学习或娱乐，可提升自信度，拓宽痛阈，也可造成痛苦思维短路。

痛苦状态下还能忘我工作和学习，当然能忘掉痛苦，还能提升自我。但此法只在学有专长，工作和学习能满足他的优先需求的人群中适用。比如很多科学家，在遭受常人无法忍受的打击时，能一头扎紧实验室，忘掉一切。一般的人，最佳选择只能是娱乐，比如唱歌跳舞旅游等；也有沉醉于棋牌赌博、偷情放纵的，虽能遗忘痛苦，但会给生活带来后患，无力承担后果者慎用。

3. 强烈的视听新信息冲击，让思维关注点转移到新信息上。

可以想象一个简单的事实：一个人就算愤怒到立即要砍死你，突然跑来一只老虎，他也会忘掉一切，溜之大吉。这个方法很多人无师自通，那些沉迷于网游、赌博、个人癖好的人，就是用新信息取代了对痛苦旧信息的关注。

新信息转移法在生活中有很多妙用：

痛苦时不要闭眼睛，闭眼流泪只会加重痛苦。因为缺少其他信息刺激视神经，思维集中，无法转移；就像黑夜里，痛苦就会悄悄冒出来，折磨你，特别是一个人夜深人静的时候，痛苦感觉就格外强烈，辗转反侧，无法入睡。如果是在白天，干点别的事情，就能很快淡忘。

下面是些好玩的设想：

——利用眼睛明暗适应、后像和闪光融合原理做一个光学动画，作为电脑屏保画面，在痛苦时观看可迅速转移大脑注意力。也可随时携带类似产品，痛不欲生时掏出来给眼睛补补课。八一电影制片厂的片头配贝多芬的《命运交响曲》最棒！

——遇到想跳楼者，警察可用激光照射或鸣空枪刺激自杀者，转移注意力。没有警察的时候，小区保安放几个冲天炮，突然一声巨响，吓得看客逃散，自杀者就没心思死了；至少，天生的好奇心也驱使他想看明白出啥事了再死，注意力自然转移了。

实在啥也没有，大家就喊号子吧，只要声音足够大，就能救那壮士一命。

不要对话劝他不死,那是在强化他的死亡思维,死定了。

——出于人道主义和社会责任,建议所有居民小区常备以下器材,新建小区无此装备安检不合格:

① 高音喇叭配喜庆快速歌曲、小品、相声和抒情散文。

② 二踢腿、冲天炮每家各发一枚。

③ 激光棒人手一根。

以上器材非遇绑架、自杀、挟持人质不得使用。遇险可转移当事人的愤怒、痛苦等不良情绪。两人吵架马上放《朋友》或《咱们是一家人》,陪他抒抒情或者让他听相声小品解解闷;遇到杀人者激光照过去他睁不开眼,思维一乱,可能就改变了主意;想跳楼的给一冲天炮吓他一跳,突然就忘了想死的事,再高音喇叭来一曲《咱们工人有力量》或《义勇军进行曲》,很快就来了活下去的勇气。

(四)替换法

替换包括生理替换和心理替换。

生理替换包括三种:

一是性满足增加快乐素。性欲的满足能迅速刺激多巴胺的分泌,抵挡痛苦。这是很多失意的男人喜欢嫖妓和婚外恋的原因。

二是生理痛苦替换心理痛苦。许多苦闷的人群采取自残的方式就是在替换痛苦。

三是别人的痛苦替换自己的痛苦。侮辱、攻击他人,陷害、报复敌人都是替换痛苦的办法,所谓亲痛仇快就是这么个理。当然,此法副作用大,非过街老鼠,非杀父之仇夺妻之恨请仁慈使用。

痛苦不堪的时候,去寻找流浪者看他们衣衫褴褛、蓬头垢面的惨样,去街上观看残疾人、摸摸自己健全的身体得意一下;去打听敌人的隐私,了解他们失败的消息,然后恨恨地问候他母亲并撂下一句"活该"。这些都很无聊,但很管用。至少能替换自己的痛苦。

二、制造快乐素抵消痛苦素

关于快乐素多巴胺，目前已有人工合成，用来治疗帕金森症和抑郁症，但其毕竟属于入侵者，会扰乱自身的分泌规律，带来副作用。因此，依靠科学手段刺激大脑多巴胺的自身分泌，是靠谱的。这可以从生理和心理两方面着手。

1. 生理刺激

必须承认，性发泄是男人最大最强烈的快乐，是最佳止痛片。女人的性交达不到高潮时，只有兴奋没有快乐，但会激发性欲，转移注意力，能缓解痛苦。

另外，强烈的嗅觉、味觉、视觉、听觉、触觉都能刺激大脑思维的快速运转，产生快乐素多巴胺，如香水、美食、鲜花、音乐、肢体亲热等。

其次，部分食物能刺激多巴胺的迅速分泌。研究表明，毒品、烟草、酒是三种最快乐的食材。但吸毒的危害最大。

第四是摇摆脊椎的运动，可刺激快乐素多巴胺的分泌。其中游泳、跳舞、呼啦圈三种运动摇摆脊椎效果最好。狗是分泌多巴胺最多的动物，所以它痛苦度最低；你踹它一脚，不要几秒钟，它就能忘掉痛苦，继续跟你开开心心玩耍。狗为什么最忠诚，因为它能迅速忘记痛苦，所以不懂得记仇。人也如此，能快速摆脱痛苦的人也忠诚。他自己还深陷痛苦中，才不管你的死活呢。

人为什么有毒瘾、烟瘾、酒瘾、网瘾？为什么有钓仙、赌鬼、戏迷？中国为什么有那么多藏獒面前不低头的广场舞大妈？那是他们快乐的源泉啊。

合理调剂生活方式，制造更多自控快乐。例如中国传统文化中的八雅：琴棋书画、诗酒花茶都是创造自控快乐的积极方式。多读书思考，多旅游，多欣赏艺术作品，包括书画、音乐、相声、小品、影视等。尤其是现场观看体育比赛和演唱会，对感官的刺激非常强烈，可以让人产生大量多巴胺。

2. 心理刺激

根据弥补律，某个需求下的欲望无法满足带来痛苦时，可用别的需求的满足来弥补，刺激多巴胺的正常分泌。比如道德基础上的自我安慰，用忍让、宽恕的审美愉悦替代仇恨和报复；比如宗教习惯中的信仰归宿，能给人超越尘世的优越感和悲悯众生的审美愉悦，同样能带来快乐；比如自我提升中的尊严满足，也能带来心理上优越感，带来快乐，抵挡痛苦。

快乐六法

——别人给不了你快乐，自己多制造点

快乐的本质是神经递质多巴胺增多带来的神经放松反射。多巴胺分泌多，人就快乐；有些人天生乐观，不把痛苦当回事，就是多巴胺比别人分泌多。

除了生理条件，快乐都是人生需求带来的众多具体欲望满足的结果。欲望有大小，满足有难易；欲望越难满足而一旦满足，快乐就越强烈。所以人的本性是优先选择能带来最大快乐的事，这就是优先需求。但天地不仁，我们很多欲望无法满足；世界给我们的往往是痛苦而不是快乐。

要想快乐多点强烈点，可从以下六方面入手：

一、保护好神经和大脑

和痛苦一样，快乐也是一种神经反射。如果神经脆弱、敏感，反射就紊乱，大脑有缺陷，思维也会陷入怪圈，即所谓喜怒无常。

要想神经强大，必需有足够的脂肪构成神经鞘膜，否则容易漏电，神经反射紊乱。因此，不要为了身材好盲目减肥，否则人很难快乐。胖子情绪比较稳定，过瘦的人神经过敏就是这个道理。

除脑细胞构成，大脑的常规营养最关键的是两个：一是氧气，二是葡萄糖。多到树丛草坪吸氧；晚上睡觉窗户一定要流缝，让空气对流，氧气充足，大脑清醒，就神清气爽。葡萄糖的来源主要是淀粉转化，也就是平时说的主食。为何人饿得发晕？就是缺葡萄糖。因此，不要为了减肥不吃主食，那肯定

伤害脑细胞,就算生活很顺利,你也快乐不起来。

二、多晒太阳

因为快乐是神经递质多巴胺增多带来的神经放松反射,因此,多巴胺的多少决定快乐的程度。多晒太阳,紫外线照射大脑松果体,能刺激内啡肽的分泌,帮助多巴胺的分泌,减少褪黑素,减轻压抑的情绪,让人更快乐。中国人长期的等级观念中,体力劳动者地位低下,而他们晒太阳多皮肤黑。因此,皮肤白成为了高贵的象征,导致人们讨厌晒太阳。而现代欧美国家等级观念弱,尊重科学,普遍认可皮肤晒成古铜色为美,喜欢日光浴,快乐要比中国人更多更强烈。

三、知足比较法

如何解决欲求基线和实际能力之间的矛盾?有两个办法:

1. 降格比较法

即转移到竞争弱化的生活环境,找到更多比别人强的优越感。在能力不变的情况下,欲求满足的难度降低,优越感就多,快乐就多。

多去参加慈善和公益活动,多了解残疾人、病人和贫困人群的生活,你就会知足。看到缺胳膊少腿的人,看到衣衫褴褛的乞丐,看到奄奄一息的病人,不用任何解释和说明,你会立马心理平衡。因为他们活得比你更惨,你会知足。

所谓衣锦还乡,实际上是在降低欲求标准寻找优越感。因为在大都市你已失去了权力,事业上也很难有新的突破,名气不会更大;继续呆在那个环境,你没有优越感可言。但是,回到家乡,和那些见识短浅、碌碌无为的乡民比较,你的传奇人生会备受拥戴、敬仰和赞美。你可以收获跟以前一样多的类似地位、财富、名誉带来的优越感,让你快乐。

有一些人去支边、支教、扶贫,从审美需求看,满足的是道德上的优越感；但从生存角度看，和贫困环境的人比较，主人公有优越感，有快乐。

有一些城里人周末就回乡下探亲，这也是明智之举。到乡下去往父老面前一站，你鹤立鸡群、高人一等，自然其乐融融、心情大好。

2016年中国一线城市房价疯涨的时候，有深圳白领卖掉房子跑到武汉，换成了4套更大的房子，靠吃房租就可过上悠闲的生活。在深圳跟周围的人比，他们也只是有一套房的苦哈哈的上班族。但到武汉，房价便宜，深圳一套房换成了武汉4套，跟周围人比，他们的优越感顿时就出来了，能不知足？

2. 受虐法

为什么古人说"天降大任于斯人，必劳其筋骨、饿其体肤"？因为吃过苦的人更容易知足，更能承受打击，更能接受新的不利环境。这其实是自己跟自己的过去比。受过大苦大难的人，以后遇到的苦一般都比之前的大苦小。比较起来，再苦也没以前苦，知足了。

因此，吃饱了没事干的话，可以经常自虐一把，自找苦吃，让困境和磨难降低自己的欲求基线，或者说让欲求基线变得富有弹性，而不是跟牛市一样只往上飙；这样，拓展了痛阈，增强了抗打击能力，人生的痛苦就显得微不足道，再苦也能知足常乐，不至于动不动就想不开，寻死觅活。

四、分散优先需求

不要把人生的所有精力集中在某一个优先需求上；类似按李嘉诚的投资法，就是不要把人生所有需求放一个篮子，要分散一些精力满足不同的需求。因为欲望的满足很难以个人意志为转移，不是所有人都能孤注一掷、赢得辉煌。小快乐放弃了，大快乐又得不到，人生输得精光，除了痛苦快乐全无；幸福的楼宇随时可能坍塌。

五、多创造自控快乐

我想睡觉，这是自控需求；爱怎么睡别人干涉不了，睡舒服了就得到自控快乐。我想要你尊敬我、表扬我，这是他控需求，能否满足要看你的心情了，我做不了主；满足了得到的是他控快乐。

他控需求的满足需要他人配合或别的事物参与才能实现，因此难度较大；他控需求满足带来的他控快乐也难以获得。

你的需求不符合他人的需求时，他人没兴趣配合让你快乐；或者，你的需求恰好破坏了他人的需求，造成了他人的痛苦，他人会敌视甚至仇恨。比如强奸犯，他发泄了性欲，必然伤害女人。比如都想出名升官发财，你厉害了，别人就被比下去了；你风光无限，别人郁闷无比，如果没有共同利益，他凭什么成全你？

别的事物参与也需要合适的条件，不是一厢情愿能做到的。比如你喜欢安静的生活，别人喜欢跳广场舞；你要人家不跳，就扼杀了她的快乐。你生气有什么用？有本事你自己买个别墅，搬离这个小区。

因此，他控需求的满足难度大、周期长，从创造快乐的效率看，投入与产出往往不成正比，是个不划算的买卖。

而自控需求的满足就容易多了。吃好喝好睡好生存好，这不难吧？保养好自己，健康平安活着，这不碍别人的事吧？多学习进步，完善自己，这不需要别人帮忙吧？多一些业余爱好，比如琴棋书画诗酒花茶等，没人讨厌你吧？性格开朗点、风趣幽默点，这不费劲吧？而所有这些自控需求的满足带来的自控快乐，从神经反射的本质来看，跟他控需求满足带来的他控快乐是一样的，无非是强弱有点差别。但是积少成多，100个1元钱和一张100元钱的价值相等。

很多自控需求如果天赋超人，很可能成为谋生的手段，收获和他控需求一样的成就感和快乐。就算没有天赋，也可以自我陶醉、自得其乐，提升综合素养，增强自信度；如音乐、绘画、舞蹈、体育、摄影、垂钓、雕塑、魔术、相声、小品、中国独有的篆刻和书法、口才等。

苦苦奋斗几十年，忽视了细小的自控需求，人生没有多少小乐趣，就为了满足那些巨大的他控需求得到巨大的快乐。成功了好说，范进中举，够刺激！问题是，这个世界是你一个人的啊？败了呢？就像姜子牙卖灰面——倒担归家。一无所有，不想死才怪。

因此，从创造更多快乐构建幸福大厦的角度看，自控需求满足带来的自控快乐就是一砖一瓦；他控需求带来的他控快乐顶多算门前的一个大牌坊，表面光鲜，饱含血泪。芸芸众生，大多是普通人；许多人平凡地活着，点滴积累着自控快乐，自得其乐，不一定会比那些大富大贵的人痛苦更多、快乐更少，他们的人生，也许更幸福。

六、竞技性爱好弥补优越感

他尊中名誉、地位、权力、财富的竞争是人生竞争的主体，能保障生存，也能持续获得优越感；但竞争惨烈，充满血腥，难度太大，胜者渺渺。对于大多数参与者，铩羽而归是常态，基本是"一将成名万骨枯""一家欢乐百家愁"。

为了弥补优越感的缺失，不妨通过一些竞技性的业余爱好获得短暂但次数繁多的小优越感，快乐更多。

为什么说竞技性爱好，而不是爱好？因为竞技就是跟人比划，一个人偷着玩不行，要到公众场合去显摆，才有优越感。

有的人天生有音乐细胞，所以唱歌学戏是他们的最爱。唱到差不多了，就应该到歌厅、公园、聚会上去唱。围观的人一鼓掌，你就会像打了鸡血一样神气，得到的优越感不低于国家大剧院里的明星。

有的人想象力丰富，模仿能力强，虽没经过正规培训，但画什么像什么。所以，没事就画上一张，赔上纸砚，拿去送人，让人家表扬你！

有的人爱下棋。别关在家里跟好友下，如果你水平高，还伤朋友感情。去陌生的地方下，到网络上下，不得罪人熟人，得意得不行！

……

甚至，竞技性爱好一旦发展到一定高度变成专业素养，可成为谋生手段，转化为名利。这是许多人虽然穷困潦倒，却能坚持献身艺术的理由。

有的人没什么特长，就玩玩扑克和麻将吧！这在中国无所事事的退休老人中十分流行。因为概率问题，不需要太动脑筋也能撞大运摸手好牌取得胜利，

幸福隧道
Happiness tunnel

收获多次快乐。

并且，扑克麻将一般都要赌钱，否则比不出输赢，没有成就感。赌博的人因为总能偶尔拿到好牌暂时胜利，所有人都相信自己有机会赢，过程兴奋而不是焦虑。就算今天输了，也相信明天还有机会。

因此，利用竞技性爱好赌博很容易叫人欲罢不能。因为有经济成本，赢了还想赢，输了想扳本，并且过程本身确实能不停带来快乐。更有妙用的是利用赌博变相行贿，成为了公关的一种手段。

和成人类似，青少年因为暂时没有什么社会成就，对竞技性爱好更是情有独钟。

受先天条件的制约，很多孩子在短时间内学习知识的能力差别很大。很多孩子在学习上找不到优越感，学习对他是件痛苦的事。

为了弥补优越感的缺失，很多孩子会找到自己擅长的东西，并且痴迷，网络游戏就是其中之一。动画音效的感官刺激，能满足对未知世界强烈的好奇心；竞技性的结果能让他一个晚上就可以成为大将、成为国王，成为受别的网友拥戴的高手，能带来优越感，收获快乐。

事实上，那些玩游戏的孩子比那些爱学习者更投入、更认真。如果他们把那股劲用在读书上，成绩能不好？问题是，他或许输在起点上，怎么也追不上人家，找不到优越感，他放弃了。或者，要赢时间太长，他受不了那么久的煎熬。甚至，他确实比别人智力差，再努力也没有希望。在读书上没有优越感，只有焦虑和痛苦。

用玩游戏的精神读书不可能成绩不好，但这些孩子迷恋游戏而不喜欢读书，为什么呢？我要从月考的倒数第一名上升到倒数第二，需要一个月的付出和等待，结果还不可预料。这个时间对我而言是种煎熬。而游戏不一样，几十秒甚至几秒就可出一次结果。并且很多胜利是程序的几率恩赐的，跟水平毫无关系，一个弱智也可以迅速找到优越感，快乐无比。

因此，那些在家庭、学校被贬低排斥的孩子只有在游戏里才能找到优越感，找到快乐，所以游戏是他们的最爱。兴趣是最好的老师。有兴趣的一定是擅长的，能给他优越感，给他快乐的。

如果一个孩子有特长，有艺术、体育等爱好，就可以尽力培养给他优越感，他会比别人更努力，因为他能在特长里找到快乐。如果没有特长，成绩也一般，那就只能顺其自然，让他慢慢去培养兴趣和特长，否则适得其反。逼他学习是对他最大的摧残，因为读书是他痛苦的源泉，会成为他的敌人，甚至会导致他一直厌恶读书。

　　当然，很多无法提升自己技能纯消磨时光的爱好需要理性的转移，帮助青少年戒除网瘾也是必要的。湖南卫视的《变形记》中，有用几周就可以改造一个网瘾少年的案例。为什么？因为贫穷的体验满足了城市少年成长需求中的好奇心，让他看到了不一样的世界；新父母无微不至的平等关爱满足了他平时缺少的亲情需求；新同学的友好满足了友情需求；媒体曝光让他出名了，满足了他尊需求。应该说，变形体验满足了他平时在大城市无法满足的诸多需求，他是快乐的。他愿意为了这种快乐去付出，他短期内真的会改变。但是，回到以前的城市，他照样面临的还是以前那个无法满足他诸多基本需求的环境，他照样痛苦，照样需要能给他暂时快乐刺激的网络转移他的痛苦。因此，过不了多久，很多少年又回到了老样子。

让自美给幸福加分

——自恋先天优势,自美后天提升,都让人自信

人和动物最大的区别有两个:一是审美,二是尊严。**人之为人,就是有文化带来的审美和做人的尊严。**在生存没有障碍、爱曾经沧海、审美符合习惯时,人最大的贪欲是维护做人的尊严。

审美观是长期形成的,很难改变,对苦乐的影响基本稳定;而尊严带来的苦乐是人生的主干。

尊严的满足包括他尊和自尊,他尊需要环境认可,自尊完全受自我认同支配。

但自尊的张扬和成就带来的他尊是一对永恒的矛盾。谁能无视他人的存在和环境的约束,享有绝对的自由,活出真正的自我,享受绝对的公平?

在你孤独绝望时,世界救不了你,只有自己救自己,自救的缆绳就是自信。哪怕被世界遗忘和抛弃,还有自己爱自己。自己是自己的亲人,自己是自己的朋友,自己是自己的恋人。

而自信不是空穴来风,更不是海市蜃楼。先天条件好、后天努力提升自我,自信才不是自欺。出身、身体、容貌、健康等先天条件优越,学识、技能、才华等后天素养超越他人,自信才有所依托。先天条件无法改变,但一个不停完善提升自我的人,会在环境中发现自身与众不同的价值,会越来越自信,从而获得优越感,弥补他尊的缺失。

先天的出身、身体、容貌、健康出类拔萃,带给人的是自恋。自恋是对先天优势的自我认同和欣赏。但自恋往往会随着时间的推移而衰败,无法长盛不

衰。

出身不用说了：富不过三代，贵不给后人。前人的积淀到后代手里可能顷刻烟消云散。

有人天生丽质，如果受到善待，自尊需求满足得好，就会装萌演酷扮可爱，尽量让自己显得更有魅力，获取更多的优越感；如果遭遇不公，就可能歇斯底里、盛气凌人，觉得地球欠了她的。但不管怎样，容颜易老，美人总有韶华似水的恐慌。

另外，自恋也是有副作用的。因为你的优势是他人的劣势，自恋就会造成他人的痛苦。因为你的优势不是个人努力带来的公平结果，只是造化的恩赐，别人并不服气，往往带来友情和他尊无法满足的痛苦。自恋往往让人嫉妒。

而自美是找到自己喜欢也擅长的优势，做想做和能做的自己，孜孜不倦挖掘和提升生命潜力。因为需要付出无比的艰辛才能做到，别人不会心理不平衡。自美往往被人羡慕。

与出身、容貌等先天条件容易衰败相反，学识、技能、才华等后天自美是可以持续提升的。在生活不顺的时候，你仍然会充满自信，这足以淡化生活的苦。

自美不一定必须是高大上的理想，只要在某点上超过你周围的人群就行。尤其是后天优势中的业余爱好，哪怕是不登大雅的雕虫末技，充分挖掘做到极致，就能够达到自美的境界。这时，个人的这些优势在环境中得到充分认可，人的自信会递增并逐渐稳定，带来心理的平衡，拓宽痛阈；也能依靠自美所带来的优越感，抵消其他欲望无法满足的痛苦，并能够源源不断产生快乐，不停给幸福加分。

自美的人不一定具备社会竞争的优势，但一定是自我保护的强者，即所谓"精神胜利"：欣赏自己，给自己尊严；爱自己，给自己温暖；珍惜自己，身体健康；自强不息，快速成长；提高审美，善待他人；超越现实，追求美好。

自美是有方法的。

首先，一定要找准个人的优势和爱好，通过艰苦的学习和训练，将其发挥到极致，才能出类拔萃，鹤立鸡群。

/幸福隧道/
Happiness tunnel

　　这也是家长和学校最大的责任。勉强孩子做不擅长的事，他无法比别人强，也无法自美，永远没有优越感，只有痛苦。

　　有人爱读书、擅长读书，读了硕士再博士，不小心成了居里夫人、爱因斯坦。有这个本领足以自美，他会在乎没当官，没发财，没人爱？

　　有人读书不灵，但爱动手，能鼓捣出潜水艇，并能越做越牛，被媒体不停关注；自信久了，肯定自美，无形中把自己当个人物了，天天用名人名言鼓励自己继续努力，他会在乎生活清贫、关在窝棚里吃咸菜？

　　有人爱唱歌，哪怕不专业；但因嗓子不错，在朋友圈鹤立鸡群，总能收获哪怕是礼节性的赞美，自己也快乐得不行。有什么关系呢？不一定要做帕瓦罗蒂，做最好的自己就行。

　　有人爱钓鱼，慢慢就成了高手，经常有惊喜。哪怕偶尔失手，也可以买几斤鱼回家跟老婆分享快乐。把买的鱼当钓的，没有任何危害，还能让老婆快乐，有啥关系呢？

　　有人爱旅游，没事到名胜古迹或人迹罕至的独特风景逛逛，这是学习提高的过程，也是收获快乐的过程。比如在某个著名的标志前照相留念很有优越感。因为我去过，你没去过。如果再写点文章或把照片发到朋友圈里，收获一下朋友的赞美，更是其乐融融。

　　还有的人擅长网上斗地主，郁闷时就通宵斗地主，还把奖状裁图后放进自己的QQ空间得瑟一把。虽然不登大雅，总比痛苦不堪时去杀人越货报复社会要好吧！

　　自美的一个典型是日本电影《外婆》的主角。这是一个真实的故事。外婆没文化，靠扫厕所为生，但任何事都爱动脑筋，会想尽一切办法做到完美。比如捡废品，她就在腰上系根绳子拖块大磁铁吸地上的金属；比如没钱买蔬菜水果，她就在门前的河流用树枝当拦坝，拦截菜市场飘下来的蔬菜、水果和一切可用的生活材料。外婆穷惯了，需求基线低，她对贫穷习以为常，贫穷并不会让她痛苦很深。但她事事认真，用心去做，就能收获众多的小成就感，让自己开心，这足以抵挡社会地位低下、他尊缺失的痛苦。她那么穷，一人拉扯了八个孩子，其中有个亲自带大的小外孙后来成了日本的喜剧泰斗，他叫昭广。

无独有偶，日本的田中耕一也是自美的一朵奇葩。他没读过硕士、博士，为人木讷，在公司是个被忽略的底层职员，连老婆都是人近中年才娶上，但做事认真，舍得钻研，多年痴迷做实验，终于在2002年获了诺贝尔化学奖，把世界吓了一大跳：别说职务、职称、名气，他连正规论文都没发表过，跟学术界不沾边。

日本这民族有一个很好的习惯：凡事精益求精，追求完美。这也是10年里有12个诺贝尔奖获得者的理由。

其次，要想给幸福加分更多，要尽量选择冷门自美。否则，竞争对手多了，一是难度加大，很难超越，二是损害更多对手自尊，带来嫉妒，所谓一山不容二虎。

还有什么眼睛吹气球、头发拉汽车、弯腿当枕头、生吃活蛇、玻璃、泥土等等怪癖，其实都是偶然的发现。发现自己与众不同，在他人惊叹的时候获得了优越感，于是上瘾成癖，甚至变成谋生的技能，最后发展成自美，真把自己当奇人了。

当自信固化为自美后，无论健康还是疾病，富贵还是贫穷，你都是一只趾高气扬的公鸡，为自己的独特自命不凡、自鸣得意、自我陶醉，生活中任何的苦都不可能抹杀你的优越感，虽然你比阿Q还阿Q，但有足够的勇气活下去。就像格林童话里的小裁缝，一次拍死七只苍蝇，创造了奇迹，给自己绣个彩带系在腰上"一下子打死七只"。满世界炫耀，快乐得不行。

自美的评价不一定很客观，别人也不以为然，但有啥关系呢？于己有乐，于人无害。

/ 幸福隧道 /
Happiness tunnel

后记：感谢有你！

  道德和宗教倡导人感恩，是为了消弭人类的苦。感恩确实是降低、减少痛苦，获得快乐的一种方式。因为感恩，就少了计较，多了理解；少了淡忘，多了友谊；少了怨恨，多了宽容；少了报复，多了铭记。

  但感恩不是天生就会的，也不是所有人想做就能做到的；只有经历过苦难的人才懂得感恩，才能收获感恩带来的快乐。否则，他人对你的好会被当作理所当然。如果天天山珍海味，你用尽心思做的一顿饭我会认为你小气；如果奢侈惯了，你给我的一个小礼品我会嗤之以鼻；如果骄纵惯了，你谦卑的一个笑脸我会视你为狗奴才；如果滥情惯了，你对我深爱的痛我会认为活该。

  我是苦惯了的人，深知一丝一缕来之不易；滴水之恩于我就是甘霖。我心怀感恩、友善地面对这个世界，也让我少了很多烦恼，多了无愧的宁静和绵延的自省。我也有被欺、被辱、被踩踏的时候；但我深知他人和我一样，也只是在苦海中挣扎，蹬歪我鼻子纯属无意，我们并非天生的仇敌。更多时候，感恩让我满足了他人的审美需求，让他人快乐。

  也正因为感恩，让我得到了许多热心的帮助和支持。人生百年，能读多少书？能经多少事？能明白多少生命的真谛？很多时候，他人漫不经心的灵感，就是我几十年才能领悟的世界。因此，这本小书，虽不完美，也是几十上百人智慧的结晶。没有他们的无私帮助，很多问题我想不明白。

感谢你们捐助的知识、智慧和思想：

——恩师楚渔先生、当代著名思想家、中国社科院近代思想研究中心研究员、《中国人思维批判》作者，在我北漂的日子里，无论是物质还是精神，都给了我最大的帮助。除了多次帮我修改，本书的许多观点，就是楚渔先生平时给我讲解的观点，被我剽窃了。

——我的义兄、清华大学的客座教授、国务院发展研究中心何玉兴博士，给我的书补充了许多富有思想和知识深度的案例，热情为我写序。

——著名媒体人、中国军队第一个中国新闻奖摄影金奖获得者胡洪波，曾是我媒体工作时的总编，在本书的框架结构上，多次提出宝贵的建设性意见，并热情为我写序，鼓励良多。

——著名杂文家、族兄曹学政先生，在上海探亲，也百忙中帮我对全书进行了逐字逐句的推敲和修改。

——首都师范大学哲学系主任程广云教授，清华大学马列学院原副院长蔡乐苏教授，中国出版集团姜军副总裁，上海市社科院原副院长熊月之博导，湖南教育报刊社熊平凡副社长，南京三江学院文新学院院长王勇教授，著名哲学家黎鸣，全球共生研究院院长钱宏，中国社科院金融学博士杨帆，中国社科院哲学所孙晶研究员，北京大学哲学系席大民教授，中央党校哲学部杨信礼教授，国学大师、北京市社科院王文元研究员，中共中央党刊《求是》杂志原副总编王茂华，中央政策研究室《学习与研究》杂志原社长倪力亚，中国商报徐舰社长，香港《紫荆》杂志总编助理魏东升，著名律师秦希燕，财经专家梁惠民博士，西部著名作家聂作平，人民大学哲学博士陈石军，著名媒体人俞恒斌博士，人民大学出版社杨宗元主任，中国书籍出版社安玉霞主任等诸多学者、媒体人、文化人或提宝贵修改意见，或倾情作序、撰写评论。

——著名书画家、联合国和平书画院院长、人民武警出版社原社长高津涛热心为本书题写书名。

——著名旅美自由平面设计师、新锐摄影师姚磊先生，从始至终，给我的书提了很多建设性建议和修改意见，并亲自为本书设计了很有个性的封面。

——还有我的许多朋友：岳章标、柴奕、曾誉嘉、郭干辉、岳冰、杨帆、吴志强、汤友良、张涛、周小华、盖卫东、王育麟、刘晨光、赵中秋、王重浪、吕朗、童伟兵、丁劲松、罗友生、胡卫军、孙国武、朱惠、张凤琴、岳银生、曾俊、王军、黄雅莉、曹国槐、周红、曹瑞兰、朱孟霞、曹劲松、夏辉、岳林、张斌、曹迅毅、唐浩迈、陈云青、王暖、杜桂然、贾佩佩、夏雨、曹巧稚、岳小康……他们或远在海外，或分散在全国各地，都给我提过许多宝贵的意见。

学会感恩，让自己快乐，也让友谊常青、关爱不竭。这是我和读者分享的最后一句肺腑之言。